Gesellschaften ohne Staat
Band 2: Genealogie und Solidarität

Peter König
WS 1981/82

Die »primitiven« oder »Naturvölker« wurden von der älteren Ethnologie hauptsächlich negativ definiert: als Gesellschaften *ohne* Geschichte, Zivilisation, Fortschritt usw., vor allem *ohne* Staat. Wie dieser politische »Mangel« sich positiv auswirkt, hat erst eine in Deutschland noch ungenügend rezipierte Richtung der angelsächsischen Ethnologie, die *social anthropology,* näher untersucht, vor allem am Beispiel afrikanischer Stammesgesellschaften. Die »regulierte Anarchie« ihrer politischen Systeme wird im ersten Band von *Gesellschaften ohne Staat* aufgezeigt. Der zweite Band behandelt – in Beiträgen von Malinowski, Radcliffe-Brown, Evans-Pritchard, Fortes, Lienhardt, Lowie, Turner u. a. – die genealogische »Basis« dieser Systeme, also die alle sozialen Beziehungen bestimmenden Verwandtschaftsbeziehungen und ihre Transfigurationen: das Verhältnis von Solidarität und Affekt, die Wirkungsweise von Hexerei, Ritualsymbolik, ekstatischen Kulten.

Die Herausgeber: Fritz Kramer, geboren 1941, studierte Ethnologie, Soziologie und Germanistik in Mainz und Heidelberg, war von 1969 bis 1971 wissenschaftlicher Assistent in Heidelberg, seitdem in Berlin, wo er sich 1977 an der FU habilitierte. 1977 erschien im Syndikat sein Buch *Verkehrte Welten. Zur imaginären Ethnographie des 19. Jahrhunderts.*
Christian Sigrist, geboren 1935, promovierte 1965 und ist seit 1971 Professor für Soziologie in Münster. Hauptarbeitsgebiete: Theorie der Übergangsgesellschaften, Befreiungsbewegungen. Veröffentlichungen: *Regulierte Anarchie* (1967), *Indien* (1976), *Probleme des demokratischen Neuaufbaus in Guinea-Bissao und auf den Kapverdischen Inseln* (1977).

Gesellschaften ohne Staat
Band 2
Genealogie und Solidarität

Herausgegeben von
Fritz Kramer und Christian Sigrist

Syndikat

CIP-Kurztitelaufnahme der Deutschen Bibliothek

Gesellschaften ohne Staat / hrsg. von Fritz Kramer
u. Christian Sigrist. – Frankfurt am Main : Syndikat.
NE: Kramer, Fritz [Hrsg.]
Bd. 2. Genealogie und Solidarität – 1. Aufl. –
1978.
  ISBN 3–8108–0079–1

© Syndikat Autoren- und Verlagsgesellschaft, Frankfurt am Main 1978
Alle Rechte vorbehalten
Umschlag nach Entwürfen von Rambow, Lienemeyer und van de Sand
Motiv: Tiv, Nigeria. Geschnitzter Holzstuhl.
Gesamtherstellung: Friedrich Pustet, Regensburg
Printed in Germany
ISBN 3–8108–0079–1

Inhalt

Einführung

Fritz Kramer: Über Zeit, Genealogie und solidarische Beziehung   9

I. Prinzipien der Genealogie

Bronislaw Malinowski: Der Vater in der Psychologie der Primitiven   31

Robert H. Lowie: Verwandtschaftsbezeichnungen   62

Alfred R. Radcliffe-Brown: Der Mutterbruder in Südafrika   83

II. Solidarität und Affekt

Texte zur Hexerei und Zauberei   101

Victor W. Turner: Ritualsymbolik, Moralität und Sozialstruktur bei den Ndembu   108

Meyer Fortes: Verwandtschaft und das Axiom der Amity   120

III. Transfiguration der genealogischen Beziehung

Godfrey Lienhardt: Die Gottheit Fleisch   167

Edward E. Evans-Pritchard: Geist und Gesellschaftsordnung   179

Meyer Fortes: Pietas bei der Verehrung der Ahnen   197

Drucknachweise   233

Einführung

Fritz Kramer
Über Zeit, Genealogie und solidarische Beziehung

Solidarische Beziehungen sind in Gesellschaften ohne Staat eine Grundvoraussetzung des sozialen Lebens, das hier nicht von Herrschaftsinstitutionen reguliert wird. Und ob eine Beziehung zwischen Individuen oder Gruppen solidarisch ist oder nicht, hängt wesentlich von der Interpretation der Genealogie ab. Dieser Zusammenhang kennzeichnet die soziale Erfahrung von Gesellschaften ohne Staat: Die Elemente von Genealogie und Ehe, die Begriffe der Familie, der Geschwisterschaft, der Mutterschaft, Kindschaft und Vaterschaft sind aus der Erfahrung unserer eigenen Gesellschaft in ihrer allgemeinen sozialen Bedeutung nur schwer zu verstehen, weil hier ihre objektive Geltung von der Klassenstruktur und dem Zugriff des Staates allseitig verzerrt wird und ideologisch zur fragwürdigen Idylle reduziert erscheint. Im Hinblick auf diesen Zusammenhang von *Genealogie und Solidarität* sind im vorliegenden Band Texte der *social anthropology* zusammengestellt, die als Einblick in andere Gesellschaften zwar keine formalen Organisationsmodelle liefern – erst recht nicht solche, durch die der chronische Mangel an Solidarität in unserer eigenen Gesellschaft überwindbar wäre –, die aber doch einen Begriff davon geben, welche Bedeutung der Solidarität in einer Gesellschaft ohne Staat zukommt.
Es geht in diesem Band also weniger um die formale Analyse »mutterrechtlicher« und »vaterrechtlicher« Genealogien als um die einfachen Prinzipien der Genealogie, das Verhältnis von Solidarität und Affekt und die Transfiguration der genealogischen Beziehung. Auf einer zweiten Ebene werden dabei Aspekte der Hexerei, der Ritualsymbolik, der ekstatischen Kulte und des Schicksalsbegriffs zur Darstellung gelangen. In dieser Einleitung möchte ich in einer Reihe von Bemerkungen ein durchgängiges Problem der hier vorgestellten Untersuchungen explizieren, die Frage nach der Zeitlichkeit des sozialen Lebens in segmentären Gesellschaften als Frage nach dem Verhältnis von Zeit und Genealogie.

I.

Für die imaginäre Ethnographie der Moderne waren Gesellschaften ohne Staat Gesellschaften ohne Geschichte, und zunächst scheint auch die *social anthropology* sie im Zeichen eines synchronen Strukturbegriffs untersucht und beschrieben zu haben, so daß zeitlicher Wandel und Zeitbewußtsein dabei nur selten thematisch wurden. Das anti-historische Pathos des frühen Funktionalismus und Strukturalismus hatte Radcliffe-Brown dazu verleitet, explizit die »konkrete Realität« des zeitlichen Wandels nur als Illustration für ein vermeintlich zeitloses Sein der »strukturellen Form« zuzulassen.[1] Die britischen Anthropologen mußten indes unter dem Eindruck der gesellschaftlichen Veränderungen, die sie in der Folge der kolonialen Einflußnahme in Afrika beobachteten, zu der Einsicht gelangen, daß sie es nicht mit einer Idealwalt unwandelbarer Strukturen zu tun hatten, sondern mit gesellschaftlichen Verhältnissen, die sich in der Zeit reproduzieren und deren Form sich deshalb verändern kann.[2] So hat Fortes über Radcliffe-Brown hinaus die Variationen in der Sozialorganisation der Ashanti, die er als gleichzeitig nebeneinander bestehend beobachtet hatte, nicht synchronistisch interpretiert, sondern als diachrone Momente eines Entwicklungsprozesses herausgestellt.[3] In der weiteren Ausarbeitung der damit gewonnenen Neuorientierung sind allgemein zwei Elemente der Reproduktion gesellschaftlicher Verhältnisse in der Zeit freigelegt worden: der Entwicklungszyklus von Haushaltsgruppen, in dem diese durch Geburt, Heirat und Tod ihrer Angehörigen wachsen, sich teilen und vereinigen und so nacheinander sich zyklisch erneuernde Formen bilden; und die Prozesse, in denen die wchselseitigen Abhängigkeiten und die Konflikte zwischen Eltern und Kindern sich entwickeln und deren Transfiguration im Ahnenkult über die Grenze von Leben und Tod hinaus als Schicksal erscheint.[4]

Mit dieser Verzeitlichung des Strukturbegriffs war die Dimension der Zeit, die an sich schon im Begriff der Genealogie impliziert ist, durch den Synchronismus der Strukturanalyse genealogisch konstituierter Gruppen aber verdeckt war, für die Theorie segmentärer Gesellschaften freigelegt. Wenn die Linien der Solidarität und des Konflikts zwischen Individuen und Gruppen in deren Selbstverständnis genealogisch bestimmt sind, so heißt das, daß jeweils gegenwärtige Sozialbeziehungen subjektiv nur im Rückgriff auf vergangene, genealogische Zeit interpretiert werden. Dem wird die objektive Analyse nicht gerecht, solange sie den Gesellschaften ohne Staat einen immer gleichbleibenden Zustand der Zeitlosigkeit zuschreibt. Das Zeitbewußtsein segmentärer Gesellschaften unterscheidet sich allerdings von dem historischen Bewußtsein von Gesellschaften mit Staat – insofern ihre Geschichte nicht eine Geschichte von Haupt- und Staatsaktionen sein kann.

Wenn von einem »Zeitbewußtsein« segmentärer Gesellschaften die Rede ist, so ist zu zeigen, welche Art von Diskursen über die Zeit in diesen Gesellschaften geführt wird. Nun hat Evans-Pritchard von den Nuer z. B. gesagt, daß sie kein Wort für das kennen, was wir in unserer Sprache die Zeit nennen.[5] Um aufzuklären, in welchem Sinn dann überhaupt von einem Zeitbewußtsein der Nuer die Rede sein kann, möchte ich zunächst eine dreifache Unterscheidung in unserem Zeitbegriff vornehmen.[6]

Wir sprechen erstens von der Zeit im ursprünglichen Sinn: Ereignisse werden im Hinblick auf ihr Früher und Später geordnet und bezeichnet. Man kann dies die ursprüngliche Zeit nennen, weil alle menschlichen Sprachen über reichhaltige Mittel verfügen, um von der Zeit in diesem Sinn zu sprechen.[7] Dabei ist nicht wichtig, daß die zeitbezogenen Präpositionen in einigen Sprachen den raumbezogenen gleichen und daß die Zeitformen des Verbums weniger entwickelt sind als die Modalformen.[8] Allerdings werden in segmentären Gesellschaften räumlich getrennte Ereignisse und Ereignisse in verschiedenen Bezugsrahmen nur selten im Hinblick auf ihr Früher und Später geordnet; denn dies setzt ebenso wie die überlokale Zeitvereinbarung ein Bedürfnis nach umfassender Organisation voraus, wie es in Gesellschaften ohne Staat nur bei besonderen Anlässen besteht.

Wir sprechen zweitens von der Zeit als von etwas Gezähltem: Die Zeit ist etwas, was man an der Bewegung, meist an der Erd- oder Himmelsbewegung, messen kann.[9] Man kann dann alle Ereignisse zeitlich ordnen, indem man sie auf die öffentlich gezählte Zeit bezieht. In den nicht-mathematischen Gesellschaften Afrikas zählt man die Zeit ebenso selten und rudimentär wie die Gegenstände; und in Gesellschaften ohne Staat gibt es meist nur lokale Öffentlichkeiten, in denen man Zeitmarkierungen institutionell bestimmen kann.[10]

Die gezählte Zeit als allgemeines Äquivalent führt drittens auf die Rede von der Zeit als von einem Ding: So glaubte man im Alten Mexiko an die Herren der Tage, die wie Kalenderheilige über immer wiederkehrende Abschnitte gezählter Zeit regieren. Während für das mittelalterliche Christentum alle Zeit letztlich Gott gehörte, begann schließlich der Bürger von der Zeit als von seinem Eigentum zu sprechen, als von etwas, was man haben oder nicht haben, stehlen oder verschwenden kann.[11]

Evans-Pritchards Behauptung, die Nuer hätten keinen Begriff von der Zeit, ist demnach zu präzisieren: Bei den Nuer und in anderen segmentären Gesellschaften ist von der Zeit wesentlich nur im ursprünglichen Sinn die Rede; wenn aber wir selbst vom Zeitbewußtsein dieser Gesellschaften sprechen, so richtet sich unser Interesse gerade auf das Ausbleiben von Zählung und Verdinglichung der Zeit. Wir können dabei weiter die zyklische Zeit der Ökologie, die am jahreszeitlichen Wandel orientiert ist, von der linearen Zeit der Genealogie unterscheiden.

Der Wandel in der sozialen Morphologie der segmentären Gesellschaften Afrikas[12] ist wesentlich durch den regelmäßigen jahreszeitlichen Wechsel von Regen- und Trockenzeiten bestimmt. So bauen die Nuer in der Regenzeit, wenn die Flüsse das Land überschwemmen, auf Bodenerhebungen Hirse an und ziehen mit ihren Rindern bei Anbruch der Trockenzeit mit dem zurückgehenden Wasser an Flußläufe, wo sie jagen und fischen und das Vieh ihrer Nachbarn stehlen, bis sie mit Einsetzen der Regen in ihre Dörfer zurückkehren. Sie stellen keine quantitativen Korrelationen zwischen Tagen, Neumonden und Jahreszyklen her, und sie haben kein Interesse an der Vorhersage von Regen- oder Trockenzeit; denn ihre Arbeiten, Aussaat und Ernte der Hirse, sind dem natürlichen Zyklus ebenso angepaßt wie ihre Wanderungen.[13] Von den Tiv berichtet Bohannan, daß sie nicht zugeben wollen, daß überhaupt ein notwendiger Zusammenhang zwischen ihren Arbeiten und dem jahreszeitlichen Wandel der Natur besteht: Sie bereiten ihre Felder, und in dieser Zeit fällt eben der erste Regen. Bei den Tiv hält man in einem Turnus von fünf Tagen jeweils an einem anderen Ort Markt, und die Tage werden nach diesen Orten benannt; aber Tiv interessiert nicht, wie oft in einem Monat oder Jahr an einem Ort Markt ist.[14] – Nuer und Tiv haben wie andere segmentäre Gesellschaften nicht das Bedürfnis, die ökologische Zeit zu zählen, da ihre Wirtschaft der natürlichen Umwelt zwanglos angepaßt ist und ihre jahreszeitlichen Feste ausreichen, um die Zeit qualitativ zu teilen.[15]

Der Hinweis auf die Märkte der Tiv soll nicht darüber hinwegtäuschen, daß segmentäre Gesellschaften bei aller Leidenschaft für den Tausch im wesentlichen Subsistenzökonomien betreiben.[16] Denn in den Segmenten dieser Gesellschaften werden nach dem Prinzip distributiver Gerechtigkeit Produkte nicht getauscht, sondern verteilt. Durkheim bezeichnete als »segmentäre Gesellschaft« eine Klasse von sozialen Gebilden, die aus mehreren gleichartigen und gleichrangigen Segmenten bestehen, die nicht durch Arbeitsteilung voneinander differenziert sind.[17] In diesem weitesten Sinne sind segmentäre Gesellschaften *Gesellschaften ohne Staat unter dem Aspekt der sozialen Organisation*. Die ursprüngliche Auffassung der Zeit ist ihnen allen gemeinsam, weil die gesellschaftliche Produktion in ihnen nicht durch ein abstraktes System des Warentauschs vermittelt ist.

In Gesellschaften, deren Gruppen genealogisch definiert sind, scheint das Zeitbewußtsein mit der Form der Sozialorganisation zu variieren. Obwohl in den Texten der vorliegenden Auswahl nur wenige Grundformen repräsentiert sind[18], möchte ich hier einen kursorischen Überblick am Leitfaden der Genese des genealogischen Zeitbewußtseins versuchen.

Um zunächst das Ausbleiben oder die zyklische Umdeutung der Genealogie in Wildbeutergruppen vorzuführen, wähle ich das andamanische und das australische Modell, die beide von Radcliffe-Brown als synchronisch formuliert wurden.

In den andamanischen Stämmen bildet je eine Gruppe von monogamen Kernfamilien ein Lager, dessen Zusammensetzung häufig und ohne feste Regeln wechselt. Eltern geben ihre Kinder oft an Familien anderer Lager ab und adoptieren Kinder aus einem dritten, so daß nur selten ein Kind, das älter als sechs Jahre ist, bei seinen biologischen Eltern lebt. Die Beziehungen zwischen den Segmenten sind also nicht genealogisch geregelt; die Genealogie ist ohne soziale Bedeutung und wird nicht erinnert. Dem entspricht, daß die andamanischen Sprachen weder Worte für Großeltern und Enkel noch für kollaterale Verwandte kennen.[19]

In den australischen Systemen wird das lineare Fortschreiten der biologischen Genealogie soziologisch in einen zyklischen oder alternierenden Prozeß umgedeutet. Vergegenwärtigen wir uns ein einfaches Sektionssystem: Ein Mann der Sektion A heiratet eine Frau der Sektion B, ihre Kinder gehören zur Sektion C; ein Mann der Sektion C heiratet eine Frau der Sektion D, ihre Kinder gehören zur Sektion A. Dieser Zyklus gilt ebenso in umgekehrter Richtung, und in den komplexeren Sektionssystemen sind nur mehrere solcher Zyklen ineinander geschoben.[20] Durch die bilaterale Cousin-Cousinen-Heirat und das System der Heiratssektionen werden die sonst unilinearen Genealogien der matri- und patrilinearen Exogamiegruppen als alternierende Generationenfolge dargestellt.

Erst in den Gesellschaften mit segmentärer Dynamik – und nur diese werden in der *social anthropology* seit Fortes und Evans-Pritchard als »segmentäre« Gesellschaften bezeichnet – erreicht die genealogische Zeit ihre volle, lineare Entfaltung. Vergegenwärtigt man sich die »regulierte Anarchie«, die im Ersten Band dieser Ausgabe dargestellt wurde, so fällt zunächst auf, daß es sich hier im Gegensatz zu den Wildbeutergruppen um große politische Verbände handelt, die sich ohne staatliche Organisation gegen jeweils äußere Feinde fast *ad hoc* integrieren. Die Instanzen sind auf Segmente verteilt, die nicht in einer Ebene liegen, sondern in sich verschachtelt sind. Die Opposition, die auf einer Ebene zwischen den Segmenten eines umfassenden Segments besteht, wird auf der nächst höheren Ebene aufgehoben, sobald das umfassende Segment in Opposition zu einem anderen Segment auf seiner Ebene tritt. Der Umfang eines Segments läßt sich also nie für sich, sondern nur in bezug auf andere Segmente bestimmen. Dabei bleibt zunächst noch offen, auf welche Weise solidarische Beziehungen in nicht-solidarische, friedfertige in feindliche umgewandelt werden, wenn die Parteien sich zur

Durchsetzung der Rechtsordnung bei Fehden oder Kriegen neu formieren.[21]

Die Segmente werden als agnatische Lineages dargestellt, d. h. als Abstammungsgruppen, denen der Einzelne kraft der Gruppenzugehörigkeit seines Vaters angehört.[22] Das Verhältnis zwischen Segmenten, deren Opposition auf der nächst höheren Ebene aufgehoben ist, wird also im Idiom der Genealogie als Verhältnis zwischen Söhnen eines gemeinsamen Vaters ausgedrückt. Wenn es wie bei den Nuer fünf Segmentationsebenen gibt und die letzten drei Generationen nicht segmentieren, da Brüder erst nach dem Tod des Vaters eigene Lineages gründen können, so muß die Genealogie mindestens acht Generationen mit allen kollateralen Lineagegründern aufführen, um der Tiefe der Verschachtelung Rechnung zu tragen.[23] Der Umfang eines Segments wird also durch die Zeit repräsentiert, die seit seiner Gründung vergangen ist und die die Genealogie erinnert. Umgekehrt wird die vergangene Zeit durch die relativen Abstände zwischen jeweils *ad hoc* konstituierten Gruppen strukturiert und bezeichnet.[24]

Die Genealogien, die so Gesellschaftsbild und Zeit gleichermaßen strukturieren, sind logische Modelle, an deren geometrisch klarer Ordnung sich die These über die Verwandtschaft von Genealogie und Logik bewährt.[25] Gerade diese Konstellation mag auch Evans-Pritchard dazu verleitet haben, die historische Dimension, die mit dem genealogischen Zeitbegriff möglich wird, zu negieren, indem er versuchte, das Moment des linearen und irreversiblen Fortschreitens, das er selbst bemerkt hat, in einer synchronistischen Interpretation als bloße Konzeptualisierung stabiler Sozialstrukturen aufzuheben. Tatsächlich werden die durchschnittlich zehn Generationen umfassenden Genealogien der Nuer nicht in jeder Generation verlängert, sondern nur reformuliert, um sie dem jeweils neuen Zustand der Sozialstruktur anzupassen: Stirbt ein Segment aus oder verbindet es sich dauerhaft mit einem anderen, so wird der damit insignifikant gewordene Schritt in seiner Genalogie gekürzt, um der Verzeichnung einer neuen Segmentation Platz zu machen.[26] Fortes bringt diesen Prozeß auf seine prägnanteste Formel, wenn er sagt, daß die Segmente alle relevanten Zustände ihrer Vergangenheit in sich »*verkapseln*«.[27] Gerade das Beispiel der Nuer zeigt nämlich, daß die genealogische Zeit synchronisch, also ohne Blick auf die Geschichte, nicht zu verstehen ist.

Segmentäre Lineagesysteme haben sich vielleicht allgemein auf der Basis eines keineswegs illusionären Wachstums entwickelt. Die Genealogien der Nuer täuschen durch ihre Kondensierung zwar nur vor, die Bevölkerung habe sich nahezu von Generation zu Generation verdoppelt, aber darin spiegelt sich doch die Geschichte einer wirklichen Expansion: Seit dem Anfang des 19. Jahrhunderts sind Nuer mit ihren Herden von Weideplätzen westlich des Bahr el-Jebel nach Osten über den Zeraf und Pibor in Dinkaland vorgedrungen und haben nur auf die schlechten Weiden der Ngok und das Tsetse-Gebiet der Anuak verzichtet. Dinka und Dinkalineages haben sie durch Adoption und Heirat in ihre Verbände aufgenommen.[28]

Die weitere Entwicklung der genealogischen Zeit in Gesellschaften mit Zentralinstanzen – oder Staat – ist durch die Monopolisierung zur Genealogie des Herrscherhauses bestimmt.[29] Nachbarn der Nuer und ebenso kriegerisch und expansiv wie sie sind die Azande, die indes ein ethnisch heterogenes Milieu in einem Staat organisiert haben, in dem die Gentilorganisation der Unterworfenen bedeutungslos wurde.[30] Azande und Nuer erinnern ihre Geschichte gleichermaßen am Leitfaden der Genealogie. Während aber bei den Nuer jede Person und jede Gruppe ihre eigene spezifische Genealogie hat, die an bestimmten Punkten in der Vergangenheit mit den Genealogien anderer Personen und Gruppen konvergiert, orientiert sich die historische Erinnerung des Zandevolkes an der Genealogie des Avongaraclans, dem alle Könige und Prinzen angehören. Die Berichte der Nuer mögen uns durch ihre Vielzahl von Namen und genealogischen Angaben verwirren; wenn dagegen Azande von »der Zeit Gbudwes« reden, so erscheint uns diese Ausdrucksweise als im Prinzip vertraut.

Aber die Linearität – und zugleich die Eigenständigkeit – der genealogischen Zeit zeigt sich nicht nur im Hinblick auf die historische Zeit, sondern auch im Verhältnis von genealogischer und mythischer Zeit. Die australischen Clans respektieren wie die der Nuer je eigene Totems. Die Traumzeit der Mythen wird von den undifferenzierten Clans der australischen Stämme weder als zyklisch noch als linear dargestellt; sie wird als eine Zeit erfahren, die mit der immer repetitiven Zeit des Alltagslebens gleichsam gleichzeitig da ist, als eine in Tjurunga und Totem verkörperte Zeit der Ursprünge, die durch Rituale vergegenwärtigt wird. In den Gesellschaften mit segmentärer Dynamik ist Umfang und Identität der Gruppen, die sich zu Ritualen versammeln, durch gerade die Spanne genealogischer Zeit bestimmt, welche die Teilnehmer von ihrem jüngsten gemeinsamen Vorfahren trennt. Ahnenkult und Totemritual werden also durch die segmentäre Dynamik gestaffelt; die Mythologie mag ohne Rekurs auf die Genealogie Naturerscheinungen und gesellschaftliche Verhältnisse repräsentieren, sonst aber ist die undifferenzierte, identische Traumzeit als mythische Zeit in eine Vergangenheit entrückt, die durch die Genealogie der Gegenwart vermittelt ist.[31] Die These, daß die lineare Zeit der Genealogie nicht eine Umdeutung der zyklischen Zeit der Jahreszeiten und der Ökologie darstellt, sondern eine Aufsplitterung des Konzepts der Traumzeit – so wie die segmentären Lineages der kontinuierlichen Aufsplitterung der Clanidentität zu entspringen scheinen –, ist wohl nicht weniger spekulativ als die – und mit ihr auch nicht inkompatibel –, die Leach über die Differenz von zyklischer und linearer Zeit im Anschluß an Hubert und Mauss formuliert hat und der zufolge die symbolische Darstellung der Zeit als zyklisch in der allgemeinen Erfahrung rhythmischer und repetitiver Prozesse gründet, die lineare Darstellung aber in der Beobachtung der irreversiblen Prozesse des Wachsens und Alterns.[32] – Wir werden damit auf die Frage hingewiesen, ob sich nicht ein Begriff der ursprünglichen Zeit formulieren läßt, in dem der Gegensatz zwischen der zyklischen Zeit, die Naturprozesse wie die Jahreszeiten ebenso kennzeichnet wie die Ökologie der Menschen, und der linearen Zeit der Genealogie aufgehoben wird. Eine solche Frage kann sich selbstverständlich nur in der Perspektive unserer eigenen Wertschätzung und Sorge um die Zeit stellen; es scheint deshalb geboten, ihre Antwort auch auf dem Weg eines Vergleichs unseres eigenen Zeitbegriffs mit der Beachtung und Auffassung der Zeit in afrikanischen segmentären Gesellschaften zu suchen.

Die europäische Kunst hat in der Renaissance eine allegorische Figur geschaffen, in der Panofsky das klassische Bild der schöpferischen Ewigkeit mit dem mittelalterlichen Bild des zerstörenden Saturn verbunden sieht: Vater Zeit.[33] Seine Attribute sind Stundenglas und Sichel; er ist ein alter Mann, der an Krücken geht, aber auch mächtige Flügel hat; er verzehrt seine Kinder, aber seine Tochter ist die Wahrheit, mit der er den Schleier von der müßigen Luxuria zieht und Betrug und Verderben als ihre Folgen offenbart.[34] Nur indem Vater Zeit vergängliche Werte zerstört, kann er die Wahrheit enthüllen.[35] In den Gesellschaften ohne Staat, deren Zeitbegriff wir hier erschließen wollen, müßte die Allegorie von Vater Zeit fremdartig und verkehrt erscheinen: Weshalb heißt die Wahrheit *filia temporis*? Weshalb ist die Zeit langsam und schnell? Weshalb verzehrend? Und was bezweckt die Denunziation des Müßiggangs?

Die Differenz in der Konstellation von Zeit und Wahrheit in afrikanischen und europäischen Kulturen zeigt sich besonders deutlich daran, auf welche Zeitstufe das divinatorische Interesse jeweils gerichtet ist. In der Renaissance war die Divination an die Astrologie gebunden, die in den Konstellationen der Sterne eine in der Zukunft verborgene Wahrheit zu entziffern suchte.[36] Obwohl man auch in afrikanischen Kulturen ein vorherbestimmtes Geschick voraussagt[37], blickt doch der afrikanische Wahrsager weit mehr in die Vergangenheit, in der er eine verborgene Wahrheit zu enthüllen sucht, um Glück und Unglück in der Gegenwart zu verstehen. Glück und Unglück sind für ihn weder »Zufälle« noch

die Zeichen eines außermenschlichen Geschicks, sondern Folgen der Gunst und Mißgunst von Mitmenschen, die Zauberer oder Hexer sind oder als Ahnen wirksam segnen und fluchen können.[38]
Greifen wir nun auf die Kennzeichnung der ökologischen Zeit in segmentären Gesellschaften zurück: Die Arbeit ist auf zwanglose Weise den natürlichen Zyklen der Tage und Jahre angemessen; der Arbeiter ruht sich aus, wenn sein Organismus erschöpft ist, nicht wenn ein von der Uhr ausgelöstes Klingelzeichen ihn dazu auffordert. Die Geschichte der ursprünglichen Akkumulation belegt ebenso wie die Erfahrung von Wanderarbeitern, welches Ausmaß an Disziplin und Pädagogik erforderlich ist, um Pünktlichkeit zu erzwingen.[39] Da afrikanische Rinderhirten und Hirsebauern ihre Arbeit nicht durch ein abstraktes System gezählter Zeit regeln und die Grenzen von Arbeit und Muße für sie fließend sind, haben sie nicht das Gefühl, ihre Handlungen mit dem Vergehen gemessener Zeit koordinieren zu müssen. Die Zeit scheint ihnen deshalb weder auf Krücken zu schleichen noch auf Schwingen zu verschwinden. – Da die Lineage als korporative Gruppe von Lebenden und Verstorbenen mit der genealogischen Zeit und dem Ahnenkult ihnen eine Identität vermittelt, in der die Endlichkeit des Einzellebens aufgehoben scheint[40], und sie nicht für die scheinbar grenzenlose Akkumulation von Kapital arbeiten, haben sie nicht das Gefühl, ihre begrenzte Zeit nutzen zu müssen. Die Denunziation des Müßiggangs bleibt für ihre Moral ohne Sinn. Das Fehlen einer unablässigen Sorge um die Zukunft und das Ausbleiben der Angst vor der gestundeten Zeit sind mithin in der Perspektive der Zeiterfahrung, die Heidegger beschrieben hat, Kennzeichen der ursprünglichen Zeit, in bezug auf welche die diskutierte Differenz von zyklischer und linearer Zeit als sekundär erscheint.
Die öffentliche Zählung der Zeit beginnt in der frühen zivilen Gesellschaft[41] unter dem Interesse an der Vorausberechnung von Ereignissen und bildet sich an der Beobachtung der Himmelskörper.[42] In dieser Gesellschaftsformation antwortet die Arbeit nicht mehr wie in den Gesellschaften ohne Staat scheinbar zufällig auf natürliche Ereignisse wie das Einsetzen der Regenzeit; sie wird geplant und koordiniert – erst zur Organisierung vieler Arbeiten bedarf es einer öffentlich gültigen Zeitvereinbarung –, weil sie nicht mehr ausschließlich die Bedürfnisse der Produzenten befriedigen, sondern ein Surplus erzielen soll, das von der nicht-produzierenden Klasse angeeignet wird. Die segmentäre Organisation der Gesellschaften ohne Staat löst sich dort auf, wo sich intratribal Warenproduktion mit der daraus folgenden Arbeitsteilung entwickelt. Mit der Verselbständigung der Warenproduktion erhält das Messen und Zählen der Zeit absolute Bedeutung, weil die Arbeitszeit den Wert der Waren bestimmt.[43]

Zwar wird auch in segmentären Gesellschaften getauscht, aber die Produktion für den Tausch hat im allgemeinen den Charakter des Beiläufigen und Zusätzlichen, so daß es nicht wichtig ist, darauf zu achten, wieviel Zeit zur Anfertigung eines Produktes aufgewendet wird. Marx hat diese Nachlässigkeit in der Beachtung der Zeit, die in der Perspektive der bürgerlichen Gesellschaft und ihrer Wirtschaftsethik so bemerkenswert erscheint, in einen Satz gefaßt, der auch noch die nicht-ökonomische Hypostasierung der modernen Erfahrung der Zeit ironisch unterläuft:

»Außerdem begeht der Wilde eine schwere ökonomische Sünde durch seine völlige Gleichgültigkeit gegen Zeitaufwand und verwendet z. B. manchmal, wie Tylor erzählt, einen ganzen Monat zur Verfertigung eines Pfeiles.«[44]

Das heitere Bild des Wilden, der sorglos in den arkadischen Tag hineinlebt, ist wohl nicht weniger der ethnographischen Imagination des von der Zeit gehetzten Bürgers entsprungen als die düstere Vision eines angsterfüllten Daseins, das mythischen Ursprungsmächten verfallen ist.[45] Dennoch wird man in der Perspektive der Zeiterfahrung, die den Kapitalismus kennzeichnet, sagen dürfen, daß es in segmentären Gesellschaften ein Recht auf Faulheit gibt, wie Lafargue es gefordert hat. Und die Unbekümmertheit der Leute von Dimodongo erschien mir, als ich dort war, als ein sinnlicher Beweis dafür, daß die Sorge ihren historischen Ort hat und nicht das »Sein des Daseins« ist. Von den Nuer sagt Evans-Pritchard:

»Ich glaube nicht, daß sie jemals das Gefühl haben, gegen die Zeit zu kämpfen oder ihre Handlungen mit dem abstrakten Vergehen von Zeit koordinieren zu müssen; denn ihre Bezugspunkte sind hauptsächlich die Handlungen selbst, die im allgemeinen den Charakter der Muße haben . . . Nuer haben es gut.«[46]

II.

Die vorstehenden Bemerkungen zur unterschiedlichen Beachtung und Darstellung der Zeit sollten die Differenz zwischen der modernen Gesellschaft und den Gesellschaften ohne Staat im Hinblick auf eine grundlegende soziale Erfahrung kennzeichnen. Ich habe dazu Heideggers Analyse der Zeitmessung des »primitiven Daseins«[47] umakzentuiert, um deutlich zu machen, daß der dort entwickelte Zusammenhang von Zeit und Sorge einer spezifischen Erfahrung der modernen Gesellschaft entstammt. Dieser Eindruck geht von der intersozietären Erfahrung aus, die der Ethnograph macht, wenn er vorübergehend in einer segmentären Gesellschaft lebt und alltäglich feststellen kann, daß zeitbezogene Verabredungen nicht eingehalten werden und Diskussionen über Zeiträume auf Unverständnis stoßen. Angesichts dieses einfachen Sachverhalts, der doch auch für uns etwas Selbstverständliches haben kann, scheint es absurd, die schlichte Gleichgültigkeit gegen die Zeit als willentliche Negation von Zeit zu interpretieren, die erst aus der Sorge um die gezählte und verdinglichte Zeit entstehen kann.[48] Gerade im Hinblick auf Heideggers Untersuchung der Zeit erweist sich somit der geringe Grad einer Sorge um die Zukunft als wesentliches Kennzeichen der Gesellschaften ohne Staat. In der genealogischen Zeit und unter den Bedingungen einer genealogisch vermittelten Identität und Solidarität kommt der Rede von der »Geworfenheit« weniger Wahrscheinlichkeit zu.[49]

Die empirisch untersuchten Gesellschaften ohne Staat sind indes trotz ihrer relativen Gleichgültigkeit gegen die Zukunft nicht – um mit Marcuse zu sprechen – Gesellschaften ohne Angst. Selbstverständlich ist in diesen Gesellschaften die Sorge um die Erhaltung der Gruppe, deren Leben bei einer unentwickelten Technologie und bei geringer Produktivität von der Natur und vom Zufall bedroht ist. Diese allgemeine Unsicherheit verbindet sich, wenn Unglücksfälle gehäuft auftreten, mit dem Verdacht auf anti-soziale, unsolidarische Haltungen, worin an die gegenseitige Hilfe als das Mittel zur Erhaltung der Gruppe appelliert und zugleich das Unglück selbst auf einen Mangel an Solidarität zurückgeführt wird. Sehr oft werden solche Situationen, in denen das Individuum als solches sich bedroht fühlt und von Angst erfüllt ist, aus dem Komplex der Hexerei und Zauberei interpretiert.

Man kann Hexerei und Zauberei – oder Schwarze Magie – gleichzeitig behandeln, da Hexer und Zauberer »beide gleichermaßen Feinde der Menschen sind«.[50] Man kann entweder sagen, daß sie auf übernatürliche, d. h. auf empirisch nicht unmittelbar beobachtbare Weise Schaden zufügen, oder daß man in vielen Gesellschaften aller Weltteile und Zeiten geneigt war, den Schaden, dessen Ursachen nicht vollständig einsichtig waren – für den wir also die Kategorie des Zufalls bereit halten –, auf Akte der Hexerei und Zauberei zurückzuführen. In Umkehr und Ergänzung des sozialen Drucks, der auf die öffentliche Demonstration von Friedfertigkeit und Ehrerbietung hinwirkt, suchen feindselige Affekte und soziale Konflikte ihren Ausdruck in Praktiken oder Anklagen der Hexerei und Zauberei.

Die Konstellationen von Haß, Angst und Appell an solidarische Beziehungen variieren: Jemand, dem ein Unglück widerfahren ist, mag einen Verwandten oder Nachbarn der Hexerei anklagen, wenn er eine Störung ihrer Beziehung vermutet – der Angeklagte wird dann den Ankläger

seiner Solidarität versichern[51]; jemand, der sich in seinen Erwartungen getäuscht sieht, mag andere verhexen und dann über das Unglück, das ihnen widerfährt, triumphieren; andere mögen solche Hexer und Zauberer zu ihren eigenen Zwecken bezahlen[52]; wenn aber die Ansprüche der Gesellschaft auf das Individuum unerträglich wirken, dann kann die Hexerei auch das einzige Mittel sein, durch das es ein eigentümliches Macht- und Selbstbewußtsein zu behaupten vermag.[53] Im Kontext von Unsicherheit und Angst fungieren Hexerei und Zauberei mithin sowohl als Bestätigung wie als Zerstörung der Solidarität in den Segmenten, sowohl als Bedrohung wie als Rettung des Individuums. Hexerei und Zauberei geben deshalb Aufschluß über Angst und Solidarität, die hier Gegenstand einer Soziologie sind, nicht einer Analyse des »Daseins«.
Wie Hexerei und Zauberei fungieren auch ekstatische Erfahrungen sowohl als Bestätigung und Verstärkung solidarischer Beziehungen wie als Möglichkeit des Individuums, sich den Anforderungen der Gruppe zu entziehen. Sie werden auf zwei grundlegend verschiedene Weisen interpretiert: Der Ekstatiker hat entweder die Vorstellung, die Seele verlasse den Körper zu einer Himmels- oder Unterweltsreise – das Ich wird von seiner Körperlichkeit befreit –, oder er empfindet seinen Zustand als Besessenheit, d. h. als Eintritt eines an sich selbständigen Geistes in seinen Körper.[54] Beide Fälle können wir in unserer Sprache als Umwandlung der Person beschreiben: Es wird ihr eine Rolle zugestanden, in der sie traumatische Schocks ausspielen oder für die Gesellschaft in einer Weise handeln und reden kann, die diese anders nicht zuläßt. Entrückung und Besessenheit sind dabei vermutlich Darstellungen unterschiedlicher Konstellationen von Körper und Geist, und die daran gebundenen Geistkonzeptionen könnten einen ethnographischen Zugang zu spezifischen Erfahrungsweisen des Körpers eröffnen.
In dieser Perspektive scheint es geboten, noch einmal auf die Problematik der segmentären Dynamik zurückzugreifen. In dem Bestreben, die Nuer-Gesellschaft zu einem geradezu mechanisch regulierten System zu stilisieren, hat Evans-Pritchard wahrscheinlich der Rolle des Leopardenfellpriesters zu wenig Beachtung geschenkt.[55] Nur beiläufig erwähnt er, dieser sei von *kwoth riengda*, dem Geist unseres Fleisches, besessen.[56] Sowohl in seiner rechtlich-politischen Funktion, in Fehden zwischen den genealogischen oder territorialen Segmenten eines Stammes zu vermitteln, als auch als Ekstatiker entspricht er dem Fischspeermeister der benachbarten Dinka, der von *ring*, der Gottheit Fleisch, besessen ist[57], aber er zeigt auch noch Ähnlichkeit mit dem *reth*, dem Priesterkönig der Shilluk, von dem Nyikang im Moment der Inthronisation Besitz ergreift.[58] Die Rede der Menschen, die diese Priesterämter innehaben, hat gewissermaßen eine übernatürliche Wirkung und gilt dem-

entsprechend als »inspiriert«. Der Geist oder die Gottheit wird mit der genealogisch geregelten Nachfolge im Amt übertragen; der Enthusiasmus entfaltet seine Wirksamkeit bei der Schlichtung von Streit und somit bei der Erneuerung und Bestätigung solidarischer Beziehungen. Wir sehen darin deshalb in der Perspektive unserer Gesellschaft und ihrer Soziologie eine Verbindung von traditionaler und charismatischer Herrschaftslegitimation, während es sich im Selbstverständnis segmentärer Gesellschaften eher wie bei der Ahnenverehrung um eine Transfiguration zu handeln scheint, in der soziale Institution und religiöse Erfahrung aufgehoben sind.

III.

Aus den angedeuteten Zusammenhängen ergibt sich die Begründung für Auswahl und Anordnung der hier vorgelegten Texte. Daß dabei – wie in dieser Einleitung selbst – Lückenhaftigkeiten und Inkonsistenzen nicht zu vermeiden waren, folgt schon aus der Heterogenität des ethnographischen Materials und der wissenschaftsgeschichtlichen Entwicklung, die hier zugleich vorgestellt wird, sowie aus der Vielschichtigkeit der Problematik.
Die *Prinzipien der Genealogie*, d. h. die Begriffe der Abstammung, der Kindschaft und Elternschaft, der Geschwisterschaft und Verwandtschaft, werden exemplarisch in den drei ersten, älteren Texten dargestellt, die zu ihrer Zeit in der Geschichte der Ethnologie bahnbrechend waren. – *Malinowski* untersucht mit der ihm eigentümlichen Akribie die Implikationen der unilinearen Abstammungsrechnung, d. h. hier die einseitige Betonung der Rolle des Vaters oder der Mutter (bzw. des Mutterbruders), am Modell der Überzeugungen und Praktiken der Trobriander, bei denen der matrilineare Komplex sich zum Glauben an eine Art Parthenogenese verdichtet hat (1927). *Lowie*, dessen Werk weniger in der Tradition der *social anthropology*, als in der der amerikanischen *cultural anthropology* steht, in der interkulturelle, historische Vergleiche methodisch begründet sind, fächert das Spektrum der genealogischen Prinzipien[59] anhand der Verwandtschaftsbezeichnungen auf; an seinen Formulierungen wird die Verwandtschaft von Genealogie und Logik plastisch (1917). Wie Malinowski in einer matrilinearen Gesellschaft vor allem nach der Rolle des Vaters fragt, so wendet sich *Radcliffe-Brown* in seinem berühmten Vortrag (1924) der Rolle des Mutterbruders in patrilinearen Gesellschaften zu, um das Prinzip der unilinearen Abstammung aus der ihr komplementären Kindschaft zu verdeutlichen. Mit dieser frühen Form der synchronen Strukturanalyse zeigt er, daß

scheinbar heterogene Bräuche und Institutionen nicht als »Überbleibsel« vergangener Evolutionsstufen interpretiert werden müssen[60], sondern durch die Erweiterung des analytischen Rahmens auf eine homogene Struktur zu beziehen sind.

Gegen diesen Hintergrund sollen die »*Texte zur Hexerei und Zauberei*« exemplarisch in das Verhältnis von *Solidarität und Affekt* einführen. Von der eigentümlichen Stimmung der Angst und des Machtgefühls vermitteln sie einen stärkeren Eindruck, als theoretische Analysen es vermöchten.[61] In *Turners* Analyse erweist sich dagegen die Ritualsymbolik als eins der entscheidenden Mittel, durch das die Affekte den gesellschaftlichen Verhältnissen – hier den Erfordernissen der Matrilinearität – gemäß strukturiert und so zur Erzeugung solidarischer Beziehungen genutzt werden.[62] *Fortes* wiederum geht in dem Text, der im Zentrum des vorliegenden Bandes steht, vom Begriff der Amity aus[63], der weder affektive Zuneigung noch vertragsmäßige Bindung bezeichnet – an beiden aber teilhat –, sondern eine allerdings objektive Beziehung, die sowohl Freundschaft als auch Friedfertigkeit impliziert.

Zwei Formen der *Transfiguration der genealogischen Beziehung* werden an den westnilotischen Geistkonzeptionen und an der Ahnenverehrung und dem Schicksalsbegriff der Tallensi exemplifiziert. *Lienhardt*, der von der ekstatischen Erfahrung ausgeht, und *Evans-Pritchard*, der religiöse Vorstellungen untersucht, repräsentieren dabei zwei komplementäre Weisen des ethnographischen Zugangs. *Fortes* geht zugespitzt der Frage nach den Beziehungen zwischen dem Vater und seinem erstgeborenen Sohn nach[64]; sein Beitrag schließt damit den Kreis der hier vorgestellten Abhandlungen, der mit Malinowskis klassischer Kritik an der Theorie des Ödipuskomplexes eröffnet wird.

Bei den Übersetzungen, die aus dem Sudan-Seminar am Institut für Ethnologie der Freien Universität hervorgegangen sind, haben sich einige Probleme gestellt, die es vielleicht verdienen, hier erwähnt zu werden.

»Abstammung« *(descent)* bezeichnet in bezug auf unilineare Genealogien die jeweils rechtsgültigen – patri- oder matrilinearen – Eltern-Kind-Beziehungen; »Kindschaft« *(filiation)* bezieht sich im gleichen Zusammenhang auch auf das entsprechend komplementäre Verhältnis; »schwiegerschaftlich« (– »schwagerschaftlich«) *(affinal)* soll hier jede Kette von Verwandtschaftsbeziehungen heißen, in der mindestens ein Glied durch Heiratsverbindung gestiftet ist.

Eine Reihe von grundsätzlichen Schwierigkeiten resultiert wohl daraus, daß einige Grundbegriffe der *social anthropology* der romantischen Tradition entstammen, die aber in England nicht jene nationalistische und organizistische Radikalisierung erfahren hat, gegen die Max Weber aufgetreten ist. So läßt sich das allgemeine Konzept der *corporate group* weder mit »Genossenschaft« oder dem spezielleren »Körperschaft« *(corporation)* wiedergeben, noch mit dem entsprechend allgemeinen »Verband«, weil letzteres seit der Soziologie Webers – fast schon antikollektivistisch – das Moment der Leitung akzentuiert.[65] Wir übersetzen deshalb *corporate group* als »korporative Gruppe«.

Da »Linie« nur jeweils eine Linie von sukzessiven Eltern-Kind-Beziehungen bezeichnet, *lineage* aber ein Bündel kollateraler Linien, verwenden wir hier das Wort »Lineage«, obwohl dafür in der älteren deutschsprachigen Ethnologie das Wort »Sippe« üblich war. Dem Wortsinn nach meint »Sippe« eine kognatische Verwandtschaftsgruppe, für die Verwandtschaft durch Männer und Frauen gleichermaßen zählt, während »Lineage« eine unilineare Abstammungsgruppe bezeichnet, zu der die Zugehörigkeit entweder nur durch die Mutter (matrilinear) oder nur durch den Vater (patrilinear) vermittelt wird. Ausschlaggebend ist aber, daß Texte, in denen sich Wörter wie »Muttersippe« (Matrilineage), »Vatersippe« (Patrilineage) u. a. zusammen mit Wörtern wie »Ahnenkult« häufen, nach den Repristinationen der Blut- und Boden-Ideologie Konnotationen signalisieren, die mit den Gesellschaften ohne Staat nichts gemein haben.

Anmerkungen

[1] A. R. Radcliffe-Brown, »On Social Structure«, in: ders., *Structure and Function in Primitive Society*, London 1952, S. 188–204, bes. S. 192.
[2] Dies hatte zwar auch Radcliffe-Brown eingeräumt, aber der Akzent seiner Ausführungen liegt deutlich auf der höheren Dignität eines Interesses an der Unwandelbarkeit der »strukturellen Form«, so daß deren Wandel der Theorie äußerlich bleibt. Firth hat versucht, durch das Konzept der »Organisation« – in Entgegensetzumg und Ergänzung zu dem der »Struktur« – die Möglichkeit von gesellschaftlichen Veränderungen für die *social anthropology* auch theoretisch begründbar zu machen. Vgl. z. B. R. Firth, *Elements of Social Organisation*, London 1951. – Eine allgemeine Formulierung der Problematik versucht S. F. Nadel, *The Theory of Social Structure*, London 1957, Kap. VI (»Structure, Time and Reality«).
[3] M. Fortes, »Time and Social Structure«, in: ders., *Time and Social Structure and Other Essays*, London 1970, S. 1–32.
[4] Vgl. J. Goody (Hg.), *The Developmental Cycle in Domestic Groups*, Cambridge Papers in Social Anthropology 1, Cambridge 1958; M. Fortes, »Pietas bei der Verehrung der Ahnen«, im vorligenden Band.
[5] E. E. Evans-Pritchard, *The Nuer*, London 1940, S. 103. – Evans-Pritchard, der sich hier an Durkheim orientiert, führt die Kategorie der Zeit ein, um zwei Analysen der Nuer-Gesellschaft, die ihrer Ökologie und die ihrer politischen Institutionen, zu verbinden. Abgesehen davon, daß nicht verständlich wird, weshalb er die Zeitform der Genealogie, in der

die Nuer ihre politische Ordnung beschreiben, nicht auf die Geschichte, sondern auf die jahreszeitlichen Wandlungen ihrer sozialen Morphologie bezieht, erscheint die Subsumtion von Ökologie und politischen Institutionen unter die Kategorien von Raum und Zeit als zu allgemein und als lediglich formell.

[6] Das hier ebenfalls implizierte allgemeine Übersetzungsproblem habe ich in der Einleitung zum ersten Band der vorliegenden Ausgabe behandelt *(Gesellschaften ohne Staat,* hg. v. F. Kramer und Chr. Sigrist, Bd. 1, Frankfurt/M. 1978, »Die *social anthropology* und das Problem der Darstellung anderer Gesellschaften«).

[7] Ich übernehme damit – freilich mit verändertem Sinn – den Begriff der »ursprünglichen Zeit«, den Heidegger im Rückgang vom »vulgären Zeitverständnis« entwickelt in: *Die Grundprobleme der Phänomenologie,* Gesamtausgabe Bd. 24, Frankfurt/M. 1975, S. 362 ff.

[8] Vgl. E. Cassirer, *Philosophie der symbolischen Formen,* Erster Teil, 2. Aufl., Darmstadt 1953, S. 170 ff.

[9] Zur Geschichte der Zeitrechnung vgl.: M. P. Nilsson, *Primitive Time Reckoning,* Lund 1920; F. Röck, *Das Jahr von 360 Tagen und seine Gliederungen,* Wiener Beiträge zur Kulturgeschichte und Linguistik 1, Wien 1930; A. Pfaff, *Aus alten Kalendern,* Augsburg o. J.; Beispiele für Zeitrechnung in Afrika findet man u. a. bei: T. O. Beidelman, »Kaguru Time-Reckoning«, in: *Southwestern Jr. of Anthr.* 19, S. 9–20; B. Gutmann, »Zeitrechnung bei den Wadschagga«, in: *Globus* 94, 1908, S. 238–41. – Zur neuzeitlichen Problematik des Verhältnisses von Zeitbegriff und Himmelsbewegung: H. Blumenberg, *Die Genesis der kopernikanischen Welt,* Frankfurt/M. 1975, S. 503 ff.

[10] Dazu gehören insbesondere Priesterämter, die alljährlich die Zeit der ersten Aussaat oder der Erstlingsfrüchte bestimmen. S. dazu M. Gluckman, »Rituale der Rebellion«, im ersten Band dieser Ausgabe.

[11] Dieses Zeitgefühl scheint erst in der Renaissance aufzukommen. So heißt es bei dem Architekten Alberti:
»G: Es gibt drei Dinge, die der Mensch als sein persönliches Eigentum bezeichnen kann: das Schicksal, den Leib . . .
L: Und das dritte? (. . .)
G: Die Zeit, mein lieber Lionardo, die Zeit, meine Kinder . . .«
(Zit. nach: *Der Mensch um 1500,* Kat. Staatl. Mus. Preuß. Kulturbesitz, Berlin 1977, S. 150.)

[12] Zur sozialen Morphologie vgl. M. Mauss, »Soziale Morphologie. Über den jahreszeitlichen Wandel der Eskimogesellschaften«, in: ders., *Soziologie und Anthropologie,* Bd. I, München 1974, S. 183 ff. – Ich wähle hier das Beispiel der Nuer und Tiv, weil beide in den beiden Bänden der vorliegenden Ausgabe ausführlicher behandelt werden.

[13] Vgl. Evans-Pritchard, »Nuer Time-Reckoning«, in: *Africa* XII, 1939, S. 189–216; ders., *The Nuer,* a.a.O., Kap. II und III.

[14] Vgl. P. Bohannan, »Concepts of Time among the Tiv of Nigeria«, in: *Southwestern Jr. of Anthr.* 9, S. 251–62. – Während ihre Marktwoche keine Zäsur hat, haben die Tiv gern die Institution des christlichen Sonntags angenommen, weil Hirsebier einen siebentätigen Gärungsprozeß braucht und nun sonntags getrunken und nun angesetzt wird.

[15] Zum Verhältnis von Fest und Zeit, das hier nicht ausgeführt werden kann, vgl. H. Hubert und M. Mauss, »Etudes sommaire de la représentation du temps dans la religion et la magie«, *Mélanges d'histoire des religions,* Paris 1909.

[16] Vgl. dazu den 1. Teil des 1. Bandes der vorliegenden Ausgabe, dort besonders den Text von F. Steiner, »Notiz zur vergleichenden Ökonomie«.

[17] E. Durkheim, *De la division du travail social,* Paris 1902, S. 150 ff. – Zur Diskussion dieses Begriffs der »segmentären Gesellschaft« vgl. Chr. Sigrist, *Regulierte Anarchie,* Olten und Freiburg im Breisgau 1967, S. 21 ff. Dort – wie auch im 2. Teil des 1. Bandes der

vorliegenden Ausgabe – findet sich auch die Begründung für meine terminologische Gleichsetzung von »segmentären Gesellschaften« und »Gesellschaften ohne Staat«.

[18] Eine Einführung in die *formalen* Modelle versucht R. Fox, *Kinship and Marriage*, Harmondsworth 1967.

[19] Vgl. A. R. Radcliffe-Brown, *The Andaman Islanders*, Cambridge 1922, Kap. I. – Damit wird selbstverständlich nicht die Bedeutung der Verwandtschaftssolidarität negiert, sondern gerade die Geschwisterlichkeit aller Stammesangehörigen betont.

[20] Vgl. A. R. Radcliffe-Brown, »The Social Organisation of Australian Tribes«, in: *Oceania* I, 1930–31. – Der Vergleich mit den Gesellschaften mit segmentärer Dynamik wird zeigen, daß das Fehlen von Bevölkerungswachstum und Grenzverschiebungen Grundvoraussetzungen des zyklischen Charakters dieser Genealogien sind.

[21] Der dynamische Wechsel von Opposition und Integration läßt sich zwar auch in den bürokratischen Hierarchien von zivilen Gesellschaften beobachten – etwa wenn die Fraktionskämpfe in einer Partei im Wahlkampf mit anderen Parteien ausgesetzt werden –; während er dort aber durch das Gewaltmonopol des Staates aufhebbar ist, bildet er in den segmentären Gesellschaften das bestimmende Prinzip der politischen Organisation.

[22] Während etwa bei den Tallensi die agnatischen Lineages selbst die korporativen Gruppen bilden, sind sie bei den Nuer nur Kerne, um die sich territoriale Verbände kristallisieren, die die eigentlichen Träger der segmentären Dynamik sind.

[23] Vgl. Evans-Pritchard, »Die Nuer im südlichen Sudan«, im 1. Band dieser Ausgabe.

[24] Vgl. Evans-Pritchard, *The Nuer,* a.a.O., Kap. III. – Nach dem gleichen Modell schließen wir selbst z. B. von der Ähnlichkeit zwischen Sprachen auf einen Zeitpunkt, zu dem diese Sprachen noch nicht getrennt waren. Während wir aber die aus der Verwandtschaft erschlossene Zeit im Maß unserer absoluten Chronologie ausdrücken, bezieht man in segmentären Gesellschaften die genealogische Zeit nicht auf eine Zahl von Jahren, wie man auch innerhalb eines ökologischen Zyklus nicht alle Ereignisse im Hinblick auf ihr Früher und Später ordnet.

[25] Vgl. K. Heinrich, »Zur Funktion der Genealogie im Mythos«, in: ders., *Parmenides und Jona,* Frankfurt/M. 1966.

[26] Evans-Pritchard, *The Nuer,* a.a.O., S. 107, 198–200. – Ich habe Evans-Pritchards Ausdruck »*structural time*« durchgehend durch »genealogische Zeit« ersetzt.

[27] M. Fortes, »The Significance of Descent in Tale Social Structure«, in: ders., *Time and Social Structure*, a.a.O., S. 35.

[28] Vgl. z. B. P. P. Howell, in: G. Lienhardt, *Divinity and Experience*, London 1961, S. 97ff. – Wie Sahlins gezeigt hat, ermöglicht die segmentäre Dynamik eine räuberische Expansion. Tiv und Nuer belegen, daß sie durch ihren hohen Integrationseffekt Völker, die sich ökonomisch und kulturell nur wenig von ihnen unterscheiden, besiegen und durch Inkorporation gleichsam verwalten konnten. Vgl. M. Sahlins, »The Segmentary Lineage«, in: *Am. Anthr.*, 63, 1961, S. 322–43.

[29] Vgl. J. Middleton und D. Tait, Einleitung zu *Tribes without Rulers*, London 1958, S. 10.

[30] Evans-Pritchard hat das Bezugssystem, das für seine Beschreibung der politischen Institutionen der Nuer die Ökologie bilden sollte, bei seiner Analyse des Zandestaates (*The Azande*, London 1971) durch die Geschichte ersetzt, obwohl über die Geschichte der Azande kaum mehr Material vorliegt als über die der Nuer. Man könnte daran noch einen Rest jener Bindung der Geschichte an den Staat bemerken, in deren Umkehr und Ergänzung die segmentären Gesellschaften romantisch als zeitlose Strukturen betrachtet wurden. – Ob aber auf dieser Grundlage historische und prähistorische Gesellschaften zu unterscheiden sind, ist eine Frage, die für die afrikanischen Völker, deren Selbstverständnis sich nicht zuletzt an der eigenen Geschichte bildet, nicht nur von akademischem Interesse ist.

³¹ Vgl. etwa Bohannan, »Concepts of Time«, a.a.O.; G. Lienhardt, *Divinity* . . ., a.a.O., S. 171 ff.
³² E. Leach, »Two Essays Concerning the Symbolic Representation of Time«, in: ders., *Rethinking Anthropology*, London School of Economics Monogr. on Social Anthr. 22, London 1961, S. 124 ff. (Dt. Übers. in: W. E. Mühlmann und E. W. Müller (Hgg.), *Kulturanthropologie*, Köln und Berlin 1966, S. 392 ff.)
³³ E. Panofsky, *Studies in Iconology* (1939), New York und Evanston 1962, S. 69 ff. (»Father Time«).
³⁴ Nach Panofskys Interpretation des Bildes »Venus, Cupido, Wahnsinn und Zeit« von Angelo Bronzino in der National Gallery, London.
³⁵ Panofsky, a.a.O., S. 93.
³⁶ Vgl. F. Boll, C. Bezold, W. Gundel, *Sternglaube und Sterndeutung*, 6. Aufl., Darmstadt 1974.
³⁷ Beispiele für prognostische Orakel gibt Evans-Pritchard, *Witchcraft, Oracles and Magic among the Azande*, London 1937; Beispiele für Prophezeiungen: G. Lienhardt, *Divinity* . . ., a.a.O., z. B. S. 303; über einen einfachen prognostischen Kalender s. Gutmann, »Zeitrechnung . . .«, a.a.O.
³⁸ S. z. B. Evans-Pritchard, *Witchcraft* . . ., a.a.O.; Fortes, »Pietas . . .«, im vorliegenden Band.
³⁹ Vgl. E. P. Thompson, »Time, Work-Discipline and Industrial Capitalism«, in: *Past and Present*, Dec. 1967, S. 141–58; s. a. P. Bourdieu, »Ökonomische Praxis und Zeitdispositionen«, in: ders., *Entwurf einer Theorie der Praxis*, Frankfurt/M. 1976, S. 378 ff. – G. Balandier, *Le temps et la montre en Afrique noir*, Bienne 1963, offenbar eine Studie der Schweizer Uhrenindustrie, war mir leider nicht zugänglich.
⁴⁰ S. dazu im vorliegenden Band: G. Lienhardt, »Die Gottheit Fleisch«; M. Fortes, »Pietas . . .«
⁴¹ Zu diesem Begriff: L. Krader, *Dialectic of Civil Society*, Assen und Amsterdam 1976.
⁴² Vgl. die in Anm. 9 angeführte Literatur.
⁴³ Eine historische Anwendung der Marxschen Werttheorie auf die Denkformen, die in der zivilen Gesellschaft entstehen, versuchen z. B. G. Thomson, *Studies in Ancient Greek Society*, 2 Bde., London 1949, 1955; A. Sohn-Rethel, *Geistige und körperliche Arbeit*, Frankfurt/M. 1970.
⁴⁴ K. Marx, *Das Kapital*, Bd. II (MEW Bd. 24), S. 436 f.
⁴⁵ Zur Kritik an der imaginären Ethnographie: F. Kramer, *Verkehrte Welten*, Frankfurt/M. 1977.
⁴⁶ Evans-Pritchard, *The Nuer*, a.a.O., S. 103.
⁴⁷ M. Heidegger, *Sein und Zeit*, Tübingen 1963, S. 415 ff.
⁴⁸ Wenn Eliade von einer primitiven Angst vor der Zeit spricht und zyklische und archetypische Deutungen des Zeitgeschehens auf diese Angst zurückführt, so läßt sich dies als ethnozentrische Projektion des »Kampfes gegen die Zeit« und des ihm entsprechenden Erlösungsverlangens interpretieren. Vgl. M. Eliade, *Le Mythe de l'éternel retours: archétypes et répétition*, Paris 1949; ders., *Images and Symbols*, New York 1969, Kap. »Indian Symbolisms of Time and Eternity«, usw.
⁴⁹ Da dies aus den Texten des vorliegenden Bandes im ganzen deutlich werden sollte, verzichte ich hier auf eine Ausführung. Allerdings setzt sich in den genealogisch definierten Segmenten, die nicht durch Tausch und Arbeitsteilung aufeinander bezogen sind, die Solidarität kaum »mechanisch« durch, wie Durkheim meinte. Solidarität ist Ausdruck der Prinzipien der Gleichheit und Gegenseitigkeit, wie sie im ersten Band dieser Ausgabe vorgestellt wurden. Viele Anthropologen sind der Ansicht, daß sie von den Bindungen in der Kernfamilie auf größere genealogische Segmente übertragen wird. – Zum Verhältnis von

Verwandtschaft und Solidarität s. in diesem Band bes. Fortes, »Verwandtschaft und das Axiom der Amity«.

[50] Vgl. Evans-Pritchard, *Witchcraft* . . ., S. 387; M. Marwick, »Some Problems in the Sociology of Sorcery and Witchcraft«, in: M. Fortes und G. Dieterlen (Hgg.), *African Systems of Thought,* London 1965, S. 171. – Einen Überblick über verschiedene Aspekte der Problematik vermittelt M. Marwick (Hg.), *Witchcraft and Sorcery,* Harmondsworth 1970.

[51] Beispiel: »Texte zur Hexerei und Zauberei« (1), in diesem Band.

[52] Ebd. (3)

[53] Ebd. (5)

[54] Vgl. D. Schröder, Zur Struktur des Schamanismus, in: C. A. Schmitz (Hg.), *Religionsethnologie,* Frankfurt/M. 1964; L. Vajda, »Zur phaseologischen Stellung des Schamanismus, in: Schmitz, a.a.O. – Zur Soziologie der Ekstase allgemein I. M. Lewis, *Ecstatic Religion,* Harmondsworth 1971.

[55] Vgl. Evans-Pritchard, »Die Nuer im südlichen Sudan«, im 1. Band dieser Ausgabe.

[56] Evans-Pritchard, »Geist und Gesellschaftsordnung«, im vorliegenden Band.

[57] Lienhardt, »Die Gottheit Fleisch«, im vorliegenden Band.

[58] Lienhardt, »The Shilluk of the Upper Nile«, in: D. Forde (Hg.), *African Worlds,* London 1954, S. 138 ff.

[59] Seinem Vorschlag folge ich, wenn ich hier von »Prinzipien der Genealogie« spreche, nicht von »Verwandtschaftssystemen«. – S. a. R. Needham, »Remarks on the Analysis of Kinship and Marriage«, in: ders. (Hg.), *Rethinking Kinship and Marriage,* A. S. A. Monogr. 11, London 1971.

[60] So hatte besonders Bachofen ein verstreutes Material über die Mutterbruder-Schwestersohn-Beziehung als Zeugnisse eines älteren Mutterrechts zusammengetragen. (*Antiquarische Briefe* (1880), *Ges. Werke,* Bd. VIII, Basel und Stuttgart 1966, Brief 42–61.)

[61] Mit dieser Probe sei zugleich auf die umfangreichen, noch kaum genutzten Textsammlungen hingewiesen, die von deutschen Ethnologen vor allem in den zwanziger Jahren ediert wurden (Westermann, Gutmann, Schultze-Jena, Preuss u. a. – Zur Kritik an objektivistischen Strukturanalysen siehe Evans-Pritchard im Vorwort zu seiner Sammlung von Zande-Texten: *Man and Woman among the Azande,* London 1974.

[62] Diese Auffassung folgt Gluckman (»Rituale der Rebellion«, im 1. Band dieser Ausgabe). Dabei mag offenbleiben, inwiefern eine solche Funktionalisierung der Vielschichtigkeit der Ritualsymbolik gerecht wird.

[63] Wir haben bei der Übersetzung das engl. Wort *amity* als »Amity« übernommen, weil es dafür keinen einfachen deutschen Ausdruck gibt und es hier auf den genauen Wortsinn ankommt. Nur im Titel dieses Bandes und in dieser Einleitung ist *amity* mit »Solidarität« wiedergegeben.

[64] Vgl. a. M. Fortes, *Ödipus und Hiob in westafrikanischen Religionen,* Frankfurt/M. 1966.

[65] Die Mißverständnisse sind übrigens wechselseitig. So scheint der polemische Ton Max Webers von den britischen Anthropologen, die eher an Durkheim orientiert sind, selten bemerkt zu werden.

I. Prinzipien der Genealogie

Bronislaw Malinowski
Der Vater in der Psychologie der Primitiven

Einleitung

Daß die Sozialorganisation im Rahmen einer Gesellschaft von den dort herrschenden Ideen, Glaubensvorstellungen und Gefühlen abhängt, das sollten wir nie aus dem Blick verlieren. Dies gilt besonders für die Wilden, bei denen wir ganz unerwartete und weithergeholte Anschauungen über natürliche Prozesse und dementsprechend extrem und einseitig ausgebildete Formen der Sozialorganisation im Bereich von Verwandtschaft, kommunaler Herrschaft und Stammesverfassung finden. Insbesondere spielen die Ansichten, die sie von der Funktion von Sex und Zeugung und vom relativen Anteil von Vater und Mutter bei der Erzeugung des Kindes haben, eine beträchtliche Rolle in der Bildung von Verwandtschaftsvorstellungen. Wie nach dem traditionalen Wissen einer Gesellschaft beurteilt wird, was der männliche respektive weibliche Elternteil zum Körper des Nachkommen beiträgt, das bildet den Kern des Systems der Verwandtschaftsrechnung.

I. Verwandtschaft und Abstammung in einer matrilinearen Gesellschaft

Die detaillierte Untersuchung eines konkreten Modells wird die sozialen und psychologischen Mechanismen besser zeigen als irgendwelche Spekulationen. Auf den Trobriand Inseln finden wir eine matrilineare Gesellschaft, in der Abstammung, Verwandtschaft und alle Sozialbeziehungen ausschließlich durch die Mutter gerechnet werden und in der den Frauen ein beträchtlicher Anteil am Stammesleben zukommt, indem sie die führende Rolle in gewissen ökonomischen, zeremoniellen und magischen Handlungen übernehmen.
Die Vorstellung, daß allein und ausschließlich die Mutter den Körper des Kindes aufbaut, während der Mann in keiner Weise an seiner Erzeugung beteiligt ist, ist für die soziale Organisation der Trobriander grundlegend. Die Anschauungen über den Prozeß der Zeugung sichern im Denken der Eingeborenen in Verbindung mit gewissen, noch zu erläuternden mythologischen und animistischen Glaubensvorstellungen zweifelsfrei und uneingeschränkt, daß das Kind von derselben Substanz

ist wie seine Mutter und daß zwischen Vater und Kind überhaupt kein vereinigendes Band geknüpft ist.

Der Beitrag der Mutter zu dem neuen Wesen, das sie zur Welt bringen soll, ist sichtbar und wird von den Eingeborenen deutlich ausgesprochen: »Die Mutter nährt das Kind in ihrem Körper. Dann, wenn es herauskommt, ernährt sie es mit ihrer Milch.« »Die Mutter macht das Kind aus ihrem Fleisch.« »Bruder und Schwester sind vom selben Fleisch, weil sie von derselben Mutter stammen.« Diese und ähnliche Formulierungen beschreiben die Einstellung der Eingeborenen zu diesem Verwandtschaftsprinzip, das für sie grundlegend ist. Noch aufschlußreicher verkörpert sich diese Einstellung in ihrer Regelung von Abstammung, Erbschaft und Nachfolge in Rang, Häuptlingstum, erblichen Ämtern und Magie – mithin in jeder Regelung der Transmission nach Verwandtschaft. In all diesen Fällen gibt ein Mann seine soziale Stellung in der mütterlichen Linie an seine Schwesterkinder weiter. Diese ausschließlich matrilineare Konzeption von Verwandtschaft ist von höchster Bedeutung für die Heiratsbeschränkungen und -regulierungen und für die Tabus des Geschlechtsverkehrs. Die Verwandtschaftsvorstellungen der Eingeborenen zeigen sich auch bei Todesfällen mit dramatischer Plötzlichkeit und extremer Intensität. Denn die sozialen Regeln, welche der Bestattung, der Klage, der Trauer und gewissen sehr ausgefeilten Zeremonien der Kostverteilung zugrunde liegen, basieren auf dem Prinzip, daß Personen, die durch Verwandtschaft mütterlicherseits verbunden sind, durch die Identität der Gefühle, der Interessen und des Fleisches eine eng verknüpfte Einheit bilden, während all die anderen, selbst wenn sie durch die Ehe und die Vater-Kind-Beziehung vereint sind, strikt außerhalb stehen und an dem schmerzlichen Verlust von Natur aus nicht teilhaben.

Da die Trobriander zwar die feste Institution der Ehe haben, vom männlichen Anteil an der Zeugung aber nichts wissen, ist der »Vater« für sie lediglich sozial definiert: Er ist der Mann, mit dem die Mutter verheiratet ist, der mit ihr in einem Haus lebt und einen Teil des Haushalts bildet. In allen Diskussionen über Verwandtschaft wurde mir der Vater von den Eingeborenen gerade als *Tomakava*, d. h. »Fremder« oder noch genauer »Außenstehender«, beschrieben. Dieser Ausdruck wird ständig auch in Gesprächen über Erbschaftsprobleme verwendet, zur Rechtfertigung bestimmter Verhaltensweisen und im Streit, um die Stellung des Vaters zu schmälern.

Bisher habe ich das Wort »Vater« für eine bestimmte Beziehung verwendet, die wir in der Gesellschaft der Trobriander finden; dabei sollte aber dem Leser klar sein, daß dieses Wort nicht die verschiedenen rechtlichen, moralischen und biologischen Implikationen hat, die es für uns besitzt, sondern einen Sinn, der für die Gesellschaft, um die es hier geht, gänzlich eigentümlich ist. Um ein ernsthaftes Mißverständnis zu vermeiden, wäre es besser gewesen, statt »Vater« das Eingeborenenwort *tama* einzuführen und statt von »Vaterschaft« von der »*tama*-Beziehung« zu sprechen. Der Genauigkeitsvorteil dieses Ausdrucks hätte aber seine Unhandlichkeit nicht aufwiegen können, und so sollte der Leser, wenn ihm hier das Wort »Vater« begegnet, nie vergessen, daß das Wort nicht im Sinne unseres Wörterbuchs verwendet wird, sondern im Sinne der hier beschriebenen realen Momente des Eingeborenenlebens. Und ich möchte hinzufügen, daß dies auf alle Ausdrücke mit spezifischen soziologischen Implikationen zutrifft, d. h. auf alle Verwandtschaftsbezeichnungen und auf Worte wie »Ehe«, »Scheidung«, »Verlobung«, »Liebe«, »Werbung« usw.

Was bedeutet das Wort *tama* (Vater) für den Eingeborenen? Ein kluger Informant würde ihm zunächst die Bedeutung »Ehemann meiner Mutter« zuschreiben. Weiter würde er sagen, daß sein *tama* der Mann ist, in dessen liebevoller und schützender Gesellschaft er aufgewachsen ist. Denn da die Heirat bei den Trobriandern patrilokal ist, da also die Frau in die Dorfgemeinschaft ihres Gatten zieht und in seinem Haus lebt, ist der Vater ein enger Gefährte seiner Kinder. Er spielt auch eine aktive Rolle bei der zärtlichen Fürsorge, mit der die Kinder überhäuft werden; beständig fühlt und zeigt er eine tiefe Zuneigung zu ihnen, und später beteiligt er sich an ihrer Unterweisung. In dem Wort *tama*, Vater, verdichtet sich deshalb in emotionaler Hinsicht eine große Zahl von frühkindlichen Erfahrungen; es verweist auf das Gefühl, das für die Beziehung zwischen einem jungen Wesen und einem reifen Mann, der es liebt, charakteristisch ist, während es in sozialer Hinsicht den Mann beschreibt, der zur Mutter eine intime Beziehung hat und der Herr des Haushalts ist.

Insofern unterscheidet sich *tama* nicht wesentlich von »Vater« in unserem Sinn. Sobald aber das Kind heranwächst und sich für Dinge außerhalb seiner unmittelbaren Bedürfnisse und außerhalb der Haushaltsangelegenheiten zu interessieren beginnt, ergeben sich gewisse Komplikationen und verwandeln seine Auffassungsweise. Das Kind lernt, daß es nicht demselben Clan angehört wie sein Vater, daß der Name seines eigenen Totems anders ist und identisch mit dem seiner Mutter. Damit lernt es zugleich, daß es durch alle Verpflichtungen, Einschränkungen und Fragen des persönlichen Stolzes mit seiner Mutter verbunden und von seinem Vater getrennt wird. An dessen Stelle erscheint am Horizont ein anderer Mann, den das Kind *kadagu*, mein Mutterbruder, nennt. Dieser Mann kann am selben Ort leben, aber ebenso oft wohnt er in einem anderen Dorf. Das Kind lernt auch, daß sein »eigenes Dorf« der

Ort ist, an dem sein *kada* (Mutterbruder) wohnt; daß es dort sein Eigentum und seine Bürgerrechte besitzt; daß dort seine Zukunftsaussichten liegen, dort seine natürlichen Verbündeten und Genossen leben. An seinem Geburtsort wird das Kind vielleicht sogar als *tomakava*, als »Fremder«, verspottet, während sein Vater in dem Ort, in dem der Mutterbruder lebt und den das Kind als »seinen eigenen« bezeichnet, ein Fremder ist, das Kind aber als einheimisch gilt. Der Heranwachsende sieht auch, daß der Mutterbruder allmählich wachsende Autorität über ihn gewinnt, indem er seine Dienste verlangt, ihm in manchen Dingen hilft und seine Zustimmung zu bestimmten Unternehmungen erteilt oder verweigert, während Autorität und Rat des Vaters mehr und mehr bedeutungslos werden.

So verläuft das Leben eines Trobrianders unter einer doppelten Einflußnahme – eine Dualität, von der man nicht meinen darf, sie sei lediglich ein oberflächliches Spiel der Sitten und Bräuche. Sie reicht tief in die Existenz der Individuen, sie erzeugt seltsame Komplikationen in den Gewohnheiten, sie schafft ständige Spannungen und Schwierigkeiten, und nicht selten gibt sie Anlaß zu gewalttätigen Ausbrüchen in der Kontinuität des Stammeslebens. Denn dieser duale Einfluß des väterlichen und des matrilinearen Prinzips, der so tief in den institutionellen Rahmen und in die sozialen Vorstellungen und Empfindungen der Eingeborenen hineinreicht, ist eigentlich in seiner Wirkungsweise nicht gänzlich angepaßt.

II. Der männliche und weibliche Organismus und der Geschlechtstrieb im Glauben der Eingeborenen

Verfolgen wir die Vorstellungen der Eingeborenen über das Wesen der Sexualfunktionen im einzelnen. Die Eingeborenen haben eine reale praktische Kenntnis von den Hauptmerkmalen der Anatomie des Menschen und ein ausgedehntes Vokabular für die verschiedenen Teile des menschlichen Körpers und die inneren Organe. Oft schneiden sie Schweine und andere Tiere auf, und die herkömmliche Leichensezierung vermittelt ihnen zusammen mit Besuchen bei ihren kannibalischen Nachbarn auf anderen Inseln eine genaue Kenntnis der Homologien des menschlichen und tierischen Organismus. Andererseits sind ihre physiologischen Theorien bemerkenswert unvollständig; es gibt viele Lükken in ihrem Wissen von den Funktionen der wichtigsten Organe, Seite an Seite mit einigen phantastischen und seltsamen Vorstellungen.

Die Kenntnis der Sexualanatomie ist im Vergleich zu dem, was die Trobriander über andere Teile des menschlichen Körpers wissen, sehr beschränkt. Angesichts des großen Interesses, das sie an diesen Dingen haben, ist ihre Terminologie begrenzt, und die Unterscheidungen, die sie treffen, sind oberflächlich und vage.

Ihre rein physiologischen Anschauungen sind ausgesprochen unkompliziert. Die Geschlechtsteile dienen der Ausscheidung und der Lust. Ihre Vorstellungen von den Prozessen der Urinausscheidung sind ganz unzulänglich. Die Nieren werden nicht mit der Erzeugung von Urin assoziiert. Eine enge Röhre *(wotuna)* führt unmittelbar vom Bauch in die Blase und von dort in die männlichen und weiblichen Geschlechtsteile. Durch diesen Kanal fließt das getrunkene Wasser langsam, bis es austritt, und auf seinem Weg wird es im Bauch durch den Kontakt mit Exkrement verfärbt und beschmutzt. Denn Kost beginnt im Bauch die Verwandlung in Exkrement.

Ihre Vorstellungen von den sexuellen Funktionen der Genitalien sind komplexer und systematischer, sie bilden eine Art psychophysiologische Theorie. Die Augen sind der Sitz des Verlangens und der sinnlichen Begierde. Sie sind die Basis oder die Ursache *(u'ula)* sexueller Leidenschaft. Von den Augen wird der Stimulus dem Hirn durch die *wotuna* überbracht (wörtlich durch die Ranke oder Schlingpflanze; im anatomischen Kontext Ader, Nerv, Röhre oder Sehne). Von dort wiederum breitet sich das Verlangen über den ganzen Körper aus, indem es in den Bauch, in die Arme und Beine wandert und sich dann wieder in den Nieren sammelt. Die Nieren werden mit dem Haupt- oder Mittelteil oder -stamm *(tapwana)* des Systems verglichen. Von hier führen andere *wotuna* (Röhren) in das männliche Glied. Dies ist die Spitze oder der Punkt *(matala,* wörtlich Auge). Wenn also die Augen einen Gegenstand des Verlangens erblicken, »wachen sie auf« und teilen sodann den Impuls den Nieren mit, die ihn wiederum weiter übertragen. So sind die Augen der Ausgangspunkt jeder sexuellen Erregung.

Im weiblichen Organismus verlaufen die Prozesse der sexuellen Erregung analog. So sind die Augen, die Nieren und die Geschlechtsorgane durch das gleiche System von *wotuna* verbunden. Die Augen geben Alarm, der wiederum durch den Körper läuft, seinen Sitz in den Nieren nimmt und zu seiner Zeit eine Erregung erzeugt. Sie bezeichnen die männlichen und weiblichen Ausscheidungen mit demselben Ausdruck *(momona* oder *momola),* und sie schreiben beiden den gleichen Ursprung in den Nieren und die gleiche Funktion zu, nämlich die Ölung der Haut und die Steigerung der Lust.

Dieser Bericht zeigt die entwickeltere Kenntnis. Ich erhielt ihn zuerst von Namwana Guya'u und Piribomatu, ersterer ein dilettantierender Zauberer, letzterer ein wirklicher Experte, beide kluge Männer und beide kraft ihres Berufs an der Anatomie und Physiologie des Menschen interessiert. Ähnliche Aussagen erhielt ich in anderen Teilen der Insel, und in den Grundzügen, wie in bezug auf die sexuellen Funktionen der Nieren oder der inneren Organe, die große Bedeutung der Augen und des Geruchssinns und die strenge Parallele zwischen der männlichen und der weiblichen Sexualität, stimmten alle meine Gewährsmänner überein.

Die Ansicht, die sie von der Psychophysiologie der Libido haben, ist recht konsistent und nicht ganz unsinnig. Die Parallelisierung der beiden Geschlechter ist konsistent. Die Angabe der drei Hauptmomente des Sexualsystems ist für den Klassifikationskanon der Eingeborenen sehr charakteristisch. In vielen Bereichen unterscheiden sie die drei Elemente: *u'ula, tapwana* und *matala*. Die Metapher bezieht sich auf das Bild eines Baumes, eines Pfeilers oder eines Speers: *u'ula*, im wörtlichen Sinn der Fuß des Baumes, die Basis, der Grund, erhält die Bedeutung von Ursache, Ursprung, Quelle oder Stärke; *tapwala*, der Mittelteil des Stammes, dann der Stamm selbst, der Hauptkörper irgendeines länglichen Gegenstands, die Länge eines Stabs; *matala*, Auge oder Spitze (z. B. Speerspitze), manchmal durch das Wort *dogina* oder *dabwana*, Baumwipfel oder Spitze irgendeines hohen Gegenstands, ersetzt, bezeichnet den höchsten Teil oder als abstraktere Metapher das letzte Wort, den höchsten Ausdruck.

In diesem Fall ist der Vergleich nicht ohne jegliche Bedeutung und nur insofern unsinnig, als den Nieren eine spezielle Funktion zugeschrieben wird. Sie werden als ein sehr wichtiger, wesentlicher Teil des menschlichen Organismus betrachtet, zum Teil weil sie die Quelle des Samens sind, dem allerdings im Denken der Eingeborenen keinerlei Zeugungsfunktion zukommt. Eine andere Auffassung schreibt die Erzeugung der männlichen und weiblichen Ausscheidungen nicht den Nieren zu, sondern den Eingeweiden. Die Eingeborenen nehmen auch an, daß etwas in den Eingeweiden das wirkliche Agens der Ausscheidung ist.

Ein sehr bemerkenswertes Moment ist ihre gänzliche Unkenntnis der physiologischen Rolle der Hoden. Sie haben keine Kenntnis davon, daß in diesem Organ irgendetwas erzeugt wird, und jede gezielte Frage, ob der männliche Samen nicht dort seine Quelle habe, wird kategorisch verneint.

Während die sexuelle Begierde *(magila kayta)* in den Augen wohnt, hat Liebe oder Zuneigung *(yobwayli)* ihren Sitz in den Gedärmen, in der Haut auf Bauch und Armen und nur in gewissem Ausmaß auch in den Augen: Wenn wir jemandem zugetan sind, unseren Kindern, unseren Freunden oder unseren Eltern, sehen wir sie gern an, und wenn diese Liebe stark ist, wollen wir sie umarmen.

Die Menstruation betrachten die Trobriander als eine Erscheinung, die mit der Schwangerschaft vage verbunden ist, aber nicht in einem kausalen oder funktionellen Sinn. Sie bezeichnen sie einfach mit dem Wort für Blut, *buyavi*, allerdings mit einer bezeichnenden grammatischen Besonderheit. Während das Pronomen für nächsten Besitz, das sich auf alle Teile des menschlichen Körpers bezieht, immer auch mit dem Ausdruck für gewöhnliches Körperblut verbunden wird, bezieht man auf Menstruationsblut die Possesivpronomen, die für Schmuck und Kleidungsstücke verwendet werden (d. h. für zweitnächsten Besitz). So bedeutet *buyavigu*, »mein Blut« (»Teil-von-mir-Blut«), das Blut aus einem Schnitt oder Blutsturz; *agubuyavi*, »mein Blut« (»mir-gehörend-Blut«), bedeutet Menstruationsblut. Es gibt keine bestimmten Kleidungsregeln für Frauen während der Menstruation, und das Thema erfordert keine besondere Zurückhaltung zwischen den Geschlechtern.

III. Die Wiedergeburt und der Weg von der Geisterwelt zum Leben

Die Eingeborenen haben die Beziehung zwischen dem Menstruationsblut und der Bildung des Foetus beobachtet und festgestellt, aber ihre Vorstellungen davon sind äußerst vage und ungewiß. Sie sind mit dem Glauben an die Inkarnation von Geistwesen vermischt, und es wird das beste sein, den Bericht über die physiologischen Prozesse mit dem über die Wirksamkeit der Geister zu verbinden. So werden wir die natürliche Reihenfolge und die Perspektive in der Lehre der Eingeborenen erhalten. Da in der Tradition der Trobriander das neue Leben mit dem Tod beginnt, werden wir uns nun an das Bett eines Sterbenden begeben und die Reise seines Geistes bis zu seiner Rückkehr in die irdische Existenz verfolgen.
Nach dem Tod zieht der Geist nach Tuma, der Insel der Toten, wo er in Analogie zum irdischen Leben ein angenehmes Dasein führt – nur viel glücklicher. Die Art dieser Seligkeit werden wir später noch genauer untersuchen müssen, denn der Sex spielt dabei eine wichtige Rolle. Hier geht es nur um einen Aspekt: die beständige Jugend, die von den Verjüngungskräften erhalten wird. Jedesmal wenn der Geist *(baloma)* an seiner Haut Körperhaar entdeckt, oder daß die Haut schlaff und faltig oder das Haar grau wird, häutet er sich, und eine neue und junge Oberfläche kommt zum Vorschein – schwarze Locken, zarte Haut und keine Körperhaare. Dieser wünschenswerten Fähigkeit zur Verjüngung erfreute sich einst die ganze Menschheit, zu der Zeit, als die Ahnen unter der Erde lebten und noch nicht auf die Oberfläche gekommen waren. Auch jetzt sehen wir noch jene Höhlen- und Kriechtiere, wie Krebse, Schlangen und Eidechsen, die sich häuten und verjüngen; die Tiere, die

in der Luft leben, besitzen diese Fähigkeit nicht. Die Menschen bewahrten sie eine Zeitlang, nachdem sie auf die Oberfläche der Erde hinausgetreten waren, und verloren sie nur durch Unachtsamkeit und Böswilligkeit, wie ein Mythos umständlich erzählt. In Tuma, der Unterwelt, erfreuen sich die Seelen noch immer dieses glücklichen Privilegs.

Wenn ein Geist, der »unten«, wie die Eingeborenen sagen, ein langes Dasein gehabt hat, der ständigen Verjüngung überdrüssig wird, mag er die Rückkehr ins Leben wünschen. Und dann springt er in seinem Alter weit zurück und wird ein kleines, ungeborenes Kind. Einige meiner Informanten wiesen darauf hin, daß es in Tuma wie hier eine Menge Zauberer gibt; daß ständig Schwarze Magie praktiziert wird, die, wenn sie einen Geist trifft, ihn schwach, krank und lebensmüde macht; und daß dieser dann und nur dann in den Anfang des Daseins zurückkehren und sich in ein Geistkind verwandeln wird. Es ist gänzlich unmöglich, einen Geist durch Schwarze Magie oder sonstwie zu töten; immer bedeutet sein Ende lediglich einen neuen Anfang.

Jene verjüngten Geister, jene noch nicht inkarnierten Kleinen oder Geistkinder, sind die einzige Quelle, aus der die Menschheit Neues Leben schöpft. Ein ungeborenes Kind findet auf die eine oder andere Weise den Weg zurück zu den Trobriandern und dort in die Gebärmutter einer Frau, und zwar immer in die einer Frau, die dem gleichen Clan und Subclan angehört wie das Geistkind selbst. Wie im einzelnen es von Tuma nach Boyowa reist, wie es in den Körper seiner Mutter eintritt und wie sich dort die physiologischen Prozesse der Schwangerschaft mit der Tätigkeit des Geistes verbinden – darüber gibt es verschiedene Versionen, die nicht vollkommen konsistent sind. Die Haupttatsachen stehen jedoch fest, sind jedermann bekannt und werden fest geglaubt: daß alle Geister zuletzt ihr Leben in Tuma beenden und sich in ungeborene Kinder verwandeln müssen; daß jedes Kind, das in dieser Welt geboren wird, durch die Metamorphose einer Seele in Tuma ins Dasein gekommen ist *(ibubuli)*; daß der Hauptgrund und die wirkliche Ursache jeder Geburt in nichts anderem liegt als in der Geisthandlung.

Ich gebe nun einen Bericht von den Details und Variationen in der Tradition der Trobriander, die ich wegen ihrer Bedeutung für das vorliegende Thema sorgfältig und unermüdlich gesammelt habe. Der Verjüngungsprozeß wird allgemein mit Meereswasser assoziiert. Der Mythos, der erzählt, wie die Menschheit das Privileg der willentlichen Wiedergewinnung der Jugend verloren hat, verlegt die Szene der letzten Verjüngung auf den Strand einer Laguneneinfahrt. In dem ersten Bericht über die Wiedergeburt, den ich in Omarakana erhielt, heißt es, daß der Geist zu seiner Verjüngung »an den Strand geht und in Salzwasser badet«. Tomwaya Lakwabulo, der Seher, der oft in Trance nach Tuma geht und regelmäßig mit den Geistern verkehrt, hat mir erzählt: »Die *baloma* gehen an eine Quelle, *sopiwina* (wörtlich Waschwasser) genannt; sie liegt am Strand. Dort waschen sie ihre Haut mit Brackwasser. Sie werden *to'ulatile* (junge Männer).« Die abschließende Verjüngung, die Verwandlung in ein Kind, führt ebenfalls ans Meer. Die Geister müssen in Salzwasser baden, bevor sie zu Kindern werden; sie gehen dann ins Meer und treiben herum. Man sagt, daß sie im Seetang treiben, im Schaum, auf leichtem Treibholz oder auf den Blättern, Zweigen und anderem Unrat an der Oberfläche des Meeres. Tomwaya Lakwabulo sagt, daß sie immerzu um die Küsten von Tuma treiben und langgezogene Klagelaute ausstoßen – *wa, wa, wa*. »In der Nacht höre ich sie klagen. Ich frage, ›was ist das?‹ ›Oh, Kinder, die Flut bringt sie, sie kommen.‹« Die Geister in Tuma können diese noch nicht inkarnierten Kinder sehen und ebenso Tomwaya Lakwabulo, wenn er in die Geisterwelt hinabsteigt. Den gewöhnlichen Menschen aber sind sie nicht sichtbar; nur die Fischer der nördlichen Dörfer von Kaybola und Lu'ebila hören manchmal, wenn sie weit aufs Meer hinausfahren, um Haie zu fischen, den Klagelaut – *wa, wa, wa* – im Seufzen des Windes und der Wellen.

Tomwaya Lakwabulo und eine Reihe weiterer Informanten behaupten, daß solche Geistkinder nie weit von Tuma abtreiben. Mit Hilfe eines anderen Geistes werden sie zu den Trobriandern gebracht. Tomwaya Lakwabulo liefert den folgenden Bericht: »Ein Kind schwimmt auf einem Treibholz. Ein Geist sieht, daß es schön ist. Er nimmt es. Es ist der Geist der Mutter oder des Vaters der schwangeren Frau *(nasusuma)*. Er legt es auf den Kopf, in das Haar der schwangeren Frau; diese hat Kopfweh, erbricht sich und verspürt einen Schmerz im Bauch. Dann kommt das Kind in den Bauch herab, dann ist sie wirklich schwanger. Sie sagt: ›Schon hat es, das Kind, mich gefunden; schon haben sie (die Geister) mir das Kind gebracht.‹« In diesem Bericht entdecken wir zwei Leitmotive: Das aktive Eingreifen eines Geistes – dessen, der das Kind irgendwie zu den Trobriandern zurückbringt und es der Mutter gibt – und das Motiv der Einführung durch den Kopf, mit dem (nicht in diesem Bericht, aber gewöhnlich) die Vorstellung verbunden ist, daß in den Kopf und dann in den Bauch Blut strömt.

Wie der Transport im einzelnen bewerkstelligt wird, erwähnt dieser Bericht nicht. Einige haben die Vorstellung, daß der ältere Geist das Kindchen in irgendeinem Gefäß trägt – in einem geflochtenen Kokosnußkorb oder einer Holzschale – oder auch einfach in den Armen. Andere geben die glänzende Antwort, daß sie es nicht wissen. Das Wesentliche dieser Version liegt jedoch darin, daß hinter dem Kind die aktive Kontrolle eines anderen Geistes steht. Wenn die Eingeborenen sagen, daß die Kinder »von *baloma* gegeben werden«, daß »ein *baloma* die wirkliche Ursa-

che der Geburt« ist, beziehen sie sich immer auf diesen Kontrollgeist, wie wir sagen könnten, und nicht auf das Geistkind selbst. Ein Zug im Verhalten des Kontrollgeistes ist, daß er der schwanger werdenden Frau gewöhnlich im Traum erscheint. Wie Motago'i, einer meiner besten Gewährsmänner, spontan sagte: »Sie träumt, ihre Mutter kommt zu ihr, sie sieht das Gesicht ihrer Mutter im Traum, sie erwacht und sagt, ›oh, es gibt ein Kind für mich‹.«
In der Regel teilt eine Frau ihrem Ehemann mit, wer es war, der das Kind in sie eingeführt hat. Und die Kenntnis dieses Geistpaten oder dieser Geistpatin wird überliefert. So weiß der gegenwärtige Häuptling von Omarakana, dem Hauptort dieses Distrikts, daß es Bugwabwaga, einer der früheren Häuptlinge von Omarakana, war, der *ihn* seiner Mutter gegeben hatte. Mein bester Freund, Tokulubakiki, war als Geschenk des *kadala*, des Mutterbruders seiner Mutter, zur Welt gekommen. Tokulubakikis Frau wiederum hatte ihre älteste Tochter vom Geist ihrer Mutter empfangen. Gewöhnlich wird die Gabe von einem matrilinearen Verwandten der Mutter verliehen. Manchmal kann es, wie aus Tomwaya Lakwabulos Bericht zu entnehmen ist, der Vater der Schwangeren sein.
Die physiologische Theorie, die mit diesem Glauben an die Geisteinführung verbunden ist, läuft mehr oder weniger auf das folgende hinaus: Der Geist legt das Geistkind auf den Kopf der Frau. Ihr Blut strömt dort hin. Auf dieser Woge von Blut steigt das Kind allmählich hinab, bis es sich in der Gebärmutter niederläßt. Das Blut hilft, den Körper des Kindchens aufzubauen – es ernährt es. Aus diesem Grund hört das Menstruationsblut auf zu fließen, wenn eine Frau schwanger wird. Sie wird ein, zwei, drei Monate warten und dann die Gewißheit haben, daß sie schwanger ist. Eine andere, aber entschieden weniger maßgebliche Version besagt, daß das Kind *per vaginam* eingeführt wird.
Eine andere Version der Wiedergeburtslehre schreibt dem noch nicht inkarnierten Kind eine größere Eigeninitiative zu. Es soll aus eigenem Antrieb fähig sein, auf die Trobriand Inseln zuzuschwimmen. Dort bleibt es, wahrscheinlich in Gesellschaft anderer, treibt vor den Küsten der Insel und wartet, bis es in den Körper einer Badenden eintreten kann. Gewisse Regeln, die die Mädchen der Küstendörfer beachten, bekräftigen diese Ansicht. Die Geistkinder sollen hier wie vor Tuma an Treibholz, Schaum, Blättern und Zweigen oder auch an kleinen Steinen am Meeresboden haften. Wenn der Wind oder die Flut in Küstennähe Trümmer angehäuft hat, gehen die Mädchen nicht ins Wasser, aus Furcht, sie könnten empfangen. Andererseits gibt es in den Dörfern der Nordküste den Brauch, Meerwasser in einen Holzbehälter zu schöpfen, der dann nachts gefüllt in die Hütte einer Frau gestellt wird, die empfangen möchte. Dies geschieht in der Hoffnung, daß man mit dem Behälter

ein Geistkind einfängt, das sich in der Nacht selbst in die Frau überträgt. Aber sogar in diesem Fall heißt es, daß die Frau im Traum von einem verstorbenen Verwandten mütterlicherseits besucht wird, der damit die Rolle des Kontrollgeistes übernimmt. Wichtig ist, daß das Wasser immer von einem Bruder oder Mutterbruder, also einem matrilinearen Verwandten, geschöpft wird. Ich weiß von einem konkreten Fall, der diese allgemeine Feststellung bestätigt. Ein Mann aus Kapwani an der Nordküste wurde von seiner Schwestertochter gebeten, ihr ein Kind zu verschaffen. Er ging mehrmals zum Strand. Er füllte Meerwasser in einen Behälter und ließ ihn über Nacht in der Hütte seiner *kadala*. Sie empfing ein Kind, ein Mädchen, das sich unglücklicherweise als Albino erwies. (Aber das hatte nichts mit der Weise der Empfängnis zu tun.)
Das Hauptmerkmal dieser Version liegt darin, daß das noch nicht inkarnierte Geistkind mit mehr Spontaneität begabt ist. Es kann über das Meer schwimmen; es tritt in badende Frauen *per vaginam* ein oder auch unmittelbar durch die Haut in ihren Bauch (wenn es in eine Hütte gebracht wird). Diese Version findet sich überwiegend im nördlichen Teil der Insel und dort vor allem in den Küstendörfern.
Das Wesen des Geistkindes ist in der Tradition nicht sehr deutlich umrissen. Auf direkte Fragen antworteten die meisten Informanten, daß sie nicht wüßten, was es sei und wie es aussehe. Einer oder zwei, und zwar die Klügsten, die die konsistentesten Antworten geben konnten, sagten, es sei wie der Foetus in der Gebärmutter, der, wie sie hinzufügten, »wie eine Maus« aussehe. Tomwaya Lakwabulo äußerte von sich aus die Ansicht, daß noch nicht inkarnierte Kinder wie winzige, vollentwickelte Kinder aussehen und daß sie manchmal sehr schön sind. (Natürlich mußte er etwas sagen, da er sie nach seiner eigenen Aussage regelmäßig in der Geisterwelt sah.) Sogar die Nomenklatur ist etwas unbestimmt. Gewöhnlich gebraucht man den Ausdruck *waywaya*, kleines Kind oder Foetus, und manchmal das Wort *pwapwawa*, das damit fast synonym ist, sich aber wohl eher auf frühere Phasen bezieht, also mehr die Bedeutung von Foetus als von Säugling hat. Aber ebenso oft wird das Geistkind als Kind, *gwadi* (pl. *gugwadi*) bezeichnet.
Wie mir berichtet wurde – dieses Moment konnte ich allerdings nicht vollständig überprüfen –, gibt es eine Magie zur Herbeiführung von Schwangerschaft, die über bestimmten Betelblättern *(kwega)* durchgeführt wird und *Kaykatuvilena* heißt. Eine Frau in Yourawotu, einem kleinen Ort in der Nähe von Omarakana, kennt diese Magie. Leider habe ich versäumt, diese kostbare Quelle zu nutzen.
So finden wir hier wie jedesmal, wenn wir eine Glaubensvorstellung unter dem Vergrößerungsglas der detaillierten Erforschung eines größeren Gebiets sezieren, eine Mannigfaltigkeit der Anschauungen, die nur teil-

weise zu einer konsistenten Lehre verschmelzen. In diesem Fall lassen sich die Abweichungen jedoch nicht allein auf geographische Unterschiede zurückführen; und sie lassen sich auch nicht sozialen Schichten zuschreiben, denn einige der Inkonsistenzen habe ich im Bericht ein und desselben Mannes gefunden. Tomwaya Lakwabulo z. B. bestand darauf, daß die Kinder nicht imstande sind, allein zu reisen, sondern von den Kontrollgeistern getragen und in die Frau eingeführt werden müssen; dennoch behauptete er, man könne an der Nordküste bei Kaybola ihre Klagen hören. Ähnlich redete der Mann aus Kiriwina – obwohl er mir geschildert hatte, wie das Geistkind aus dem Behälter selbst in die Frau eintritt – von einem älteren Geist, der das Kind »gebe«. In diesem und in vielen anderen Fällen weist die Geschichte Inkonsistenzen auf, wahrscheinlich weil sie das Ergebnis verschiedener mythologischer Ideenkreise ist, die sich sozusagen am Ort dieser Glaubensvorstellung treffen und überschneiden. Einer dieser Kreise enthält die Idee der Verjüngung, ein anderer das Motiv des Neuen Lebens, das über das Meer auf die Insel zutreibt, und wieder eine andere Konzeption besagt, daß ein neues Familienmitglied als Gabe eines alten Geistes ins Leben tritt. Aber diesen Gedanken kann ich hier nicht weiter entwickeln – das würde uns zu weit in die allgemeine Theorie des Glaubens abführen.

Es ist wichtig, daß die verschiedenen Versionen und Beschreibungen in allen Hauptpunkten übereinstimmen, sich überschneiden und wechselseitig bestärken. So erhalten wir ein zusammengesetztes Bild, das aus einer gewissen Entfernung feste Konturen bietet, obwohl es in einigen Zügen unscharf ist. Die Hauptpunkte stehen fest: alle Geister verjüngen sich; alle Kinder sind Verkörperungen von Geistern; die Identität des Subclans wird während des gesamten Zyklus bewahrt; die wirkliche Ursache der Geburt sind die Geister aus Tuma.

Bei all dem darf aber nicht vergessen werden, daß der gesamte Wiedergeburtsglaube nicht etwa einen großen Einfluß auf die Bräuche und die soziale Organisation der Trobriander ausübt, sondern zu jenen Lehren gehört, die ihren stillen und passiven Ort in der Folklore haben und nur in geringem Maße aktiv in das Sozialverhalten eingreifen. Obwohl also die Trobriander z. B. fest daran glauben, daß jeder Geist ein ungeborenes Kind wird, das sich wiederum in einem menschlichen Wesen verkörpert, glauben sie doch nicht, daß die Identität der Persönlichkeit in diesem Prozeß bewahrt wird. Das heißt, daß niemand weiß, wessen Inkarnation das Kind ist – wer es in seiner vorhergehenden Existenz war.

Es gibt keine Erinnerung an das vergangene Leben in Tuma oder auf der Erde. Wenn man die Eingeborenen darüber befragt, zeigt sich, daß das ganze Problem ihnen als überflüssig erscheint. Die einzige Regel, die diese Serie von Metamorphosen bestimmt, ist die der Erhaltung der Kontinuität von Clan und Subclan. Keine moralischen Vorstellungen von Vergeltung oder Strafe knüpfen sich an diese Wiedergeburtstheorie, keine Bräuche oder Zeremonien sind mit ihr verbunden oder bezeugen sie.

IV. Die Unkenntnis der physiologischen Vaterschaft

Bis jetzt haben wir zwei Fäden im verschlungenen Gewebe des Schwangerschaftsglaubens verfolgt – erstens den Eintritt des Geistes aus der Anderen Welt und seine Inkarnation, zweitens die physiologischen Prozesse im Körper der Mutter, das Aufwallen des Blutes vom Bauch in den Kopf und vom Kopf wieder zurück in die Gebärmutter. Damit haben wir eine Theorie vom Ursprung des menschlichen Lebens und der Niederkunft, die zwar nicht konsistent ist – denn das kann ein dogmatischer Glaube nie sein –, wohl aber vollkommen stimmig und selbstgenügsam. Zugleich liefert sie eine gute theoretische Basis für Matrilinearität, denn nach dieser Theorie vollzieht sich der gesamte Prozeß der Bildung des neuen Lebens zwischen der Geisterwelt und dem Organismus der Frau, so daß für irgendeine Art von physiologischer Vaterschaft keinerlei Raum bleibt.

Aus diesen Ansichten ergibt sich indes eine leichte Komplikation. Für Empfängnis und Niederkunft erachten die Eingeborenen eine weitere Voraussetzung als unabdingbar. Und diese zusätzliche Voraussetzung, die sich auf den Geschlechtsverkehr bezieht, durchbricht die ganze Einfachheit des Schemas, verzerrt das Bild und stellt uns vor die schwierige und heikle Frage: Ist den Eingeborenen die physiologische Vaterschaft wirklich gänzlich unbekannt? Handelt es sich nicht um etwas, was ihnen mehr oder weniger geläufig ist, obwohl es von Mythologie und Animismus überlagert und entstellt sein mag? Haben wir es hier nicht mit einer Art von Wissen zu tun, das diese zurückgebliebene Gemeinschaft zwar in empirischer Hinsicht besitzt, aber nie formuliert, weil es zu offensichtlich ist, um der expliziten Feststellung zu bedürfen – während andererseits legendenhafte Anschauungen, die ganze Geschichte von der Wiedergeburt, sorgfältig formuliert und zum Ausdruck gebracht werden, weil sie Produkt der Tradition sind? Auf all diese Fragen geben die Tatsachen, die ich anführen werde, eine unzweideutige und entschiedene Antwort. Ich werde den Schluß nicht vorwegnehmen, da die Eingeborenen ihn, wie wir sehen werden, selbst ziehen.

Eine Jungfrau kann nicht empfangen.

Belehrung und Versicherung über diese einfache physiologische Wahr-

43

heit findet der Eingeborene in der Tradition, im weitverbreiteten Volksglauben und in gewissen Zügen von Sitte und Brauch. Die Eingeborenen zweifeln nicht daran und können es bündig und klar formulieren. Hören wir einige ihrer Aussagen.

Niyova, ein guter Gewährsmann aus Oburaku, sagte (und zwar ohne daß ich ihn danach gefragt hätte): »Eine Jungfrau empfängt nicht, weil es keinen Weg gibt, den die Kinder gehen könnten. Wenn das Loch weit geöffnet ist, die Geister wissen es, sie geben das Kind.« Diese Aussage ist konsistent; allerdings stand sie in unmittelbarem Zusammenhang mit einem detaillierten Bericht über den Geist, der das Kind auf den *Kopf* der Frau legt. Niyovas Worte implizieren natürlich eine Einführung *per vaginam*. Ibena, ein kluger alter Mann aus Kasana'i, gab mir eine ähnliche Erklärung – tatsächlich war er der erste, der mir erklärte, daß Jungfernschaft Geistschwängerung mechanisch verhindert. Seine Erklärung war anschaulich. Er zeigte seine geschlossene Faust und stellte die Frage: »Kann irgendetwas hinein?« Dann öffnete er sie und sagt: »Jetzt ist es natürlich leicht«. »So empfängt ein *bulabola* (großes Loch) leicht, und ein *nakapatu* (kleiner Eingang, eine Jungfrau) kann es nicht.«

Ich habe diese beiden Formulierungen *in extenso* zitiert, weil sie besonders aufschlußreich und charakteristisch sind; sie stehen indes nicht allein. Ich erhielt eine ganze Reihe ähnlicher Erklärungen, die alle die Ansicht ausdrückten, daß der Weg für das Kind geöffnet werden müsse, daß dies aber nicht notwendig durch Geschlechtsverkehr zu geschehen habe. Dieser Punkt ist klar. Wenn aber der Weg einmal geöffnet ist – und normalerweise geschieht dies durch Geschlechtsverkehr –, dann bedarf es zur Erzeugung eines Kindes keineswegs der Vereinigung von Mann und Frau.

Angesichts der Tatsache, daß es in den Dörfern keine Jungfrauen gibt – denn alle weiblichen Kinder beginnen ihr Geschlechtsleben sehr früh –, fragen wir uns vielleicht, wie die Eingeborenen auf die Feststellung dieser *conditio sine qua non* gekommen sind. Weiterhin ist vielleicht schwer einzusehen, weshalb sie, wenn sie schon so weit gekommen sind, nicht auch zur Einsicht in die Zeugungskraft des Samens fortgeschritten sind. Es gibt indes viele bestimmte und aufschlußreiche Tatsachen, die beweisen, daß sie diesen Schritt nicht gemacht haben: Die wirkliche Zeugungskraft des Geschlechtsverkehrs ist ihnen ebenso unbekannt, wie ihnen die Notwendigkeit einer mechanischen Öffnung einsichtig ist. Einige dieser Beweise finden sich in den Mythen über die ersten Menschen auf der Erde und in den phantastischen Legenden über ferne Länder. Tatsächlich stieß ich gerade bei der Erörterung der mythologischen Fälle, denen ich mich nun zuwende, auf die feine, aber überaus wichtige Unterscheidung zwischen mechanischer und physiologischer Öffnung,

die es ermöglicht, den Glauben der Eingeborenen in bezug auf die Befruchtung in die richtige Perspektive zu stellen.
Der Überlieferung nach stammt die Menschheit von Männern und Frauen ab, die in Paaren von Brüdern und Schwestern an einer bestimmten Stelle aus der Erde kamen. Nach manchen Überlieferungen waren es zunächst nur Frauen. Einige Interpreten bestanden darauf: »Siehst du, wir sind auf der Erde so zahlreich, weil zuerst viele Frauen kamen. Hätte es viele Männer gegeben, dann wären wir wenige.« Ob nun aber die Urfrau von ihrem Bruder begleitet wurde oder nicht, in jedem Fall soll sie ohne einen Gatten oder irgendeinen anderen männlichen Gefährten Kinder geboren haben. Das heißt allerdings nicht, daß nicht ihre Vagina geöffnet worden wäre. In einigen Überlieferungen wird dieser Umstand ausdrücklich erwähnt. So beschreibt ein Mythos über die Ahnin eines Subclans in Vakuta, wie sie ihren Körper dem Regen aussetzte und so mechanisch ihre Jungfernschaft verlor. In dem wichtigsten Mythos der Trobriander lebt eine Frau, Mitigitis' oder Bolutukwa genannt, die Mutter des mythischen Helden von Tudava, vollkommen allein in einer Grotte an der Küste. Eines Tages schläft sie in ihrer felsigen Behausung unter einem tropfenden Stalaktiten ein. Die Wassertropfen durchdringen ihre Vagina und berauben sie so der Jungfernschaft. In anderen Ursprungsmythen wird die Weise des Eindringens nicht erwähnt, oft aber wird ausdrücklich festgestellt, daß die Ahnin männerlos war und deshalb keinen Geschlechtsverkehr haben konnte. Auf die Frage, wie sie, ohne einen Mann zu haben, Kinder gebären konnte, verwiesen die Eingeborenen mehr oder weniger rauh oder scherzhaft auf einige Perforationsmittel, die sie leicht hätte benutzen können, und das war offensichtlich alles, was nötig war.
Auf dem Weg in eine andere mythologische Dimension – die legendäre Ferne der Gegenwart, weit im Norden – entdecken wir das wunderbare Land Kaytalugi und in ihm eine männerlose Gemeinschaft, die ausschließlich aus sex-besessenen Frauen besteht. Sie sind so brutal lasterhaft, daß sie in ihren Exzessen jeden Mann töten, der zufällig an ihre Küsten verschlagen wird, und sogar ihre eigenen männlichen Kinder sind sexuell zu Tode erschöpft, bevor sie noch die Reife erlangen. Trotzdem sind diese Frauen sehr fruchtbar und haben viele Kinder, männliche und weibliche. Wenn man einen Eingeborenen fragt, wie diese Frauen schwanger werden, wenn es doch keine geschlechtsreifen Männer gibt, kann er diese absurde Frage einfach nicht verstehen. Diese Frauen, wird er sagen, zerstören ihre Jungfernschaft mit allen möglichen Handlungen, wenn sie nicht einen Mann besorgen können, um ihn zu Tode zu quälen. Und natürlich haben sie ihre eigenen *baloma*, die ihnen Kinder bringen.

Diese mythologischen Fälle habe ich zuerst angeführt, weil in ihnen das entscheidende Moment hervortritt: das Perforationsbedürfnis und das Fehlen einer Vorstellung von der Zeugungskraft des Samens. Es gibt aber auch im gegenwärtigen Leben einige Fälle, die überzeugend den Glauben belegen, daß ein Mädchen ohne Geschlechtsverkehr ein Kind bekommen kann und umgekehrt. So gibt es einige Frauen, die so häßlich und abstoßend sind, daß niemand glaubt, sie hätten je Verkehr gehabt (abgesehen von den wenigen, die es besser wissen, aber schamhaft schweigen). Die alte Tilapo'i war in ihrer Jugend für ihre Scheußlichkeit berühmt, sie ist jetzt blind, immer war sie geradezu schwachsinnig gewesen, hatte ein abstoßendes Gesicht und einen entstellten Körper. Ihre Unattraktivität war so berüchtigt, daß daraus ein Schimpfwort wurde: »Kwoy Tilapo'i« (»verkehr' mit Tilapo'i«) – eine Art Hänselei. Sie ist überhaupt eine unerschöpfliche Quelle und ein Angelpunkt für alle möglichen matrimonialen und obszönen Witze, die sich alle um die vermeintlich unmögliche Annahme drehen, jemand sei Tilapo'is Liebhaber oder Ehemann *in spe*. Immer und immer wieder versicherte man mir, daß in Wirklichkeit niemand jemals mit ihr Verkehr gehabt hätte; dennoch hatte diese Frau ein Kind gehabt, wie die Eingeborenen triumphierend hervorhoben, als ich sie davon überzeugen wollte, daß Kinder allein durch Geschlechtsverkehr entstehen.

Kurayana, eine Frau aus Sinaketa, die ich nie gesehen habe, weil sie damals schon tot war, war, wie man mir erzählte, »so häßlich«, daß ein Mann sich »schämen« würde, mit ihr Geschlechtsverkehr zu haben. Bemerkenswerterweise impliziert diese Formulierung, daß soziale Scham eine stärkere Sperre darstellt als sexuelle Abneigung – eine Annahme, die zeigt, daß mein Gewährsmann kein schlechter praktischer Psychologe war. Kurayana, in der Meinung der Eingeborenen wenn nicht aus Tugend, so doch aus Not so vollkommen keusch, wie man nur sein kann, hatte nicht weniger als sechs Kinder, von denen eins noch lebte.

Die Trobriander betrachten Albinos, Männer wie Frauen, als für den Geschlechtsverkehr ungeeignet. Es besteht nicht der mindeste Zweifel daran, daß sie alle vor diesen unglücklichen Wesen Widerwillen und Abscheu empfinden – ein Abscheu, der verständlich ist, wenn man einmal solche unpigmentierten Eingeborenen gesehen hat. Dennoch wird von mehreren Albinofrauen berichtet, die, unverheiratet, alle eine zahlreiche Nachkommenschaft zur Welt gebracht haben. »Wie sind sie schwanger geworden? Weil sie sich in der Nacht gepaart haben? Oder weil ein *baloma* ihnen Kinder gebracht hat?« So entschied einer meiner Gewährsmänner die Sache, denn die erstere Möglichkeit schien offensichtlich absurd zu sein. Tatsächlich fiel dieses Argument ganz zufällig in einer der ersten Diskussionen, die ich über das Thema führte; die genaueren Daten ergaben sich erst aus der späteren Forschung. Um nämlich die Festigkeit ihres Glaubens zu erproben, übernahm ich manchmal die Rolle eines entschiedenen aggressiven Advokaten der richtigeren physiologischen Auffassung von der Zeugung. In solchen Auseinandersetzungen führten die Eingeborenen nicht nur die eben erwähnten positiven Fälle von Frauen an, die ohne Geschlechtsverkehr Kinder bekommen hatten, sie wiesen auch auf den äußerst überzeugenden Negativbeweis hin, auf die zahlreichen Fälle, in denen eine unverheiratete Frau viel Geschlechtsverkehr hat, aber keine Kinder. Dieses Argument wurde immer und immer wieder vorgebracht. Und auch konkrete, besonders aufschlußreiche Beispiele wurden gegeben – kinderlose Personen, die für ihre Liederlichkeit bekannt waren, Frauen, die mit einem weißen Händler nach dem anderen zusammengelebt hatten, ohne ein Kind zu kriegen.

V. *Aufschlußreiche Handlungen und Aussagen*

Obgleich ich nie Bedenken hatte, gezielte Fragen zu stellen oder den Eingeborenen zu widersprechen, um ihre Ansichten herauszubekommen, war ich bei Diskussionen über die Ursache der Empfängnis doch etwas erstaunt über die hitzige Opposition gegen die von mir vertretene Auffassung – eine Opposition, die mit einer gewissen Müdigkeit und mit plötzlichem, aber unüberzeugtem Nachgeben abwechselte. Ich habe erst spät in meiner Laufbahn unter den Trobriandern entdeckt, daß ich nicht der Erste und Einzige war, der dieses Moment im Glauben der Eingeborenen angegriffen hatte. Die Missionare waren mir vorausgegangen. Ich spreche hauptsächlich von den Farbigen unter ihnen, denn die Einstellung der ein oder zwei Weißen, die zuvor die Mission auf den Trobriand Inseln geleitet hatten, ist mir nicht bekannt und diejenigen, die zu meiner Zeit dort waren, hatten ihre Ämter erst seit kurzem inne und sich mit solchen Details nicht beschäftigt. Alle meine Gewährsmänner bestätigten aber – sobald ich es einmal entdeckt hatte –, daß die farbigen christlichen Lehrer Verfechter der Doktrin und des Ideals der Paternität und all dessen waren, was auf ihre Bekräftigung abzielte. Wenn wir uns vergegenwärtigen, daß das Dogma von Gott dem Vater und Gott dem Sohn, der Opferung des einzigen Sohnes und der Kindesliebe des Menschen zu seinem Schöpfer – daß all dies in einer matrilinearen Gesellschaft ziemlich flachfällt, da hier die Beziehung zwischen Vater und Sohn vom Stammesgesetz zu einer zwischen Fremden erklärt wird, zwischen denen keinerlei persönliche Einheit besteht, und da hier die einzigen Pflichten an die Linie der Mutter gebunden sind, dann kann uns nicht verwundern, daß die Paternität die erste Wahrheit sein muß, welche die christlichen Proselytenmacher einzuimpfen haben. Sonst wäre es notwendig, die Idee der Trinität in matrilineare Begriffe zu übersetzen; es wäre dann die Rede von einem Gott*kadala* (Mutterbruder), einem Gottschwestersohn und einem Heiligen *baloma* (Geist). Die Missionare bemühen sich auch ernstlich um die Propagierung der Sexualmoral, wie wir sie verstehen, und in diesem Unterfangen ist die Vorstellung, der Geschlechtsakt habe ernsthafte Konsequenzen für das Familienleben, unabdingbar. Darüber hinaus ist die ganze christliche Moral eng an die Institution einer patrilinearen und patriarchalischen Familie gebunden, in der der Vorfahre und der Herr des Haushalts der Vater ist. Kurz, die Religion, deren zentrales Dogma auf der Heiligkeit der Vater-Sohn-Beziehung basiert und deren Moral mit der Stärke der patriarchalischen Familie steht und fällt, muß ihren Fortschritt offensichtlich auf die Stärkung und Sicherung der Vaterbeziehung gründen und nachweisen, daß sie eine natürliche Basis hat. Wie ich erst bei meiner dritten Expedition nach Neuguinea entdeckt habe, waren die Eingeborenen deshalb recht erbittert darüber, daß man ihnen eine augenscheinliche Absurdität predigte und daß ich, der ich in der Regel so »unmissionarisch« war, mich in derselben vergeblichen Sache engagierte.

Nachdem ich dies herausgefunden hatte, habe ich die physiologisch korrekte Auffassung fortan als »die Rede der Missionare« bezeichnet und die Eingeborenen hierzu zu Kommentar und Widerspruch angespornt. Auf diese Weise erhielt ich einige der stärksten und klarsten Aussagen, von denen ich nun einige zusammenstelle.

Als Antwort auf eine etwas arrogant gefaßte Versicherung, die Missionare hätten am Ende doch recht, rief Motago'i, einer meiner klügsten Informanten, aus:

Gala wala,   isasopasi,   yambwata   yambwata   nakubukwabiya
Not at all,   they lie,   always   always   unmarried girls
momona   ikasewo   litusi   gala.
seminal fluid it is brimful children   theirs   not.

Das heißt in freier Übersetzung: »Keineswegs, die Missionare irren; immer haben unverheiratete Mädchen ständig Geschlechtsverkehr, und doch haben sie keine Kinder.«

In bündiger und bildreicher Sprache drückt Motago'i hier die Ansicht aus, schließlich müßten gerade die unverheirateten Mädchen Kinder kriegen, wenn der Geschlechtsverkehr kausal mit der Erzeugung von Kindern verbunden wäre, da sie ein sehr viel intensiveres Geschlechtsleben führen als die Verheirateten – ein Rätsel, das tatsächlich besteht, wie wir noch sehen werden, das unser Gewährsmann aber gelinde über-

spannt, da unverheiratete Mädchen doch auch schwanger werden, obschon bei weitem nicht so häufig, wie man nach den »Ansichten der Missionare« erwarten sollte. Auf die Frage nach dem Grund der Schwangerschaft hieß es im Verlauf derselben Diskussion: »Blut auf dem Kopf macht das Kind. Die Samenflüssigkeit macht das Kind nicht. Geister bringen das Kind in der Nacht, legen es auf Frauenköpfe – es macht Blut. Wenn dann nach zwei oder drei Monaten das Blut (d. h. das Menstruationsblut) nicht herauskommt, dann wissen sie: ›Oh! Ich bin schwanger.‹«
In Tayava gab ein Gewährsmann in einer ähnlichen Diskussion mehrere Erklärungen ab, von denen ich zwei besonders spontane und überzeugende hier anführe: »Beischlaf allein kann kein Kind erzeugen. Jahrelang haben die Mädchen Nacht für Nacht Beischlaf. Kein Kind kommt.« Hier treffen wir wieder auf dasselbe empirische Argument, daß die Mehrheit der Mädchen nicht niederkommt, obwohl sie den Geschlechtsverkehr so eifrig kultivieren. In einer anderen Erklärung sagt derselbe Gewährsmann: »Sie sagen, daß die Samenflüssigkeit das Kind zeugt. Lüge! Wahrhaftig, die Geister bringen (Kinder) in der Nacht.«
Diese Aussagen sind entschieden genug; aber schließlich ist eine Meinung lediglich ein abstrakter Ausdruck des Glaubens, dessen Tiefe und Zähigkeit vor allem am Prüfstein Verhalten zu ermessen ist. Wie für einen europäischen Bauern, so sind auch für einen Südsee-Eingeborenen Haustiere, d. h. hier Schweine, besonders kostbare und umsorgte Haushaltsmitglieder. Und wenn sein ernstes und aufrichtiges Pflichtbewußtsein sich irgendwo zeigt, dann in der Sorge um das Wohl und den Wert seiner Tiere. Die Südsee-Eingeborenen bemühen sich außerordentlich um gute, starke und gesunde Schweine, um Schweine guter Zucht.
In dieser Hinsicht unterscheiden sie hauptsächlich zwischen den wilden Buschschweinen und den zahmen Dorfschweinen. Während das Dorfschwein als große Delikatesse gilt, liegt in Kiriwina auf dem Fleisch des Buschschweins für Leute von Rang eins der Haupttabus, das mit wahrem Abscheu und Ekel erfüllt. Nun erlauben sie den weiblichen Hausschweinen am Dorfrand und im Busch herumzustreunen, wo sie sich unbeschränkt mit männlichen Buschschweinen paaren können. Alle männlichen Dorfschweine wiederum werden in der Absicht, sie zu verbessern, kastriert, so daß alle Dorfschweine in Wirklichkeit von wilden Busch-Zuchtebern abstammen. Aber von diesen Vorgängen haben die Eingeborenen nicht die leiseste Ahnung. Als ich zu einem Häuptling sagte: »Du ißt Nachkommen eines Buschschweins«, sah er darin einfach einen schlechten Witz, denn ein Trobriander von Rang und Geburt betrachtet Scherze über Buschschweinefleisch als ziemlich geschmacklos. Was ich wirklich meinte, verstand er nicht.

Als ich einmal in einer Diskussion über dieses Thema geradezu fragte, wie die Schweine sich fortpflanzten, erhielt ich zur Antwort: »Das weibliche Schwein pflanzt sich selbst fort«, was nur heißt, daß bei der Vermehrung von Haustieren wahrscheinlich kein *baloma* im Spiel ist. Als ich explizit darauf hinwies, daß kleine Schweine wahrscheinlich von ihren eigenen *baloma* gebracht werden, konnte sie diese Parallele nicht überzeugen, und es war offensichtlich, daß weder das Interesse an der Sache noch das überlieferte Wissen ausreichten, sich mit dem Zeugungsproblem beim Schwein auseinanderzusetzen.

Wichtig ist auch eine Bemerkung, die spontan vorgebracht wurde, um jede Vermutung über die Bedeutung des Geschlechtsverkehrs für die Vermehrung der Schweine zu widerlegen: »Allen männlichen Schweinen schneiden wir die Hoden ab. Sie haben keinen Geschlechtsverkehr. Und dennoch gebären die Weibchen.« Er übersah also das mögliche Mißverhalten der Buschschweine. Ein anderes Mal erwähnte ich das einzige Paar Ziegen, das ein Händler erst kürzlich eingeführt hatte. Auf die Frage, ob die Ziege sich fortpflanzen würde, wenn man den Ziegenbock tötete, erwiderten sie überzeugt: »Jahr für Jahr wird sie niederkommen.« Sie haben also die feste Gewißheit, daß die Fruchtbarkeit eines Weibchens durch die Trennung von allen Männchen seiner Gattung in keiner Weise beeinträchtigt wird.

Eine weitere Überprüfungsmöglichkeit ergibt sich aus dem neuerlichen Import von europäischen Schweinen. Zu Ehren des verstorbenen Händlers Mick George, eines wahrhaft Homerischen Griechen, der sie zuerst eingeführt hat, werden sie von den Eingeborenen Bulukwamiki, Micks Schweine, genannt und im Verhältnis von eins zu fünf oder zehn gegen einheimische Schweine ausgetauscht. Wenn sie aber eines von ihnen erwerben, treffen sie nicht die mindesten Vorkehrungen, es mit der gleichen Rasse zu kreuzen, obwohl dies sehr leicht wäre. In einem Fall haben sie alle europäischen Schweine kastriert. Als ein weißer Händler sie deshalb tadelte und ihnen sagte, sie würden auf diese Weise die gesamte Zucht verschlechtern, konnten sie das einfach nicht verstehen, und im ganzen Distrikt unternehmen sie weiterhin nichts gegen die Fehlzüchtung ihrer geschätzten europäischen Schweine.

Im *Journal of the Anthropological Institute* habe ich 1916 eine auf Schweine bezogene Informantenaussage wörtlich zitiert: »Sie paaren sich, sich paaren sich, alsbald wird das Weibchen Junge werfen.« Ich erhielt diese Information in einem frühen Stadium meiner Feldforschung bei den Trobriandern. Damals lautete mein Kommentar: »So erscheint hier die Begattung als die *u'ula*, die Ursache, der Schwangerschaft.« Diese Auffassung ist auch in eingeschränkter Form unrichtig. Bei meinem ersten Besuch bei den Trobriandern nach der Niederschrift jenes

Aufsatzes bin ich nicht weiter auf das Zeugungsproblem beim Tier eingegangen. Die eben angeführte, prägnante Aussage kann im Licht der späteren vollständigeren Nachrichten nicht mehr so interpretiert werden, als impliziere sie eine wirkliche Kenntnis der Fortfplanzung beim Schwein. Tatsächlich verweist sie lediglich auf die Notwendigkeit einer »Öffnung« bei Tieren wie bei menschlichen Wesen. Sie impliziert aber auch, daß in dieser wie in anderer Hinsicht nach der Überlieferung der Eingeborenen Tiere nicht den gleichen Kausalverhältnissen unterliegen wie Menschen. Beim Menschen sind die Geister die Ursache der Schwangerschaft; bei Tieren läuft es eben, wie es läuft. Ebenso führen die Trobriander alle menschlichen Leiden auf Zauberei zurück, während Krankheiten beim Tier – eben Krankheiten sind. Die Menschen sterben durch sehr starke Schwarze Magie; Tiere – sterben eben. Es wäre indes ganz unrichtig, dies zu formulieren, als sei den Eingeborenen die natürliche Ursache von Schwangerschaft, Krankheit und Tod bei Tieren bekannt, eben diese Kenntnis in bezug auf den Menschen dagegen durch einen animistischen Überbau verdunkelt. Die Betrachtungsweise der Eingeborenen ist in Wahrheit anders zu kennzeichnen: Während sie an menschlichen Angelegenheiten so sehr interessiert sind, daß sie um alle Lebensfragen des Menschen eine spezielle Tradition entwickeln, nehmen sie bei Tieren die Dinge, wie sie kommen, ohne Erklärungsversuch, aber auch ohne Einsicht in das wirkliche Werk der Natur.

Auch die Einstellung zu den Kindern belegt die Unkenntnis der Kausalbeziehung zwischen dem Geschlechtsakt und der folgenden Schwangerschaft. Ein Mann, dessen Frau in seiner Abwesenheit schwanger geworden ist, wird diese Tatsache und das Kind ruhig und freudig akzeptieren und gar keinen Grund sehen, sie des Ehebruchs zu verdächtigen. Einer meiner Gewährsmänner erzählte mir, er habe nach einjähriger Abwesenheit zuhause ein Neugeborenes vorgefunden. Dies brachte er voller Überzeugung und als endgültigen Beweis für die Wahrheit vor, daß der Geschlechtsverkehr mit der Empfängnis nichts zu tun hat. Und vergessen wir nicht, daß ein Eingeborener niemals ein Thema berühren würde, bei dem auch nur der geringste Verdacht auf eine Untreue seiner Frau im Spiel sein könnte. Er wird überhaupt nie auf ihr vergangenes oder gegenwärtiges Geschlechtsleben anspielen. Schwangerschaft und Niederkunft der Frau werden indes offen diskutiert.

In einem anderen Fall hatte ein Mann aus Kitava nach zweijähriger Abwesenheit zuhause ein wenige Monate altes Kind vorgefunden und die indiskreten Sticheleien und Anspielungen der Weißen über die Tugend seiner Frau nicht im mindesten verstanden. Mein Freund Layseta, ein großer Seemann und Zauberer, hatte in seiner späteren Jugend lange Zeit auf den Amphlett Inseln gelebt. Bei seiner Rückkehr fand er zwei

Kinder vor, die seine Frau in seiner Abwesenheit geboren hatte. Ihnen und seiner Frau ist er sehr zugetan, und als ich die Sache hinter seinem Rücken zur Sprache brachte und sagte, daß doch wenigstens eins der Kinder nicht das seine sein könne, verstanden meine Gesprächspartner nicht, was ich meinte.

Aus diesen Fällen ersehen wir, daß Kinder, die ehelich, aber während einer längeren Abwesenheit des Ehemanns geboren werden, von diesem doch als seine eigenen Kinder anerkannt werden, d. h. als Kinder, die zu ihm in der sozialen Kind-Vater-Beziehung stehen. Eine aufschlußreiche Parallele liefern die Fälle von vorehelich geborenen Kindern, in denen für uns die physiologische Vaterschaft auf der Hand liegt, weil die Liaison ebenso ausschließlich war wie eine Ehe. In einem solchen Fall erkennt der Mann die Kinder nicht als die seinen an, und da es für ein Mädchen unehrenhaft ist, vor der Heirat Kinder zu haben, wird er sich vielleicht sogar weigern, sie zu heiraten. Ich habe dafür ein gutes Beispiel. Gomaya, einer meiner frühen Gewährsmänner, hatte eine Beziehung zu einem Mädchen namens Ilamweria. Sie lebten zusammen und wollten heiraten. Sie wurde schwanger und kam mit einem Mädchen nieder, woraufhin Gomaya sie verließ. Er war fest davon überzeugt, daß sie kein Verhältnis mit einem anderen Jungen gehabt hatte. Wenn also die Frage der physiologischen Vaterschaft ihm überhaupt in den Sinn gekommen wäre, so hätte er das Kind als sein eigenes anerkannt und die Mutter geheiratet. Gemäß der trobriandischen Auffassungsweise fragte er aber einfach nicht nach der Vaterschaft. Die voreheliche Mutterschaft, die als tadelnswert gilt, war genug. Für Gomaya war das ein hinreichender Grund, seine Ehepläne in bezug auf jenes Mädchen aufzugeben.

So wie bei Kindern, die von einer verheirateten Frau geboren werden, der Ehemann *ex officio* der Vater ist, so gibt es bei den Kindern eines unverheirateten Mädchens »keinen Vater«. Wenn man nach dem physiologischen Vater eines solchen Kindes fragt, redet man in den Augen der Eingeborenen einfach Unsinn. Der Vater ist sozial definiert, und wenn es Vaterschaft geben soll, dann muß es auch eine Ehe geben. Durch eine jener Inkonsistenzen der traditionellen Empfindungsweise werden illegitime Kinder wie gesagt als Unschicklichkeit der Mutter ausgelegt. Selbstverständlich wird damit keine sexuelle Schuld assoziiert, für die Eingeborenen verstößt es einfach gegen Sitte und Brauch. Und es entspricht nicht der Sitte, daß ein unverheiratetes Mädchen Kinder hat, obgleich es sehr wohl der Sitte entspricht, daß sie soviel Geschlechtsverkehr hat, wie sie will. Wenn man nach dem Grund dieser Mißbilligung fragt, erhält man die Antwort:

»*Pela gala tamala, gala taytala bikopo'i.*«
»Weil das Kind keinen Vater hat, gibt es keinen Mann, der das Kind auf den Arm nimmt.«

In dieser Redeweise kommt die richtige Definition des Worts *tamala* deutlich zum Ausdruck: Es ist der Ehemann der Mutter, der Mann, dessen Rolle und Pflicht es ist, das Kind auf den Arm zu nehmen und bei seiner Pflege und Erziehung zu helfen.

VI. Vaterlose Kinder in einer matrilinearen Gesellschaft

Hier scheint es angebracht, ein sehr interessantes Problem einzuschalten, nämlich das der illegitimen Kinder oder, wie die Eingeborenen sagen, der »Kinder von unverheirateten Mädchen«, der »vaterlosen Kinder«. Zweifellos haben sich dem Leser bereits verschiedene Fragen aufgedrängt. Muß es nicht eine große Zahl von vorehelichen Kindern geben, wenn es soviel sexuelle Freiheit gibt? Ist dem wirklich so? Wenn nicht, über welche Verhütungsmittel verfügen die Eingeborenen? Wenn ja, wie gehen sie mit dem Problem um, welches Verhältnis haben sie zu illegitimen Kindern?
Was die erste Frage angeht, so ist bemerkenswert, wie wenig illegitime Kinder es gibt. In allen Ausschweifungen, die sie als kleine Kinder beginnen und bis zu ihrer Heirat fortsetzen, scheinen die Mädchen steril zu bleiben; sie warten bis zu ihrer Heirat und empfangen erst dann und sind dann manchmal recht fruchtbar. Über die Zahl der illegitimen Kinder drücke ich mich vorsichtig aus, denn in den meisten Fällen ist die Ermittlung schwierig. Aufgrund der besagten merkwürdigen Inkonsistenz wird es mißbilligt, voreheliche Kinder zu haben. Aus Rücksicht auf Anwesende, aus Familieninteresse oder aus Lokalstolz wird die Existenz solcher Kinder deshalb manchmal verheimlicht. Diese Kinder werden oft auch von Verwandten adoptiert, und der elastische Gebrauch von Verwandtschaftsbezeichnungen erschwert zusätzlich die Unterscheidung zwischen wirklichen und adoptierten Kindern. Wenn ein verheirateter Mann sagt, »dies ist mein Kind«, dann kann es sich durchaus um das illegitime Kind einer Schwester seiner Frau handeln. Deshalb kann man eine auch nur annähernd verläßliche Schätzung nur in einem Kreis vornehmen, den man sehr gut kennt. Etwa ein Dutzend illegitime Kinder finden sich in dem genealogischen Material, das ich auf den Trobriand Inseln gesammelt habe. Bei etwa einem Prozent könnte die Rate liegen. Darin sind die oben erwähnten illegitimen Kinder von häßlichen, deformierten oder Albino-Frauen nicht enthalten, da keine von ihnen in meinen genealogischen Aufzeichnungen vorkommt.

Es stellt sich also die Frage: Weshalb gibt es sowenig illegitime Kinder? Auch hier kann ich nur zögernd antworten, und ich glaube, daß ich die Informationen zu diesem Punkt nicht so vollständig gesammelt habe, wie es mit mehr Aufmerksamkeit möglich gewesen wäre. Eines kann ich mit Sicherheit sagen, daß nämlich keine Verhütungsmittel irgendwelcher Art bekannt sind und auch nicht die mindeste Vorstellung davon besteht. Selbstverständlich ist das nicht anders zu erwarten. Da die Zeugungsfunktion des Geschlechtsakts unbekannt ist, da die Samenflüssigkeit als harmlos gilt, ja als wohltuende Ingredienz, gibt es keinen Grund, ihr Eindringen in die Teile, die sie einreiben soll, zu verhindern. Tatsächlich ruft jeder Vorschlag neo-malthusianischer Vorkehrungen bei den Eingeborenen Schaudern oder Lachen hervor, je nach Stimmung oder Temperament. Niemals praktizieren sie *coitus interruptus*, und noch weniger haben sie irgendeine Vorstellung von chemischen oder mechanischen Verhütungsmitteln.

Wenn Verhütungsmittel mit Sicherheit fehlen, so läßt sich von der Abtreibung zwar nicht dasselbe sagen, doch wird sie wahrscheinlich nicht in großem Umfang praktiziert. Ich möchte vorausschicken, daß die Eingeborenen bei der Erörterung dieser Dinge weder Furcht noch Verlegenheit empfinden, so daß es nicht schwierig ist, den Sachverhalt aufzudecken, den sie nicht verschweigen oder verheimlichen. Meine Gewährsmänner berichteten mir von einer Magie, die Frühgeburten bewirkt, aber ich erhielt weder Informationen über konkrete Fälle noch über Formeln oder Riten. Einige der Kräuter, die in dieser Magie verwendet werden, wurden mir genannt, ich bin jedoch sicher, daß keins von ihnen physiologische Eigenschaften besitzt. So scheint schließlich die mechanische Abtreibung die einzige effektive Weise der Geburtenkontrolle zu sein, und selbst sie wird zweifellos nicht in großem Ausmaß praktiziert.

Das Problem bleibt also ungelöst. Könnte es ein physiologisches Gesetz geben, nach dem die Empfängnis weniger wahrscheinlich wird, wenn Frauen früh mit ihrem Geschlechtsleben beginnen, es unermüdlich fortführen und ihre Liebhaber frei wechseln? Diese rein biologische Frage kann hier freilich nicht beantwortet werden, aber eine Lösung dieser Art scheint der einzige Weg, wenn ich nicht einen sehr wichtigen ethnologischen Schlüssel übersehen habe. Wie gesagt, vertraue ich keineswegs darauf, daß meine Untersuchungen in dieser Sache endgültig sind.

Es ist amüsant zu beobachten, daß die Weißen, die auf den Trobriand Inseln ansässig sind oder sie besuchen, gewöhnlich von allen ethnologischen Fragen an dieser und nur dieser zutiefst interessiert sind. Die weißen Bürger von Ostneuguinea glauben überwiegend, daß die Trobriander im Besitz eines mächtigen und mysteriösen Verhütungs- oder

Abtreibungsmittels sind. Dieser Glaube wird zweifellos durch die bemerkenswerten und rätselhaften Umstände, die wir soeben erörtert haben, gerechtfertigt. Er wird noch verstärkt durch unzureichendes Wissen und durch die Neigung zu Übertreibung und Sensationsmacherei, die für den ungebildeten Geist so charakteristisch ist. Ich kenne mehrere Beispiele für unzureichende Beobachtung, denn jeder Weiße, mit dem ich über das Thema sprach, ging kategorisch von der Versicherung aus, daß bei den Trobriandern unverheiratete Mädchen nie Kinder bekommen – abgesehen von denen, die mit weißen Händlern leben –, während, wie wir gesehen haben, doch Fälle von unverheirateten Müttern bekannt sind. Gleichermaßen unrichtig und phantastisch ist natürlich der Glaube an die mysteriösen Empfängnisverhütungsmittel, die selbst diejenigen, die am längsten dort ansässig und fest von ihrer Existenz überzeugt sind, nicht haben entdecken können. Dies scheint ein Beispiel für den wohlbekannten Umstand zu sein, daß eine höher entwickelte Rasse im Kontakt mit einer niedrigeren dazu neigt, den Angehörigen der letzteren mysteriöse dämonische Kräfte anzuhängen.

Kehren wir zur Frage nach Verhütung und Abtreibung zurück; in bezug auf die Mißbilligung von »vaterlosen Kindern« ist ein weiteres Moment anzuführen. Bei den Trobriandern besteht hier eine gewisse Tendenz der öffentlichen Meinung, geradezu eine moralische Regel; und zwar eine moralische Überzeugung, die wir in unserer eigenen Gesellschaft sehr nachdrücklich mit den Trobriandern teilen. Bei uns verbindet sich die Mißbilligung illegitimer Kinder mit unserer streng moralischen Verurteilung der Unkeuschheit. Theoretisch – wenn schon nicht in der Praxis – verurteilen wir die Früchte der sexuellen Unsittlichkeit aufgrund ihrer *Ursache*, nicht an sich selbst. Unser Syllogismus lautet: »Jeder vorehelicher Geschlechtsverkehr ist verwerflich; Schwangerschaft wird durch Geschlechtsverkehr verursacht; folglich ist die Schwangerschaft bei unverheirateten Mädchen verwerflich.« Wenn wir nun entdecken, daß man in einer anderen Gesellschaft dem Schlußglied des Syllogismus beipflichtet, dann ziehen wir umgekehrt sofort den Schluß, daß die anderen Glieder – und besonders das mittlere – ebenfalls gültig sind. Wir schließen also, daß die Eingeborenen die physiologische Vaterschaft kennen. Wie wir jedoch wissen, ist die erste Bedingung bei den Trobriandern nicht gegeben, denn vorehelicher Geschlechtsverkehr wird keineswegs verworfen, es sei denn, er verstoße gegen die besonderen Exogamie- und Inzesttabus. Deshalb kann die zweite Bedingung nicht als Verbindungsglied dienen, und die Einlösung der Schlußfolgerung, d. h. die Verurteilung der Illegitimität, besagt nichts über die Kenntnis der Vaterschaft. – Ich habe diesen etwas spitzfindigen Punkt so weit ausgeführt, weil er ein gutes Beispiel für die Schwierigkeit liefert, unsere eigenen beschränkten Denk- und Empfindungsweisen über Bord zu werfen und unsere eigenen rigiden gesellschaftlichen und moralischen Vorurteilsstrukturen abzubauen. Obwohl ich selbst auf solche Fallen hätte achten sollen, und obwohl ich zu jener Zeit bereits mit den Trobriandern und ihren Denkweisen vertraut war, durchlief ich doch die ganze Kette dieser falschen Argumente, als ich die Mißbilligung vorehelicher Kinder entdeckt hatte – bis schließlich die noch vollständigere Kenntnis der Tatsachen mich zum Einlenken zwang.

Im Zusammenhang mit der Kritik an der Fruchtbarkeit unverheirateter Mädchen sollte auch die Mißbilligung der Sterilität bei verheirateten Frauen erwähnt werden. Der Ausdruck *nakarige* (*na* – Präfix für »weiblich«, *karige* – »sterben«) bezeichnet sowohl unfruchtbare Frauen als auch sterile Schweine. Sterilität gilt als schlecht, unglücklich und bedauernswert, bringt allerdings nicht Schande und Verruf mit sich und belastet auch nicht den sozialen Status. To'uluwas älteste Gattin, Bokuyoba genannt, hat keine Kinder, und doch ist sie die Ranghöchste, wie es ihrem Alter entspricht. Das Wort *nakarige* gilt auch nicht als taktlos; eine unfruchtbare Frau wird es gebrauchen, wenn sie von sich selbst spricht, ebenso wie andere in ihrer Gegenwart. Andererseits gilt Fruchtbarkeit bei verheirateten Frauen als eine gute Sache. Sie betrifft vor allem ihre Verwandten mütterlicherseits und ist für sie von großer Bedeutung.

»Die Verwandten freuen sich, wenn eine ihrer Schwestern oder Schwestertöchter viele Kinder hat, denn ihre Körper werden stärker.« In dieser Formulierung entdecken wir die interessante Konzeption der Einheit des Clans als Kollektiv, der Clangenossen, die nicht allein eines Fleisches sind, sondern geradezu einen Körper bilden.

Ich möchte nun zu meinem Hauptargument zurückkehren und die soziologische Bedeutung der Verachtung und Mißbilligung der Illegitimität hervorheben. Vergegenwärtigen wir uns noch einmal jene merkwürdige, fremde Konstellation: Physische Vaterschaft ist unbekannt; aber Vaterschaft im gesellschaftlichen Sinn gilt als notwendig, und das »vaterlose Kind« wird als etwas Anomales betrachtet, als etwas, das dem normalen Lauf der Dinge widerspricht und deshalb getadelt wird. Was heißt das? Auf Tradition und Sitte gestützt, erklärt die öffentliche Meinung, daß eine Frau vor ihrer Heirat nicht Mutter werden darf, obwohl sie sich innerhalb gewisser Grenzen an sexueller Freiheit erfreuen darf, soviel sie nur mag. Eine Frau braucht zur sozialen Anerkennung ihrer Mutterschaft einen Mann, der ihr Schutz und ökonomische Sicherheit gibt. In ihrem Bruder besitzt sie einen natürlichen Herrn und Beschützer, der indes nicht in allen Fällen, in denen sie einen Behüter braucht, wirksam nach ihr schauen kann. Nach Auffassung der Eingeborenen muß eine Schwangere sich in einer bestimmten Phase des Geschlechtsverkehrs enthalten und »ihren Sinn von den Männern abkehren«. Sie braucht also einen Mann, der alle Rechte auf ihren Sex übernimmt, von einem bestimmten Augenblick an seine Privilegien aber nicht mehr ausübt, sie sowohl vor allen Eingriffen bewahrt als auch auf ihr Verhalten achtet. Diese Aufgabe kann der Bruder nicht übernehmen, weil er nach dem strengen Bruder-Schwester-Tabu selbst den Gedanken an alles, was mit dem Sex seiner Schwester zu tun hat, vermeiden muß. Weiterhin besteht das Bedürfnis nach einem Mann, der während ihrer Niederkunft aufpaßt und »das Kind in seinen Armen empfängt«, wie es bei den Eingeborenen heißt. Später hat dieser Mann auch die Pflicht, zu der zärtlichen Fürsorge beizutragen, mit der das Kind überhäuft wird. Erst wenn das Kind zu einem Mann oder zu einer Frau heranwächst, verzichtet er auf den größeren Teil seiner Autorität und überträgt sie dem Bruder seiner Frau.

Bei alldem wird die Rolle des Ehemannes von der Tradition streng definiert und als unabdingbar betrachtet. Eine Mutter mit ihrem Kind ohne Ehemann gilt deshalb in den Augen der Tradition als eine unvollständige und anomale Gruppe. Die Mißbilligung des illegitimen Kindes und seiner Mutter ist demnach ein Sonderfall der allgemeinen Mißbilligung von allem, was der Sitte und dem normalen Verlauf der Dinge widerspricht, von allem, was dem Traditionsmuster und den herkömmlichen Anordnungen des Stammes zuwiderläuft. Das Stammesgesetz legt die aus Ehemann, Ehefrau und Kindern bestehende Familie als Standard fest und schreibt zugleich jedem Mitglied eine genau definierte Rolle vor. Es ist deshalb nicht richtig, wenn ein Mitglied dieser Gruppe fehlt.

Obwohl also die Eingeborenen nicht wissen, daß ein Mann zur Konstitution einer Familie physiologisch erforderlich ist, betrachten sie ihn als sozial unabdingbar. Die Paternität, deren uns so vertraute biologische Bedeutung unbekannt ist, behauptet sich durch ein gesellschaftliches Dogma, das erklärt: »Jede Familie muß einen Vater haben; eine Frau muß heiraten, bevor sie Kinder haben kann; in jedem Haushalt muß es einen Mann geben.«

Die Institution der Kernfamilie basiert also auf einem starken Gefühl für ihre Notwendigkeit, das mit einer völligen Unkenntnis ihrer biologischen Begründung durchaus kompatibel ist. Die gesellschaftliche Rolle des Vaters ist festgesetzt und definiert, bevor seine physiologische Funktion anerkannt wird.

VII. Die soziale Behauptung der Paternität

Die Dualität von matrilinearen und patriarchalischen Kräften, die in Mutterbruder und Vater verkörpert sind, ist ein Leitmotiv des ersten Kapitels im Stammesleben der Trobriander. Wir sind zum Kern des Problems vorgedrungen, denn jetzt sehen wir die beiden natürlichen Sphären, in denen ein Mann im sozialen Milieu der Trobriander und unter den Bedingungen des rigiden Bruder-Schwester-Tabus und der Unkenntnis der physischen Vaterschaft auf eine Frau Einfluß ausüben kann. Der eine Bereich ist der des Sex, aus dem der Bruder ausgeschlossen ist, in dem aber der Einfluß des Ehemanns am höchsten ist. Der andere ist der, in dem die natürlichen Interessen der Blutsverwandtschaft nur durch jemand, der desselben Bluts ist, zu sichern sind. Dies ist die Sphäre der Brüder einer Frau.

Wegen deren Unfähigkeit, das Grundthema im Leben der Schwester – ihren Sex – zu berühren oder sich ihm auch nur als entfernte Zuschauer zu nähern, klafft im matrilinearen System eine weite Lücke. Durch diese Lücke betritt der Ehemann den geschlossenen Kreis von Familie und Haushalt, und wenn er einmal dort ist, richtet er sich häuslich ein. An seine Kinder wird er durch die stärksten Bande persönlicher Zuneigung gebunden, über den Sex seiner Frau maßt er sich ein ausschließliches Recht an, und mit ihr teilt er den größten Teil der häuslichen und wirtschaftlichen Angelegenheiten.

Auf der offenbar ungünstigen Basis strikter Matrilinearität – keine Vaterschaft kraft Zeugung, Erklärung der Fremdheit zwischen dem Vater und seinen Nachkommen – erheben sich gewisse Meinungen, Vorstellungen und Gewohnheitsregeln, die in die Festung des Mutterrechts extrem patrilineare Prinzipien einschmuggeln. Eine dieser Vorstellungen gehört zu jenen Dingen, von denen die Amateure in ihren Sensationsberichten über das Leben der Wilden soviel Wesens machen, und sie überrascht uns zunächst tatsächlich als wild, so schief, verkehrt und seltsam mutet sie an. Ich spreche von den Vorstellungen über die Ähnlichkeit von Eltern und Nachkommen. Daß dies sogar in zivilisierten Gemeinschaften ein Lieblingsthema für Kinderstubenplaudereien ist, muß nicht eigens erwähnt werden. In einer matrilinearen Gesellschaft, wie auf den Trobriand Inseln, wo alle Verwandten auf der Mutterseite als »*eines* Körpers« gelten, der Vater aber als »Fremder«, sollten wir natürlicherweise erwarten, daß man Gesichts- und Körperähnlichkeiten allein in der Familie der Mutter suchen wird. Das Gegenteil ist der Fall, wie mit äußerst starkem sozialen Nachdruck versichert wird. Es ist nicht allein gewissermaßen ein häusliches Dogma, daß ein Kind niemals seiner Mutter, seinen Brüdern und Schwestern oder irgendeinem seiner Verwand-

ten mütterlicherseits ähnelt, es gilt auch als schlechte Umgangsform und schlimme Beleidigung, auf eine solche Ähnlichkeit hinzuweisen. Andererseits ist es natürlich, richtig und korrekt, wenn ein Mann oder eine Frau dem Vater ähnlich ist.
In diese Regel des *savoir vivre* wurde ich wie gewöhnlich durch einen *faux pas* eingeführt. Moradeda, einer meiner Leibwächter in Omarakana, wies ein Ensemble von eigentümlichen Zügen auf, die mich auf den ersten Blick durch ihre Ähnlichkeit mit dem Typus des australischen Ureinwohners überrascht und fasziniert hatten: gewelltes Haar, breites Gesicht, niedrige Stirn, sehr breite Nase mit flachem Sattel, breiter Mund mit vorspringenden Lippen, Prognathie. Eines Tages entdeckte ich ein genaues Gegenstück zu Moradeda. Als ich auf eine Frage hin erfuhr, das dies der ältere Bruder meines Freundes aus einem entfernten Ort sei, rief ich aus: »Ja, wahrhaftig! Ich habe mich über dich erkundigt, weil dein Gesicht wie – wie das von Moradeda ist.« Über die ganze Versammlung kam ein solches Schweigen, daß ich es sogleich bemerkte. Der Mann drehte sich um und verließ uns, während ein Teil der Anwesenden zuerst halb verlegen, halb beleidigt wegschaute und sich dann zerstreute. Meine vertrauten Gewährsmänner klärten mich dann darüber auf, daß ich gegen die Sitte verstoßen, daß ich etwas begangen hätte, was »*taputaki migila*« heißt; dieser Spezialausdruck bezieht sich ausschließlich auf eine Handlung dieser Art und könnte übersetzt werden als »entehren-durch-Vergleichen-mit-einem-Verwandten-sein-Gesicht«. Bei dieser Diskussion überraschte mich, daß meine Informanten sich trotz der erstaunlichen Ähnlichkeit zwischen den Brüdern weigerten, diese einzugestehen. Tatsächlich behandelten sie die Frage so, als sei es gar nicht möglich, daß jemand seinem Bruder oder einem Verwandten mütterlicherseits ähnlich sein könne. Meine Hinweise brachten mir den Zorn und das Mißfallen meiner Informanten ein.
So lernte ich, in Gegenwart der Betroffenen nie auf eine solche Ähnlichkeit hinzuweisen. In späteren allgemeinen Unterhaltungen konnte ich die Sache jedoch mit vielen Eingeborenen gut erörtern. Ich entdeckte, daß jeder Trobriander trotz aller Evidenz hartnäckig bestreiten wird, daß es zwischen matrilinearen Verwandten eine Ähnlichkeit geben kann. Ein Trobriander ist schlicht irritiert und verletzt, wenn man ihn auf schlagende Beispiele hinweist, genauso wie wir in unserer eigenen Gesellschaft irritiert sind, wenn ein Nachbar uns auf eine offenkundige Wahrheit hinweist, die unseren wohlbehüteten politischen, religiösen oder moralischen Meinungen widerspricht oder – noch schlimmer – unseren persönlichen Interessen zuwiderläuft.
Für die Trobriander steht fest, daß man eine solche Ähnlichkeit nur erwähnen kann, um jemanden zu beleidigen. Tatsächlich ist »*Migim lu-*

muta«, »dein Gesicht das deiner Schwester«, ein übles Schimpfwort, in dem nebenbei bemerkt verwandtschaftliche Ähnlichkeit auf die schlimmste Weise kombiniert wird. Dieser Ausdruck gilt als ebenso übel wie »verkehr' mit deiner Schwester«. Nach Auffassung des Trobrianders ist es unmöglich, daß ein gesunder und anständiger Mann in nüchterner und leidenschaftsloser Verfassung auf den abscheulichen Gedanken kommen kann, daß irgendwer auch nur im mindesten seiner Schwester ähnlich sehen könne.
Noch bemerkenswerter ist das Gegenstück zu diesem Dogma, daß nämlich jedes Kind seinem Vater ähnelt. Diese Ähnlichkeit wird immer vermutet und auch ausgesprochen. Wo sie auch nur in geringem Maße wirklich gegeben ist, wird ständig darauf aufmerksam gemacht als auf etwas, das angenehm, gut und richtig ist. Oft wies man mich darauf hin, wie sehr der eine oder andere Sohn To'uluwas, des Häuptlings von Omarakana, seinem Vater ähnlich sehe. Besonders von den fünf Lieblingssöhnen To'uluwas und Kadamwasilas hieß es, sie seien genau wie ihr Vater. Als ich daraus aber folgerte, ihre gemeinsame Ähnlichkeit zum Vater impliziere ihre Ähnlichkeit untereinander, wies man diese Häresie entrüstet zurück. Es gibt auch bestimmte Bräuche, in denen sich das Dogma der patrilinearen Ähnlichkeit verkörpert. So besuchen die Freunde und Verwandten eines Mannes nach dessen Tod von Zeit zu Zeit seine Kinder, um »sein Gesicht in ihrem zu betrachten«. Sie überreichen ihnen Geschenke und setzen sich nieder, um sie anzuschauen und den Toten zu beklagen. Wie man sagt, beruhigt sich dabei ihr Inneres, weil sie noch einmal das Ebenbild des Toten sehen.
Wie können die Eingeborenen dieses Dogma mit dem matrilinearen System versöhnen? Auf diese direkte Frage werden sie antworten: »Ja, die matrilinear Verwandten sind eines Fleisches, aber ähnliche Gesichter haben sie nicht.« Wenn man weiter fragt, wieso jeder seinem Vater ähnlich sieht, der doch ein Fremder ist und mit der Bildung der Körper seiner Kinder nichts zu tun hat, dann wissen sie entschieden zu antworten, weil es dazu eine ganz bestimmte Doktrin gibt: »Es gerinnt, das Antlitz des Kindes; denn er liegt bei ihr, sie sitzen zusammen.« Der Ausdruck *kuli*, gerinnen, gestalten, wurde in diesem Zusammenhang immer und immer wieder gebraucht. Es ist dies eine gesellschaftlich fixierte Ansicht über den Einfluß des Vaters auf die Physis des Kindes, nicht bloß eine persönliche Meinung meiner Gewährsmänner. Einer meiner Informanten erklärte sie mir genauer, indem er mir die Innenseite seiner geöffneten Hand zukehrte. »Leg weichen Brei *(sesa)* darauf, und er wird sich nach der Hand formen. Auf die gleiche Weise bleibt der Ehemann bei der Frau und das Kind wird geformt.« Ein anderer Mann sagte mir: »Immer geben wir mit unserer Hand dem Kind zu essen, Früchte reichen wir

dar, Leckereien und Betel. Dies macht das Kind zu dem, was es ist.«

Ich habe mit meinen Gewährsleuten über Mischlinge gesprochen, über die Kinder von weißen Händlern, die Eingeborenenfrauen geheiratet hatten. Ich wies darauf hin, daß einige von ihnen eher wie Eingeborene denn wie Europäer aussehen. Wiederum stritten sie dies einfach ab, indem sie tapfer behaupteten, alle diese Kinder hätten das Antlitz des weißen Mannes – und darin sahen sie einen weiteren Beweis für ihre Lehre. Es gab keine Möglichkeit, ihre Überzeugung zu erschüttern oder ihre Abneigung gegen die Vorstellung abzubauen, jemand könne seiner Mutter oder ihren Leuten ähnlich sein – eine Vorstellung, die von der Tradition und den guten Sitten des Stammes verurteilt wird.

Wir sehen also, wie hier künstlich ein physisches Band zwischen Vater und Kind eingeführt worden ist, das in einem wichtigen Punkt die matrilineare Bindung überschattet. Denn physische Ähnlichkeit knüpft zwischen zwei Personen eine starke emotionale Bindung, deren Stärke kaum dadurch reduziert wird, daß man sie nicht auf eine physiologische Ursache zurückführt, sondern auf eine soziologische – die stetige Verbindung von Mann und Frau.

Die etwas grotesken und phantastischen Vorstellungen und Meinungen, die hier skizziert wurden, mögen auf den ersten Blick als irrelevant erscheinen – bloße Sammlungsgegenstände zur Befriedigung der Neugier, die eine gewisse Art von Ethnologie dazu verurteilt, ein amüsantes, aber steriles Unterfangen zu bleiben. Wenn diese Vorstellungen über Zeugung und Wiedergeburt aber in ihrem Bezug auf die Verwandtschaftsorganisation studiert werden, dann wird ihre Relevanz offenkundig. Es ist meine feste Überzeugung, daß die Unkenntnis der Paternität ein ursprünglicher Zug in der Psychologie der Primitiven ist und daß wir bei allen Spekulationen über die Ursprünge der Ehe und die Evolution des Sexualverhaltens an diese fundamentale Unkenntnis denken müssen.

Robert H. Lowie
Verwandtschaftsbezeichnungen

Die meisten deskriptiven Monographien über primitive Stämme enthalten Listen von Worten, mit denen die Eingeborenen ihre Bluts- und Schwiegerverwandten bezeichnen. Der Grund dafür ist alles andere als naheliegend. Warum beläßt man diesen Gegenstand nicht in den Händen eines Lexikographen? Zwar ist nach unserer Betrachtungsweise der primitive Sprachgebrauch in diesem Zusammenhang sehr seltsam, aber ebenso seltsam sind primitive Vorstellungen über eine Vielzahl von Themen, die gleichfalls in der Sprache ihren Ausdruck finden. Die Ausdifferenzierung räumlicher Unterscheidungen in nordamerikanischen Sprachen, die Klassifikation von Farben, Tieren oder anderen Gruppen von Naturerscheinungen sind in psychologischer Hinsicht von ebenso wesentlichem Interesse. Warum also einen besonderen Teil des Eingeborenenvokabulars innerhalb einer Kulturmonographie aussondern? Die Antwort ist ganz einfach die, daß Verwandtschaftsbezeichnungen einen direkten Bezug zu kulturellen Gegebenheiten haben.

Allein die Tatsache, daß primitive Stämme häufig Verwandtschaftsbezeichnungen in Anreden benutzen, in denen wir Personennamen verwenden, ist als gesellschaftliches Handeln von ethnologischem Interesse. Entscheidend ist aber, daß der Gebrauch der Bezeichnungen oft sehr genau mit spezifischen sozialen Umgangsformen verbunden ist. Im allgemeinen hängt der Gebrauch unterschiedlicher Worte für zwei Arten von Verwandten mit einem wirklichen Unterschied in ihren gesellschaftlichen Beziehungen zum Sprecher zusammen. So unterscheidet ein Großteil primitiver Stämme nicht zwischen Vaters-Schwesters-Tochter und Mutters-Bruders-Tochter. Die Miwok Kaliforniens, bei denen eine dieser beiden Cousinen geheiratet werden kann, während die andere innerhalb der verbotenen Verwandtschaftsgrade liegt, machen hier in der Sprache einen Unterschied. Außerdem besteht in vielen Gebieten der Erde eine ganz außergewöhnliche Bindung zwischen dem Onkel mütterlicherseits und dem Sohn der Schwester, und so stellen wir fest, daß er in der Nomenklatur sehr oft scharf vom Onkel väterlicherseits unterschieden wird.

Andererseits können wir uns den Gebrauch eines einzigen Wortes für zwei oder mehr Verwandte, die *wir* mit ebenso vielen unterschiedlichen Worten einzeln benennen, oft ganz einfach erklären. Die Vedda auf

Ceylon z. B. verwenden für den Schwiegervater und den Onkel mütterlicherseits dieselbe Bezeichnung. Der Grund dafür ist, daß hier ein Mann gewöhnlich die Tochter des Mutterbruders heiratet; der Mutterbruder *ist* sein Schwiegervater, und diese Übereinstimmung drückt sich in der Terminologie aus. Die Crow in Montana liefern ein anderes Beispiel; sie haben für die Schwiegermutter eines Mannes und die Frau des Bruders seiner Frau eine einzige Bezeichnung. Die einfache Erklärung dafür ist, daß der Sprecher zu den beiden Frauen in einem gegenseitigen Meidungsverhältnis steht, und diese gesellschaftliche Tatsache wird durch eine gemeinsame Benennung ausgedrückt. Dieselben Indianer verwenden das Wort für »Vater« in einer sehr umfassenden Weise, manchmal für Dutzende von Individuen; aber eine nähere Untersuchung zeigt, daß alle so Angesprochenen ein Anrecht auf dieselbe Art der Behandlung durch den Sprecher haben, auf eine besondere Form der Ehrerbietung und auf einen bevorzugten Rang bei der Verteilung von Geschenken.
Diese wenigen und zufälligen Beispiele genügen wohl, um zu zeigen, warum Verwandtschaftsbezeichnungen die Aufmerksamkeit des Ethnologen verdienen. Verwandtschaftsbezeichnungen sind in gewissem Maße Zeichen für soziale Umgangsformen. Wo Verwandte, die bei einigen Völkern unterschieden werden, zusammengefaßt sind, betrachten die Eingeborenen sie mit einiger Wahrscheinlichkeit als Repräsentanten der gleichen Beziehung, weil sie tatsächlich dieselben Privilegien genießen oder dieselben Funktionen im Stammesleben erfüllen. Wo Verwandte, die einige Völker zusammenfassen, gesondert gekennzeichnet werden, ist es ziemlich wahrscheinlich, daß ihre Unterscheidung mit einer Verschiedenheit ihrer gesellschaftlichen Funktion Hand in Hand geht.
Lewis H. Morgan, der Wegbereiter in diesem Bereich der Forschung, war sich der gesellschaftlichen Bedeutung von Verwandtschaftsnomenklaturen lebhaft bewußt. Während er sich aber um eine endgültige Interpretation im Rahmen der Unterschiede in den sozialen Bedingungen bemühte, wurde er mit der Tatsache konfrontiert, daß nicht jeder Stamm eine Terminologie *sui generis* hatte, sondern daß Nomenklaturen voneinander entfernter Völker sich manchmal wunderbar ähnlich waren. Morgan folgerte kühn, daß eine solche Gemeinsamkeit der Nomenklatur letztlich eine Einheit der Rasse erweise, und auf dieser Grundlage nahm er ohne weiteres eine Rassenverbindung zwischen Hawaiianern und südafrikanischen Zulu, zwischen den Eingeborenen Indiens und denen der westlichen Hemisphäre an.[1]
Spätere Forscher schenkten diesen Spekulationen über Rassenverwandtschaft zu Recht keine Beachtung, denn die Anerkennung von Morgans Prämissen hätte gegen die augenfälligsten Tatsachen der phy-

sischen Anthropologie verstoßen. Wie Lubbock hervorgehoben hat, können wir nicht annehmen, daß die Two-Mountain-Iroquois näher mit entfernten Ozeaniern verwandt sind als mit anderen Irokesen, nur weil einige ihrer Verwandtschaftsbezeichnungen mit ihrem Bedeutungsfeld denen der Hawaiianer ähneln. Trotzdem hat Morgan richtig erkannt, daß man aus den Ähnlichkeiten von Verwandtschaftsnomenklaturen gewisse historische Schlußfolgerungen ziehen kann. Wir müssen diese besondere Klasse ethnologischer Daten lediglich demselben Prinzip unterordnen wie andere kulturelle Erscheinungen auch. Wenn ein bestimmtes Merkmal innerhalb eines begrenzten, zusammenhängenden Gebiets auftritt, müssen wir annehmen, daß es sich in nur einem Zentrum entwickelt hat und sich von dort in andere Teile des Gebiets durch Entlehnung ausbreitete. Wenn ein bestimmtes Merkmal in nicht-zusammenhängenden Gebieten auftritt, müssen wir uns der Theorie der unabhängigen Entwicklung zuwenden und erforschen, ob der Evolutionsverlauf möglicherweise gleichen kulturellen Bedingungen unterworfen war, was in diesem Falle heißt: denselben sozialen Institutionen.

Nach diesen einführenden Bemerkungen können wir nun zu einer eingehenderen Untersuchung des Materials übergehen.

»Systeme«. Abstrakt gesehen kann man sich vorstellen, daß jeder einzelne Verwandte von jeder anderen Person mit einer unterschiedlichen Verwandtschaftsbezeichnung benannt werden könnte, wie ebenso theoretisch jeder Gegenstand in der Natur durch irgendein besonderes Wort bestimmt werden könnte, anstatt durch Kategorien wie »Baum«, »Tier« oder »Buch«. Tatsächlich gehen Primitive ziemlich weit in ihren Unterscheidungen. So werden im Familienkreis der Menomini Jungen nicht »Sohn« oder »Bruder« genannt, sondern jeder wird mit einem Wort angesprochen, das seinen Platz in der Geburtenfolge angibt; der Älteste ist *mudjikiwis*, der Zweite *osememau*, der Dritte *akotcosememau*, der Vierte *nanaweo*.[2] Aber wie in jedem anderen Teil der Sprache wurden auch hier Vereinfachungen vorgenommen, und anstelle einer unüberschaubaren Anzahl unterschiedlicher Bezeichnungen für jede mögliche Beziehung gibt es immer eine begrenzte Zahl, indem viele verschiedene einzelne Beziehungen immer unter einem Begriff zusammengefaßt sind. So wenden wir im Englischen das Wort »Bruder« auf eine Reihe von Einzelpersonen an, ohne zu beachten, in welchem Altersunterschied sie sich zu uns oder untereinander befinden, und ohne das Geschlecht des Sprechers in Betracht zu ziehen. Dennoch können Altersunterschiede – wie das Beispiel der Menomini zeigt – sehr wohl sprachlichen Ausdruck gefunden haben; auch gibt es viele indianische Sprachen, in denen

eine bestimmte Serie von Bezeichnungen nur von weiblichen, die andere nur von männlichen Sprechern benutzt wird.

Alle Ausdrücke, die ein Volk zur Bezeichnung seiner Bluts- oder Schwiegerverwandten benützt, werden zusammenfassend sein »Verwandtschaftssystem« genannt. Dieser Ausdruck ist völlig irreführend, wenn man ihn so versteht, daß alle Bestandteile ein wohlgeordnetes Ganzes bilden; denn dies trifft wahrscheinlich immer nur für einen Teil von ihnen zu, wie sich sofort zeigen wird. Das Wort »System« kann trotzdem vorläufig als ein brauchbarer Ausdruck für die gesamte Verwandtschaftsnomenklatur einer bestimmten Region beibehalten werden. Wir können dann sagen, daß sich die Systeme der verschiedenen Völker hinsichtlich der Verwandtschaftsklassifikation unterscheiden, und es erscheint als die erste Pflicht des Ethnographen, die vorhandenen Systemtypen und ihre geographische Verteilung zu bestimmen.

Zum gegenwärtigen Zeitpunkt ist eine zufriedenstellende Einteilung der Verwandtschaftssysteme der Welt unmöglich, da es uns für viele Regionen an Kenntnissen mangelt. Die Aufgabe wird auch dadurch erschwert, daß innerhalb eines bestimmten »Systems« häufig unterschiedliche und sogar entgegengesetzte Prinzipien nebeneinander bestehen. Jedes von ihnen kann für sich bestimmt werden; aber unsere Versuche, beide oder alle zu einem einheitlichen Ganzen zu integrieren, sind vergeblich. So verbinden die Masai Ostafrikas, wenn sie vom Onkel väterlicherseits reden, einfach die Stämme für »Vater«, *baba*, und »Bruder«, *alasche*, und bilden so durch Aneinanderreihung dieser Primärbezeichnungen den zusammengesetzten Ausdruck *ol alasche le baba*, wörtlich: »der Bruder des Vaters«. Diese Art, den Status eines Verwandten dadurch zu bestimmen, daß man primäre Verwandtschaftsbezeichnungen kombiniert oder sie mit einem näher bestimmenden Adjektiv verbindet, wie in unserem »Großvater«, ist unter dem *terminus technicus* »deskriptiv« bekannt, und Ethnologen sprechen in diesem Zusammenhang gewöhnlich von »deskriptiven Systemen«. Tatsächlich ist das deskriptive Prinzip für die Masai höchst charakteristisch – aber nicht für ihre Anredeformen. Bei einem solchen gewissermaßen vokativen Gebrauch wird der Bruder des Vaters wie der Vater selbst *baba* genannt; der Mutterbruder wird nicht mit einem aus primären Stämmen zusammengesetzten Ausdruck bezeichnet, sondern durch einen neuen Stamm, *abula*, den er umgekehrt auch für den Neffen benutzt; während die Tante väterlicherseits wie auch die mütterlicherseits *koko* heißt. Diese Konnotationen führen in das Masai-»System« ein mit ihm nicht übereinstimmendes Prinzip ein, durch das Verwandte nicht deskriptiv unterschieden, sondern zu Klassen zusammengefaßt werden. Keinesfalls aber charakterisiert dieses »klassifikatorische« Merkmal die gesamte Nomenklatur der Anredeformen.

Bei weitem die Mehrheit der Verwandten wird mit Ausdrücken angeredet, die auf das Vieh hinweisen, das der Sprecher ihnen geschenkt hat; wenn das Geschenk aus einem Bullen bestand, heißt das benützte Wort *b-ainoni,* von *oinoni,* Bulle; wenn ein Esel übergeben wurde, ist die Anrede *ba-sigiria,* von *sigiria,* Esel, usw. Dementsprechend werden die oben erwähnten Anredeformen nur von Kindern benutzt, die ihren Verwandten noch kein Vieh geschenkt haben.[3] Kurz, die Masai-Terminologie ist nach mindestens drei völlig ungleichartigen Prinzipien gebildet. Wir tun folglich gut daran, wenn wir unsere Ausdrucksweise verbessern und eher von Verwandtschaftskategorien, Merkmalen oder Prinzipien der Klassifikation sprechen als von Typen von Verwandtschaftssystemen. (...)

Das Hawaii-Prinzip. Während der Ausdruck »deskriptiv« eine einigermaßen unzweideutige Definition erlaubt, läßt sich dasselbe für das Wort »klassifikatorisch« nicht sagen. Morgan stellt im Anschluß an seine Erörterung des ersten Ausdrucks fest, daß in einem System der zweiten Art Blutsverwandte durch eine Serie anscheinend willkürlicher Verallgemeinerungen zu großen Klassen zusammengefaßt werden, indem für alle Mitglieder einer Klasse dieselbe Bezeichnung verwendet werde. »Auf diese Weise vermischt das System Beziehungen, die im deskriptiven System unterschieden werden, und dehnt die Bedeutung sowohl primärer als auch sekundärer Bezeichnungen über den ihnen anscheinend eigenen Sinn hinaus aus.« Das aber heißt, die Dinge vom willkürlich gewählten Standpunkt unserer *eigenen* Nomenklatur aus betrachten (die Morgan – fälschlicherweise, wie Rivers gezeigt hat – für deskriptiv hielt). Objektiv betrachtet, sind sogar deskriptive Terminologien klassifikatorisch, insofern sie nicht individualisieren, sondern sich mit Verallgemeinerungen zufrieden geben, die z. B. alle Vaterbrüder zusammenfassen, anstatt sie gleichermaßen nach Alter zu differenzieren. Aus diesem Grunde halte ich das von Rivers betonte Kriterium, ob ein Ausdruck ein einzelnes Individium oder eine größere Gruppe bezeichnet, für unangebracht. – Was liegt dem klassifikatorischen Prinzip zugrunde? Rivers führt es in der Nachfolge Tylors auf das Clanprinzip zurück oder besser auf den Einfluß der Dualorganisation der Urgesellschaft, durch den diese in exogame Hälften geteilt wurde. Aber dieser wichtige Hinweis, auf den wir noch zurückkommen müssen, bezieht sich eingestandenermaßen nur auf eine bestimmte Form von klassifikatorischen Systemen und schließt deshalb die Hypothese ein, daß diese anderen Formen vorausgegangen sei. Dies mag sich bestätigen, aber wir dürfen die empirische Untersuchung nicht dadurch beeinträchtigen, daß wir den Beweis als gegeben annehmen, und deshalb können wir »klassifikatorisches System« nicht einfach durch »Clan« ersetzen – abgesehen davon, daß es nachweisbar irreführend ist, in diesem Zusammenhang von Systemen statt von Prinzipien oder Merkmalen zu sprechen.

Es ist ziemlich klar, daß das Wort »klassifikatorisch« nur unbestimmt Gruppierungen von Verwandtschaftskategorien bezeichnen kann, die größer sind als die, mit denen *wir* vertraut sind; es ist auch klar, daß die beiden Formen, die gewöhnlich unter diesen Oberbegriff zusammengefaßt werden, nicht notwendig in einem Evolutionszusammenhang miteinander stehen. Die empirischen Daten sind leicht anzuführen: In bestimmten Systemen werden Blutsverwandte nach Generationen geordnet, unabhängig von der Nähe der Verwandtschaft und von ihrer Zugehörigkeit zur mütterlichen oder väterlichen Seite; in anderen liegt »Gabelung« *(bifurcation)* vor: die Verwandten der mütterlichen Seite und die der väterlichen Seite werden mindestens in den Generationen, die dem Sprecher am nächsten stehen, voneinander unterschieden. Ersteres können wir die »nicht-gegabelte Zusammenfassung« *(unforked merging)* oder geographisch das »Hawaii«-Prinzip der Klassifikation nennen; letzteres kann entsprechend »Gabelung und Zusammenfassung« *(forked merging)* oder »Dakota« genannt werden. Schon an dieser Stelle müssen wir darauf hinweisen, daß diese Prinzipien zusammen mit dem deskriptiven weit davon entfernt sind, die vorhandene Vielfalt vollständig zu erfassen.

Wir wollen nun das Prinzip der »Nichtgabelung«, wir wir es auf Hawaii finden, etwas näher betrachten. Dort verwendet man eine einzige Bezeichnung, *makua,* für beide Eltern und für alle Brüder und Schwestern der Eltern, wobei das Geschlecht nur durch näher bestimmende Worte, die »Mann« und »Frau« bedeuten, unterschieden wird. Alle Verwandten der eigenen Generation werden als Brüder und Schwestern klassifiziert; dabei werden gewisse Unterscheidungen nach dem Alter ihrer Eltern im Vergleich zu dem der eigenen getroffen und ebenso nach dem Geschlecht des Sprechers, aber keine, die aus Unterschieden in der *Nähe* der Verwandtschaft herrührten. Die Kinder all dieser Brüder und Schwestern werden als eigene Kinder klassifiziert und *ihre* Kinder als eigene Enkel; ein einziger Ausdruck umfaßt die Großeltern und alle verwandten Mitglieder ihrer Generation.[4] Diese Altersschichtung von Blutsverwandten ohne Berücksichtigung ihrer Zugehörigkeit zur väterlichen oder mütterlichen Seite tritt nicht nur in Hawaii auf, sondern auch in Neuseeland, Kusaie und auf den Gilbert- und Marshall-Inseln. (...)

Das Dakota-Prinzip. Wir wollen uns nun dem Prinzip zuwenden, das als erstes Morgans Interesse erweckt hat und das seit seiner Zeit vielleicht mehr Aufmerksamkeit auf sich gezogen hat als irgendein anderes: das klassifikatorische Prinzip *par excellence*, wie Rivers meint, das bei Stämmen wie den Irokesen und Dakota auftritt. Wie das Hawaii-Prinzip faßt die Dakota-Anordnung jeweils Mitglieder einer Generation zusammen, unabhängig von Verwandtschaftsnähe, unterscheidet sich jedoch darin, daß es in der Generation des Sprechers, der ersten vorhergehenden und der ersten nachfolgenden Generation die väterliche und mütterliche Linie trennt. Anders ausgedrückt: kollaterale und lineare Verwandte werden unabhängig von der Nähe ihrer Verwandtschaft zusammengefaßt, jedoch mit einer strengen Gabelung der elterlichen Linien. So werden in der Dakota-Sprache der Vater, der Bruder des Vaters, Vaters-Vaters-Bruders-Sohn, Vaters-Vaters-Vaters-Bruders-Sohnessohn als *até* angeredet; die Mutter, die Schwester der Mutter und Mutters-Mutters-Schwesters-Tochter, werden alle *iná* genannt. Soweit liegt eine terminologische Zusammenfassung von Verwandten vor, die im Englischen voneinander unterschieden sind. Aber es gibt eine Unterscheidung von Verwandten, wo wir sie zusammenfassen: der Mutterbruder wird anders bezeichnet als der Bruder des Vaters, mit *dekcí*, und die Schwester des Vaters anders als die Schwester der Mutter, nämlich mit *t'uwí*. Nun ist Verwandtschaft ein reziprokes Phänomen, und demzufolge können wir erwarten, daß alle die, die ich als *até* oder *iná* zusammenfasse, mich mit einem korrelierenden Ausdruck anreden werden. Tatsächlich finden wir, daß die Dakota ein einziges Wort haben, *mi tcínkci*, für Sohn, Sohn des Bruders (in der Rede eines Mannes), Vaters-Bruders-Sohnessohn (in der Rede eines Mannes) usw. und für den Sohn der Schwester (in der Rede einer Frau), für Mutters-Schwesters-Tochters-Sohn (in der Rede einer Frau) usw. Um die Sache leichter verständlich zu machen, übertrage ich sie in unsere eigene Sprache: diejenigen, die ich Vater und Mutter nenne, nennen mich Sohn. Wenn es hierin eine Logik gibt, so folgt aus den bisher erwähnten Daten, daß der Mutterbruder den Sohn seiner Schwester nicht »Sohn« nennen darf, sondern ihn mit irgendeinem anderen Ausdruck, der genau der Bezeichnung *dekcí* entspricht, anreden muß; und dies stimmt mit dem Dakota-System überein, in dem ein Mann (nicht eine Frau) den Sohn der Schwester *mit'úncka* nennt. Diese Bezeichnung wird auch von einer Frau zur Anrede ihres Brudersohns verwendet, ein Punkt, auf den ich noch zurückkommen muß.

Aus den erwähnten Zügen läßt sich noch mehr folgern. Wenn das Wort für Vater eine Anzahl weiterer kollateraler Verwandter mit einschließt, müssen wir in der Generation des Sprechers eine entsprechende Zusammenfassung von Verwandten erwarten. Und genau das ist der Fall. Wie viele andere primitive Systeme klassifiziert das Dakota-System Brüder und Schwestern nach ihrem relativen Alter und dem Geschlecht des Sprechers; dieselben Bezeichnungen werden jedoch auch auf diejenigen bezogen, die gemeinsam dieselben Mitglieder der nächst höheren Generation als ihre Väter und Mütter bezeichnen. Anders gesagt, eine beträchtliche Anzahl von Cousins und Cousinen wird unabhängig von ihren Verwandtschaftsgraden mit den Brüdern und Schwestern zusammengefaßt. Bestimmte andere Cousins und Cousinen sind jedoch *nicht* in dieser Gruppe: die Kinder der Vaterschwester und des Mutterbruders. Für den Sohn der Schwester (in der Rede eines Mannes) und den Sohn des Bruders (in der Rede einer Frau) gibt es ein einziges Wort – dem entspricht genau, daß die Kinder der Tante väterlicherseits und des Onkels mütterlicherseits Verwandte besonderer Ordnung sind; denn die Jungen nennen einander *t'ahá ci* und die Mädchen *hà ká cí*; die Mädchen nennen einander *tcé paci* und die Jungen *citcé ci*.

Kurz, was die drei mittleren Generationen angeht, so gibt es zumindest annähernd ein wirkliches System – eine einheitliche logische Ordnung, durch die Blutsverwandte klassifiziert werden. Wenn ich von einer Gruppe von Personen Vater genannt werde, sind sie meine Söhne und Töchter; wenn ich ihr Onkel bin, sind sie meine Neffen und Nichten. Im ersten Fall sind meine Söhne und Töchter ihre Brüder und Schwestern; im zweiten Fall sind meine Kinder ihre Cousins und Cousinen mit unterschiedlichen Differenzierungen der Nomenklatur, die bei gröberer Betrachtung unwesentlich sind.

Das System ist nicht perfekt – und zwar wegen der Terminologie, die für die Kinder der Cousins und Cousinen verwendet wird. Wie erwartet, betrachtet ein Mann die Kinder derjenigen Cousins, die er zu seinen Brüdern zählt, als Söhne von Brüdern, d. h., nach dem vorangegangenen Schema, als seine eigenen Söhne. Aber gegen unsere Erwartung ordnet er in dieselbe Kategorie die Söhne derjenigen Cousins ein, die er mit einem unterscheidenden Ausdruck bezeichnet, während wir hier ebenfalls einen anderen, reziproken Ausdruck erwarten würden. Sogar Cunow, der den rationalen Charakter primitiver Verwandtschaftssysteme betont, muß zugeben, daß hierin eine Inkonsistenz liegt.[5]

Man kann gar nicht genug betonen, daß eine authentische Nomenklatur durch ungleichartige Prinzipien geformt wird. Man sollte deshalb hervorheben, daß das Prinzip, durch das Brüder und Schwestern nach Seniorität unterschieden werden, und das, nach dem Geschwister gleichen Geschlechts andere Bezeichnungen verwenden als solche verschiedenen Geschlechts, keine wie auch immer geartete funktionale Beziehung zu dem Prinzip hat, durch das kollaterale mit linearen Verwandten zusammengefaßt werden. Ein anderer Zug des Dakota-Systems, der ebenso unabhängig ist von dem, was ich das Dakota-Prinzip nenne, ist der Gebrauch unterschiedlicher Wortstämme in Anrede- und Referenzformen bzw. bei der Verbindung des Wortstamms mit der ersten, zweiten und dritten Person. So wird die Mutter mit *iná* angesprochen, aber »seine Mutter« ist *hú ku*, aus einer völlig anderen Wurzel. Wenn wir zur zweiten aszendenten Generation übergehen, finden wir insofern ein Hawaii-Merkmal, als das Prinzip der Gabelung außer Kraft gesetzt ist: Großväter mütterlicher- und väterlicherseits werden mit einem gemeinsamen Ausdruck bezeichnet. Im Falle des Dakota-Systems zeigt sich einmal mehr, daß, wie Kroeber längst gezeigt hat[6], jedes empirische System in Wirklichkeit eine Anhäufung von Systemen oder Kategorien ist, die wir analytisch unterscheiden müssen, um eine völlige Verwirrung zu vermeiden. Es gibt kein Hawaii-*System*, kein Dakota-*System*. Wir können aber mit Recht vom Generationsprinzip sprechen und vom Prinzip der Gabelung, das kollaterale und lineare Verwandte zusammenfaßt. Bei konventioneller Definition der geographischen Ausdrücke können wir von Hawaii- und Dakota-Merkmalen sprechen, um diese und nur diese Elemente der Hawaii- und Dakota-Terminologien zu bezeichnen.

Um zum Dakota-Prinzip zurückzukehren: wie Morgan betont[7], hat eben dieses Prinzip teilweise das Irokesen-System geformt, und wenn wir feststellen, daß zusätzlich zu den logisch verbundenen Elementen die anscheinend irrationale Klassifikation der Kinder von Cousins und Cousinen beiden Terminologien gemeinsam ist, so drängt sich die Annahme einer historischen Verbindung auf. Sie wird zur Gewißheit, wenn wir entdecken, daß das Prinzip in seinen Grundzügen im System der zwischen beiden liegenden Ojibwa auftaucht, während bei anderen Algonkin-Stämmen und den Sioux-Stämmen mit Ausnahme der Dakota eine prägnante Variante des Dakota-Typs auftritt. Kurz, wir finden das Dakota-Prinzip über ein zusammenhängendes Gebiet verteilt, das von angrenzenden Gebieten streng getrennt ist. Es hat sich also in einem einzigen Zentrum dieses Teils von Nordamerika entwickelt und sich von dort durch Entlehnung verbreitet.

Wenn wir die Art der Bezeichnung von *cross-cousins* außer acht lassen, d. h. von Cousins und Cousinen, die Kinder eines Bruders und einer Schwester sind, ebenso bestimmte andere Abweichungen, die Unterarten bilden, erhalten wir ein viel weiteres Verbreitungsgebiet für das Dakota-Prinzip in Nordamerika. Die Vernachlässigung von Verwandtschaftsgraden und die klare Trennung der mütterlichen und väterlichen Linien in den mittleren Generationen sind charakteristische Züge wahrscheinlich für das gesamte Gebiet östlich des Mississippi und treten auch im Gebiet des Mackenzie, bei den Tlingit und Haida der Nordwestküste, den meisten der Plains-Stämme, in einem Teil des Pueblo-Gebietes (besonders bei den Hopi) und bei den Miwok und angrenzenden Bevölkerungsgruppen Kaliforniens auf. Da wir auf keinen Fall mit den Verwandtschaftssystemen des ganzen Kontinents vertraut sind, ist es notwendig, diese Angabe zu ergänzen, indem wir die Gebiete, in denen nach derzeitigem Wissen das Dakota-Prinzip fehlt, ebenfalls angeben. Die Dakota-Merkmale finden sich nicht bei den Eskimo, Nootka, Quileute, Chinook, verschiedenen Salish-Stämmen, den Kootenai, den Plateau-Shoshone und auch nicht in einem großen Teil Kaliforniens nördlich und östlich der Miwok, und sie fehlen in vielen Terminologien des Südwestens. Die voreilige Annahme vieler Autoren, der gesamte Norden Amerikas sei durch ein »klassifikatorisches System« nach dem Dakota-Muster charakterisiert, ist nachweisbar falsch. Der einzige Grund für diese Meinung liegt in dem historischen Zufall, daß Morgan mit den Systemen östlich der Rocky Mountains vertraut war, aber so gut wie gar nichts von denen des Westens wußte, und daß nach ihm noch niemand die Daten über das, was für ihn *terra incognita* war, in systematischer Form dargelegt hat. (...)

Wenn die Lehre von der Einheit der amerikanischen Rasse von der Einheitlichkeit der Verwandtschaftsterminologien in der Neuen Welt abhinge, müßte man sie ohne Zögern aufgeben. Dürftig, wie unsere Daten für das Gebiet südlich der Vereinigten Staaten sind, können wir positive Anzeichen für Nomenklaturen mit Dakota-Merkmalen nur bei den Kariben und den Chibcha finden, gelegentliche Andeutungen dafür auch anderswo. Den Tupi- und Arawak-Systemen fehlt deutlich das Gabelungsprinzip; in den Terminologien der Araukaner und Sipibo liegt zwar Gabelung, aber keine Zusammenfassung vor. Wenn wir den großen Bereich Nordamerikas, in dem das Prinzip der Gabelung und Zusammenfassung nicht vorkommt, in unsere Betrachtungen einbeziehen, dann ergibt sich ein riesiges Gebiet in Amerika, in dem das Dakota-Prinzip nicht auftritt.

Das Dakota-Prinzip ist jedoch nicht auf einen Teil der westlichen Hemisphäre beschränkt. Es ist unmöglich, seine Verteilung über verschiedene Teile der Erde vollständig zu bestimmen, aber die Hauptgebiete lassen sich angeben. Morgan hat aufgrund der Mitteilungen Fisons darauf hingewiesen[8], daß das Prinzip in der Nomenklatur der Küsten-Fiji auftritt, und dies ist kürzlich bestätigt worden.[9] Rivers hat gezeigt, daß das typische Dakota-Prinzip in anderen Teilen Melanesiens auftritt, oft mit einem sehr interessanten zusätzlichen Merkmal bei der Bezeichnung von *cross-cousins*, die nicht nur streng von den *parallel-cousins* (d. h. Kindern von Geschwistern gleichen Geschlechts) unterschieden, sondern zugleich mit Schwägern und Schwägerinnen zusammengefaßt werden, z. B. auf Guadalcanar.[10] Gabelung und Zusammenfassung von kollateralen und linearen Verwandten charakterisiert ebenso mindestens einige der Terminologien Neuguineas.[11] Dasselbe gilt sicher auch für einen großen Bereich Australiens, obwohl fast überall gewisse örtliche Differenzierungen sichtbar sind. So verwenden die Urabunna erwartungsgemäß einen einzigen Ausdruck für den Vater und seine Brüder. Anstelle einer einfachen Trennung der Schwestern der Mutter von denen des Vaters durch ihre Zusammenfassung mit der Mutter finden wir jedoch eine zusätzliche Dichotomie zwischen den älteren Schwestern der Mutter, *luka*, die mit der Mutter zusammengefaßt werden, und den jüngeren Schwestern der Mutter, die als *namuma* unterschieden werden. Eine entsprechende Unterscheidung tritt in der Generation des Sprechers auf, in der die Töchter der älteren Schwestern des Vaters nicht nur von Parallelcousinen unterschieden werden, sondern auch von den Töchtern der jüngeren Schwestern des Vaters. Dennoch sind die Grundzüge des Dakota-Prinzips offenkundig.[12]

An dieser Stelle empfiehlt es sich, noch einmal zu betonen, wie irreführend es ist, zufällig verbundene Merkmale eines bestimmten Systems als Funktionszusammenhang zu behandeln. Das Urabunna-System bildet wie das anderer Stämme keine organische Einheit. So finden wir über das gewöhnliche Merkmal der Gabelung und Zusammenfassung hinaus, daß Großeltern und Enkel sich gegenseitig mit einem gemeinsamen Ausdruck anreden. Häufig verweist man auf diese Gegenseitigkeit als ein Charakteristikum von »klassifikatorischen Systemen«. Dies ist unzutreffend. In Nordamerika tritt dies gerade in solchen Systemen auf, denen das klassifikatorische Prinzip völlig fehlt. Abgesehen davon gibt es keine offenkundige Verbindung zwischen den Prinzipien, Verwandte alternierender Generationen zusammenzufassen, und dem Prinzip, Verwandte gleicher Generation und Seite unter einen Begriff zu bringen. Die bloße Tatsache, daß gerade solche Verwandte zusammengefaßt werden, die *wir* in der Nomenklatur unterscheiden, ist eine rein negative und ungenügende Begründung für die Annahme einer Wesensverwandtschaft zwischen zwei Klassifikationsweisen.

Schließlich gibt es eine Reihe asiatischer Stämme, deren Systeme die Hauptmerkmale des Dakota-Prinzips aufweisen. (...) Das System der Tamil ist, wie Morgan nachdrücklich betont hat, fast identisch mit dem der Seneca-Irokesen.[13] Die grundsätzliche Ähnlichkeit der Terminologien der Toda[14], Singhalesen und Vedda[15] mit denen dieses Typs steht seither fest.

Wir sind hier wieder mit einem Problem der Verbreitung konfrontiert, das sich nicht prinzipiell von der ethnologischen Problematik anderer Teile der Kultur unterscheidet. Ein sehr spezifisches Merkmal findet sich nicht, wie das Hawaii-Prinzip, praktisch innerhalb der Grenzen eines einzigen zusammenhängenden Gebiets, sondern in mehreren verschiedenen und voneinander entfernten Gebieten der Erde. Es ist unmöglich, mit Morgan anzunehmen, daß die genannte Ähnlichkeit ein Index für

Rassenverwandtschaft sei, wenn man nicht gleichzeitig gewillt ist anzunehmen, daß die Indianer aus dem Osten der Vereinigten Staaten überhaupt nicht mit denen westlich der Rocky Mountains verwandt sind. Das Diffusionsprinzip erklärt offensichtlich viel. Niemand würde zögern, eine Verbindung zwischen den Systemen der Singhalesen und Vedda anzuerkennen, und wir sollten beide bereitwillig als historisch mit der Nomenklatur Südindiens verbunden betrachten. Wir könnten sogar bereitwillig einräumen, daß die melanesischen und australischen Varianten des Dakota-Prinzips den gleichen Ursprung haben. Aber wie können wir die Vorherrschaft eben dieses Prinzips gerade in den östlichen Gebieten Nordamerikas und sein Fehlen in einem großen Teil des Westens erklären? Und wie die afrikanischen Annäherungen an dieses Muster? Anscheinend liegt hier eine unabhängige Entwicklung desselben, besonders charakteristischen Merkmals in zumindest drei verschiedenen Gegenden vor. Müssen wir uns damit begnügen, die Tatsachen einfach als unbegründbare ethnologische Phänomene hinzunehmen, oder können wir unsere Untersuchung einen Schritt weiter führen?

Es wurde wiederholt festgestellt, daß der erstaunliche Bedeutungsreichtum einzelner Ausdrücke in den Systemen, die das Dakota-Prinzip teilen, irgendwie mit den sozialen Unterteilungen der betreffenden Stämme verbunden ist. Sogar in seiner früheren, rein deskriptiven Arbeit hat Morgan festgestellt, daß bei den Irokesen Clanangehörige Brüder und Schwestern waren, als seien sie Kinder einer Mutter.[16] Ähnlich wird von den Tlingit berichtet, daß sie ein einziges Wort für die Mutterschwester und alle anderen Frauen derselben Hälfte und Generation haben.[17] Die Yakuten haben einen einzigen Ausdruck für jede Frau, die älter ist als der Sprecher und zur selben Gens gehört.[18] Man könnte leicht noch mehr solcher Beispiele anführen. Es liegt deshalb nahe, bei der Erklärung des »klassifikatorischen Merkmals«, also der Gabelung und Zusammenfassung, auf ein Clan- oder Gentilsystem zu achten. Diese kürzlich auch von Swanton erörterte Hypothese[19] war bereits von Morgan selbst vorgebracht, aber als unangemessen verworfen worden. Morgan zeigt am Beispiel der Seneca, bei denen die Abstammung in der mütterlichen Linie verläuft, daß die Kinder von zwei Schwestern tatsächlich Angehörige desselben Clans und folglich Clanbrüder und -schwestern sind, daß diese Erklärung jedoch nicht für die Kinder von zwei Brüdern gilt. Durch das Exogamiegebot müssen sie in einen anderen Clan heiraten, und es gibt keinen Grund, warum ihre Frauen zum selben Clan gehören sollten. Folglich werden die Kinder von Brüdern nicht Clanbrüder und -schwestern; trotzdem werden in der Seneca-Terminologie die Kinder von Brüdern nicht weniger als die von Schwestern mit den leiblichen Brüdern und Schwestern zusammengefaßt. Demzu-

folge betrachtet Morgan das Clansystem – wenn es auch einen bestimmten Platz in seinem Evolutionsschema einnimmt – nicht als den bestimmenden Faktor des Seneca-Dakota-Prinzips.[20]
Der Einwand wird jedoch hinfällig, sobald wir die Theorie annehmen, daß das Dakota-Prinzip nicht als Ausdruck eines mehrteiligen Clansystems, sondern einer Organisation mit exogamen Hälften entstand. Diese Theorie, die nach meinem Wissen zuerst von Tylor[21] entwickelt wurde und für die Rivers[22] seitdem eingetreten ist, hat offensichtliche Vorteile. Sogar aufgrund der einfachen Clanhypothese wird klar, warum die Brüder des Vaters mit dem Vater zusammengefaßt und von den Onkeln mütterlicherseits getrennt werden sollten, denn die letzteren müssen infolge der Exogamie zu einem anderen Clan gehören. Der Ausdruck, den wir mit »Vater« übersetzen, würde recht besehen heißen: »männliches Mitglied des Clans und der Generation des Vaters«. Mit der Theorie der Hälften werden dieselben Daten erklärt, aber zusätzlich auch die Bezeichnungen für andere Verwandte. Um wieder die Seneca heranzuziehen: die Söhne zweier Brüder *müssen* Mitglieder derselben gesellschaftlichen Teilgruppe sein, weil in einer dualen Organisation die Brüder bei der Wahl ihres Ehepartners auf dieselbe Teilgruppe beschränkt sind; folglich ist es durchaus verständlich, daß die Söhne von Brüdern einander Brüder nennen. Dadurch wird der Unterschied zwischen *parallel-cousins* und *cross-cousins* vollkommen verständlich. Der Sohn des Mutterbruders und der Sohn der Vaterschwester können nie aus meiner Hälfte sein; wenn die Abstammung matrilinear ist, gehören sie zur Hälfte meines Vaters, wenn sie patrilinear ist, zu der meiner Mutter. Folglich ist einsichtig, daß sie nicht mit meinen Brüdern zusammengefaßt werden, da diese in beiden Fällen zu meiner Hälfte gehören. Diese Hypothese erklärt auch Merkmale, auf die ich noch nicht eingegangen bin, die jedoch oft in Verbindung mit denen, die zum Komplex des Dakota-Systems gehören, gefunden werden, z. B. die häufige Zusammenfassung des Mannes der Vaterschwester mit dem Onkel mütterlicherseits. Setzt man exogame Hälften voraus, müssen diese Verwandten zur selben Hälfte einer Gesellschaft gehören, zu meiner eigenen, wenn die Abstammung matrilinear ist, zu der meiner Mutter, wenn sie patrilinear ist. Die Tylor-Rivers-Theorie erklärt auf diese Weise sehr zufriedenstellend die ziemlich zahlreichen Merkmale, die zusammen das ausmachen, was ich das Dakota-Prinzip genannt habe. Wir können sofort sehen, daß hier nicht eine willkürliche Klassifikationsregel vorliegt, sondern ein ganz bestimmtes Prinzip.
Obwohl die Hälftentheorie eine Reihe von Merkmalen besser und einfacher erklärt als die Hypothese mehrerer Clans oder Gentes, von der sie eine besondere Form ist, scheint es geboten, darauf hinzuweisen, daß

die letztere keinen so schlechten Stand hat, wie Morgan uns glauben machen möchte. Daß ich die Brüder meines Vaters und die Cousins der väterlichen Linie »Vater« nennen soll und die Schwestern meiner Mutter und die Cousinen der weiblichen Linie »Mutter«, folgt aus der allgemeinen Exogamie-Hypothese ebensogut wie aus der Hälften-Theorie. Die angeführte Schwierigkeit liegt in der Zusammenfassung von Brudersöhnen, die in einer matrilinearen Organisation keine Clangenossen sind, mit Schwestersöhnen, die es sind. Aber alle Verwandtschaftsbezeichnungen sind reziprok: der Begriff des älteren Bruders ist bedeutungslos ohne den entsprechenden Begriff des jüngeren Bruders; also folgt allein aus der Tatsache, daß ich den Bruder meines Vaters als »Vater« anrede, notwendig, daß er mich »Sohn« nennen muß, unabhängig davon, ob sein eigener Sohn in meinem Clan ist. Ähnlich werden der Sohn meines Vaterbruders und ich unabhängig von der Clanzugehörigkeit dadurch zu Brüdern, daß wir beide meinen leiblichen Vater als »Vater« anreden. Clanzugehörigkeit ist immer noch vorrangig bestimmt, da sie das Bedeutungsfeld des Wortes, das mit »Vater« übersetzt wird, festlegt, während die aufgeführten anderen Fälle abgeleitete Verwendungen darstellen. Dagegen kann natürlich die Frage erhoben werden, warum der Ausdruck für Vater zum Ausgangspunkt genommen werden sollte, und nicht der für Sohn oder Bruder. Die Antwort liegt darin, daß in einer Reihe von Fällen die Bezeichnung für Vater nachdrücklich auf Clan oder Gens verweist und sogar auf Clangenossen des Vaters in der Generation des Sprechers ausgedehnt wird, wie bei den Crow und den Tewa von Arizona. Trotzdem ist nicht zu leugnen, daß unter dem Gesichtspunkt einer Zusammenfassung der Daten, die unter dem Oberbegriff »Dakota-Prinzip« stehen oder eng mit ihm verbunden sind, die Hälftentheorie deutlich überlegen ist. So folgt die Zusammenfassung des Ehemannes der Vaterschwester und des Mutterbruders unter einen einzigen Begriff nicht aus einer vielgliedrigen Clan- oder Gentilorganisation, sondern ist verständlich auf der Basis einer Dualordnung.
Die Schwäche der Hälftentheorie liegt in anderer Richtung. Damit die Dualorganisation eine Verwandtschaftsnomenklatur gestaltet, muß sie natürlich existieren. Nun tritt sie tatsächlich in Australien und Melanesien auf, wenn auch nicht universell, und in einem Teil Nordamerikas, fehlt jedoch in vielen Gebieten des Kontinents und, soweit ich weiß, in Afrika. Wenn wir das Dakota-System ausschließlich aus der Dualorganisation ableiten, müssen wir deshalb entweder annehmen, daß diese Institution früher viel weiter verbreitet war oder daß die Nomenklatur, die sie hervorbrachte, unabhängig von den Hälften zu einer beträchtlichen Reihe anderer Völker gewandert ist. Dies ist eine Schwierigkeit, die man offen eingestehen muß.

In dieser Hinsicht genießt die Exogamiehypothese im weiteren Sinn eine offensichtlich bessere Stellung. Exogame Verwandtschaftsgruppen treten sowohl im südlichen Afrika als auch in vielen Teilen Amerikas auf, von wo exogame Hälften nie berichtet wurden. Zweifellos müssen wir auch hier in einem beträchtlichen Maß mit den Auswirkungen der Diffusion rechnen, durch die das Dakota-Prinzip wiederholt in nicht-exogame Stämme getragen wurde. Wenn wir jedoch die Variationsmethode auf die am besten untersuchten Gebiete der Erde anwenden, wird unser Vertrauen in die wesentliche Richtigkeit der Exogamiehypothese beträchtlich gestärkt. In Ozeanien sind es die nicht-exogamen Polynesier, die die mütterliche und väterliche Seite nicht unterscheiden, während die im allgemeinen exogamen Melanesier das Gabelungsprinzip anwenden. In Nordamerika verwenden die nicht-exogamen Stämme entweder das Prinzip der Gabelung, aber nicht das der Zusammenfassung kollateraler und linearer Linien, oder weder das der Gabelung noch das der Zusammenfassung.[23]

Gewisse Beispiele sind besonders erhellend, weil sie durch weitgehendes Ausklammern anderer Erklärungsfaktoren eine Differenzierung der Variationsmethode erlauben. So finden wir an der Nordküste Amerikas bestimmte Stämme wie die Kwakiutl und Nootka, die nicht streng in exogamen Gruppen organisiert sind; und hier tritt weder Zusammenfassung noch Gabelung auf. »Die Bezeichnungen für ›Onkel‹ und ›Tante‹ beziehen sich gleichermaßen auf Vaters- und Muttersgeschwister«, und spezielle Bezeichnungen unterscheiden Vater und Mutter von weiter entfernten Verwandten. Wenn wir solche Systeme mit denen der nördlichen, exogamen Stämme vergleichen, nämlich mit denen der Tsimshian, Haida und Tlingit, so entdecken wir sofort einen auffälligen Unterschied. In all diesen Terminologien sind die Männer der Hälfte oder des Clans des Vaters von denen der Hälfte oder des Clans der Mutter unterschieden; und die kollateralen Linien werden ganz, oder fast ganz, mit den linearen zusammengefaßt.[24] Wir beschäftigen uns hier nicht einfach mit einer Kontakterscheinung, denn es kann kein guter Grund dafür angegeben werden, daß das Tlingit-System sich nicht nach Süden oder das Kwakiutl-System sich nicht nach Norden ausgebreitet hat. Wir haben es auch nicht einfach mit verschiedenen Stammesgruppen zu tun: während die Kwakiutl und Nootka gemeinsamer Herkunft sind und vor kurzem eine Verwandtschaft der Sprachen der Tlingit und Haida behauptet wurde, stehen die Tsimshian abseits. Es ist der Unterschied in der sozialen Organisation, der mit dem Unterschied in der Nomenklatur parallel läuft.

Einen ähnlichen Fall liefert die Gruppe der Shoshone. Innerhalb dieser Sprachfamilie sind besondere Bezeichnungen für Vater und Mutter im

Gegensatz zu Onkeln und Tanten die Regel, und *cross-cousins* sind im allgemeinen nicht von *parallel-cousins* und Brüdern unterschieden. Dies ist also eine Kombination der extremen Vereinfachung des Hawaii-Typs in der Generation des Sprechers mit der Tendenz zu einer nicht klassifikatorischen Nomenklatur in der ersten aufsteigenden Generation. Bei den Hopi jedoch, dem einzigen Stamm der Sprachfamilie, der in exogamen Clans organisiert ist, herrscht das Dakota-Prinzip. Da kein System des Südwestens bekannt ist, das so eindeutig das Gabelungs- und Zusammenfassungsprinzip aufweist, scheint die Möglichkeit einer Entlehnung ausgeschlossen, und wir haben einen Beweis für die unabhängige Entwicklung dieses Merkmals in Verbindung mit einem Clansystem.
Hinsichtlich der Verteilung des Dakota-Prinzips über nicht-zusammenhängende Gebiete der Erde gibt die Exogamiehypothese eine einigermaßen befriedigende Erklärung der Fakten, während wir innerhalb jedes zusammenhängenden Gebietes in mehr oder weniger hohem Maße mit Übertragung rechnen müssen. Wenn wir dies z. B. auf die Indianer des Nordwestens im ganzen anwenden, müssen wir tatsächlich die Entwicklung von Dakota-Merkmalen als eine Antwort auf die exogame Organisation betrachten; aber sobald wir uns den drei exogamen Stämmen einzeln zuwenden, sehen wir uns der Frage gegenübergestellt, ob die Terminologie sich nicht von einem Stamm zu seinen beiden Nachbarn ausgebreitet hat. Es ist ganz richtig, daß theoretisch die Möglichkeit besteht, daß das Clan-System und nicht die Terminologie das übertragene Merkmal war und daß die Organisation in jedem Fall unabhängig eine passende Nomenklatur hervorbrachte. Wie auch immer, wie haben unzweifelhafte Fälle, in denen Merkmale der Nomenklatur mit keiner sozialen Institution verbunden waren, in denen sogar die Worte selbst entlehnt worden sind. Weiterhin ist die Entwicklung einer passenden Terminologie kein völlig automatischer Prozeß, wie sich an einigen exogamen Stämmen zeigt, die eine angemessene Terminologie nicht entwickelt haben. Daher erscheint es wahrscheinlich, daß sich innerhalb eines begrenzten zusammenhängenden Gebiets das Dakota-Prinzip nur einmal entwickelt und sich dann auf die benachbarten Stämme ausgebreitet hat. Daß die Existenz einer exogamen Organisation bei der entlehnenden Gruppe eine günstige Bedingung für die Übernahme der Nomenklatur wäre, ist offensichtlich; ebenso, daß die Organisation und die Terminologie zusammen entlehnt sein können. (...)
Wir können unsere Erörterung des Dakota-Prinzips zu der Feststellung zusammenfassen, daß es mit exogamen Gruppen verbunden ist und seine Verteilung die Theorie einer organischen Verbindung stützt. Die Frage, die ich bisher unberücksichtigt gelassen habe, ob nämlich die Entstehung der erörterten Merkmale durch Exogamie in irgendeiner

Form oder genauer durch die Dualorganisation veranlaßt wurde, kann ich gegenwärtig nicht endgültig entscheiden. Obwohl die Verbreitung von Hälften weitaus begrenzter ist als die exogamer Gruppen im allgemeinen, besteht kein Zweifel daran, daß nicht wenige Elemente des Dakota-Prinzips ohne weiteres aus einer Dualorganisation abzuleiten sind. Es bleibt der Zukunft überlassen zu entscheiden, welchen relativen Anteil die Organisation in verschiedene Verwandtschaftsgruppen und die in Hälften bei der Ausbildung von Verwandtschaftsterminologien hat.

Bevor wir uns vom Dakota-Prinzip abwenden, mag es nützlich sein, auf zwei bedeutende theoretische Probleme hinzuweisen, die anscheinend mit ihm verbunden sind – sein Verhältnis zum Hawaii-Prinzip und seine Bedeutung für die Altersbestimmung der Clanorganisation. Das Dakota-Schema kann in seiner üblichen Form an sich als bloße Differenzierung des einfacheren Hawaii-Schemas betrachtet werden. Wie Morgan gezeigt hat, stimmen die beiden fast in der Hälfte aller Bezeichnungen überein. Ohne Zweifel durch den zeitbedingten Hang zum evolutionären Denken beeinflußt, verwandelte Morgan die logische Verbindung in eine historische Abfolge und vermutete eine Priorität des einfacheren Systems. Er deutete an, wie die Clan- oder Gentilorganisation das Hawaii-Schema in den Dakota-Typ überführen könnte. Es scheint ihm nicht in den Sinn gekommen zu sein, daß die Evolution sich in der umgekehrten Richtung bewegt haben könnte. Wie gerade linguistische Phänomene, etwa die Geschichte der englischen Sprache, zeigen – und Verwandtschaftsbezeichnungen, was immer sie sonst sein mögen, sind Bestandteile der menschlichen Rede –, führt Entwicklung nicht immer vom Einfachen zum Komplexen. Morgans Überzeugung war von der Auffassung beeinflußt, daß die Menschheit ihre soziale Existenz auf einer äußerst niedrigen Ebene begonnen habe, und diese Meinung sah er durch die sozialen Verhältnisse bestätigt, die er aus den Hawaii-Listen ableitete. Diese sollten auf Geschwisterehen schließen lassen, da solche Ehen die Bezeichnung des Mutterbruders und des Vaters durch einen einzigen Ausdruck erklären würden. Solche Verbindungen könnten die beobachtete Terminologie hervorbringen; Morgan zog jedoch nicht in Betracht, daß eine alternative Erklärung nahe lag. Sein grundsätzlicher Irrtum lag darin, den primären Verwandtschaftsbezeichnungen der Hawaiianer und anderer Völker die Vorstellung ehelicher Verbindung anzuhängen. Er schloß daraus, daß alle als Vater angeredeten Männer zur Mutter des Sprechers tatsächlichen Zugang hatten. Wie Cunow richtig gezeigt hat[25], gibt es nicht das geringste Anzeichen dafür, daß dies die Betrachtungsweise der Betroffenen darstellt; nach dieser zeigt die Bezeichnung »Vater« lediglich den Stammes-Status in bezug auf den Sprecher an. Wenn wir diese Tatsache einmal erkannt haben, gibt es an der

Ordnung von Verwandten im Hawaii-Schema nichts eigentlich Primitives, aufgrund dessen wir es der Urzeit zuweisen könnten.
Alle empirischen Betrachtungen weisen vielmehr in die entgegengesetzte Richtung. Einmal stehen alle Völker, deren Systeme durch Hawaii-Merkmale charakterisiert sind, auf der Stufenleiter der Zivilisation verhältnismäßig hoch. Niemand würde im Traum daran denken, die Kultur der Maori etwa unter die von Fidji zu stellen. Zweitens haben wir aus verschiedenen Teilen der Erde den überzeugendsten Indizienbeweis dafür, daß Hawaii-Merkmale sich sekundär innerhalb des Dakota-Schemas entwickeln. So hat sich bei manchen Irokesenstämmen die Tendenz herausgebildet, die Schwester des Vaters ebenso wie die der Mutter »Mutter« zu nennen. In der gleichen erweiterten Weise verwenden die Crow in der direkten Anrede das Wort für Mutter; sie unterscheiden sich darin von allen anderen Sioux-Stämmen, sogar von ihren nächsten Verwandten, den Hidatsa. Rivers hat von den Inseln der Torres-Straße einen entsprechenden Wandel im Sprachgebrauch berichtet[26], und ähnliche Entwicklungen scheinen bei den Gilyaken aufgetreten zu sein.[27]
All das beweist nicht, daß Morgans Sequenz im Sinne einer allgemeinen Theorie lediglich umzukehren wäre. In Nordamerika, wo vollständige Hawaii-Schemata oder auch nur Annäherungen daran fehlen, gibt es dafür keine Anzeichen. Die uns zur Verfügung stehenden Daten zeigen jedoch an, daß eine Tendenz zu Hawaii-Elementen, soweit sie auftritt, oft einer sekundären Entwicklung zuzuschreiben ist.
Wenden wir uns nun dem Problem der exogamen Verwandtschaftsgruppe zu. Einige Theoretiker haben angenommen, daß der Clan oder die Gens der »lockeren«, d. h. der clanlosen oder nicht-gentilen Organisation vorausgeht, in der die Familie und die Lokalgruppe gewöhnlich die einzig wichtigen sozialen Einheiten bilden. Um diese Ansicht zu unterstützen, hat man sich manchmal auf Verwandtschaftsnomenklaturen berufen. Für Nordamerika entbehrt dieses Argument sicherlich jeder Grundlage. Ich glaube, es war Swanton, der zuerst zeigte, daß sich in Nordamerika das exogame System gerade bei den Stämmen höherer Kulturstufe findet, während es im allgemeinen bei den primitiveren Völkern fehlt. Wie ich nun oben gezeigt habe, ist Exogamie in Nordamerika weitgehend mit dem Dakota-Prinzip verbunden. Deshalb ist es ziemlich bemerkenswert, daß den primitiveren, clanlosen Stämmen des nordamerikanischen Plateaus und der angrenzenden Gebiete ebenfalls das Dakota-Prinzip fehlt. Die gelegentlich angestellte Vermutung, daß früher ein Clan- oder Gentilsystem bestanden habe und der Beobachtung des Feldforschers lediglich aufgrund des Zusammenbruchs des Indianerlebens unter den modernen Bedingungen entgangen sei, wird somit

hinfällig. Wir können nicht positiv behaupten, daß dort, wo das Dakota-Prinzip herrscht, Exogamie notwendig aufgetreten sein muß; denn die Korrelation ist zwar hoch, aber nicht durchgängig, und das Prinzip kann ohne die soziale Organisation entlehnt sein. Eine exogame Organisation tritt indes so häufig in Verbindung mit dem Dakota-Prinzip auf, und solange die Stammessprache beibehalten wird, gibt es so wenig Grund zur Veränderung der Verwandtschaftsterminologie, daß das gänzliche Fehlen von Dakota-Merkmalen in einem großen Gebiet als äußerst starker Beweis gegen die frühe oder gar urgeschichtliche Existenz exogamer Gruppen gelten kann. (...)

Besondere Formen von Heirat und sozialen Bräuchen. Es kann wenig Zweifel daran geben, daß eine genau festgelegte Heiratsregel oft in der Nomenklatur ihren Ausdruck findet. Sogar das Exogamie-Prinzip kann unter diesen Titel gebracht werden, da es den potentiellen Ehestatus der Mitglieder der Gemeinschaft ausdrückt. Im Rahmen einer Dualorganisation ist mein »Vater« jemand, der ein möglicher, wenn nicht tatsächlicher Ehepartner von Frauen der Gruppe meiner Mutter ist, während ein »Mutterbruder« diesen Status unter keinen Umständen haben kann. (...)
Bei den Thonga in Südafrika treten mehrere interessante Formen von Heiratspräferenzen auf. Dort betrachtet man wie bei den Miwok die Heirat mit den jüngeren Schwestern der Ehefrau und der Tochter ihres Bruders als besonders angemessen, und diese Schwägerinnen werden einem gemeinsamen Titel subsummiert. Das Levirat erstreckt sich nur auf die Frau des älteren Bruders, nicht auf die des jüngeren, und dementsprechend werden diese Schwägerinnen durch verschiedene Worte unterschieden. Ein Mann kann die Frau seines Onkels mütterlicherseits erben und klassifiziert sie deshalb wie seine Frau. Auf der anderen Seite herrscht die Logik nicht ungebrochen. Ein Mann nennt seine *cross-cousins* zwar genauso wie *parallel-cousins* und Brüder, aber er kann die Frau seines *parallel-cousins* erben, nicht jedoch die seines *cross-cousins* (des Sohns seiner Vaterschwester). Vom vergleichenden Standpunkt aus scheint die von Junod gegebene Erklärung durchaus zufriedenstellend. Mein *cross-cousin* kann nicht zu meiner Gens gehören, mein *parallel-cousin* muß zu ihr gehören.[28] Da die Thonga gewöhnlich Heiratsmöglichkeiten mit beachtlicher Genauigkeit unterscheiden, können wir vernünftigerweise den Schluß ziehen, daß die gegenwärtige Terminologie für Cousins und Cousinen eine rezente Neuerung ist, und dieser Schluß deutet noch einmal auf die relativ späte Entwicklung von Hawaii-Merkmalen.
Es wäre sehr wünschenswert, einen systematischen Vergleich der Aus-

wirkungen bestimmter Heiratsformen auf die Nomenklatur in verschiedenen Teilen der Erde zu haben. Wenn wir einmal untersucht haben, auf welche Weise eine Institution wie die der Ererbung der Frau eines Onkels mütterlicherseits die Systeme der nordwestamerikanischen Tlingit, der Banks-Inseln Melanesiens und der Thonga Südafrikas beeinflußt, und den Einfluß jeder gleichzeitig auftretenden Institution kennen, dann werden wir einen beträchtlich tieferen Einblick in ein sehr anregendes Problem gewonnen haben. Es ist ziemlich klar, daß eine Heiratsform die Nomenklatur nicht eindeutig bestimmt, wie die Daten des Levirats zeigen. Wichtig ist es festzustellen, wie weit tatsächlich Parallelen vorkommen.

Schluß. Die Frage, die dieses Kapitel eröffnet, hat nun eine Antwort erhalten. Verwandtschaftsbezeichnungen bilden für den Ethnologen ein angemessenes Forschungsgebiet; denn erstens sind sie oft unmittelbar auf Kulturerscheinungen wie die sozialen Bräuche zur Regelung von Heirat bezogen; zweitens geben die Merkmale von Verwandtschaftsnomenklaturen einen Hinweis auf Stammesverwandtschaften. Jedes einzelne System ist nicht ein einheitliches, logisches Ganzes, sondern ein komplexes Resultat von innerer Entwicklung und Außenverbindungen. Dementsprechend können seine Merkmale genausowenig wie andere Kulturerscheinungen aus sich selbst verstanden werden, sondern nur in Verbindung mit anderen Zügen der Stammeskultur und nur im Licht einer vergleichenden Studie ähnlicher Merkmale bei benachbarten Stämmen und letztlich auf der ganzen Welt. (...)

Anmerkungen

[1] Morgan, Lewis H., *Systems of Consanguinity and Affinity*, Smithsonian Contributions to Knowledge, Bd. 17, 1871, S. 436ff., 508.
[2] Skinner, Alanson, »Social Life and Ceremonial Bundles of the Menomini Indians«, *Anthropological Papers*, American Museum of Natural History, Bd. 13, Teil 1, 1913, S. 40. – Morgan, *Systems* . . . (Winnibago und Dakota), S. 181.
[3] Merker, M., *Die Masai. Ethnographische Monographie eines ostafrikanischen Semitenvolkes,* Berlin 1904, S. 41–43.
[4] Rivers, W. H. R., *The History of Melanesian Society,* 2 Bde., Cambridge 1914, Bd. 1, S. 375ff.
[5] Cunow, H., *Zur Urgeschichte der Ehe und Familie*, Ergänzungshefte zur Neuen Zeit, Stuttgart 1912, S. 65.
[6] Kroeber, A. L., »Classificatory Systems of Relationship«, *Journal of the Royal Anthropological Institute of Great Britain and Ireland,* 1909, S. 77–84.
[7] Morgan, *Systems* . . ., S. 167–169, 205.
[8] Morgan, *Systems* . . ., S. 570–572.

[9] Rivers, W. H. R., *The History of Melanesian Society*, Bd. 1, S. 266–271.
[10] Rivers, ebd. Bd. 1, S. 244.
[11] Zahn, in: Neuhaus, R., *Deutsch-Neuguinea*, 3 Bde., Berlin 1911, Bd. 3, S. 304ff.
[12] Spencer, Baldwin und Gillen, F. J., *The Native Tribes of Central Australia*, London 1899, S. 66.
[13] Morgan, *Systems*..., S. 387, 508.
[14] Rivers, W. H. R., *The Todas*, London 1906, S. 483–494.
[15] Seligman, C. G. und B. Z., *The Veddas*, Cambridge 1911, S. 64.
[16] Morgan, Lewis H., *League of the Ho-dé-no-sau-nee or Iroquois*, New York 1904, Buch 1, Kap. 4.
[17] Swanton, John R., »Social Conditions, Beliefs and Linguistic Relationships of the Tlingit Indians«, *Twenty-sixth Annual Report*, Bureau of American Ethnology, Washington 1908, S. 424.
[18] Czaplicka, M. A., *Aboriginal Siberia*, S. 60.
[19] Swanton, John, R., »Significance of the Terms for Brother and Sister among Primitive Peoples«, *Journal of the Washington Academy of Sciences*, 1917, S. 31–35.
[20] Morgan, *Systems*..., S. 476.
[21] Tylor, E. B., *Journal of the Anthropological Institute*, Bd. 18, 1899, S. 262ff.
[22] Rivers, W. H. R., *Kinship and Social Organisation*, London 1914, S. 73.
[23] Lowie, Robert H., »Exogamy and the Classificatory Systems of Relationship«, *American Anthropologist*, N. S., Bd. 17, 1915, S. 223–234.
[24] Boas, Franz, »Tsimshian Mythology«, *Thirty-First Annual Report*, Bureau of American Ethnology, Washington 1916, S. 489–495.
[25] Cunow, H., *Die Verwandtschafts-Organisationen der Australneger*, Stuttgart 1894, S. 127ff.
[26] Rivers, W. H. R., »Kinship«, *Reports*, Cambridge Anthropological Expedition to Torres Straits, Bd. 2, S. 98.
[27] Sternberg, Leo, »The Turano-Ganowanian System and the Nations of Northeast Asia«, *Proceedings*, International Congress of Americanists, 18. Sitzung, 1912, S. 319–333.
[28] Junod, Henri A., *The Life of a South-African Tribe*, Bd. 1, S. 247–250.

Alfred R. Radcliffe-Brown
Der Mutterbruder in Südafrika

Bei vielen primitiven Völkern kommt der Beziehung zwischen Mutterbruder und Schwestersohn eine erhebliche Bedeutung zu. In einigen Fällen hat der Schwestersohn gewisse Sonderrechte auf das Eigentum seines Mutterbruders. Früher war es üblich, in diesem Brauch Zusammenhänge mit matriarchalischen Institutionen zu sehen, und man vertrat die Ansicht, daß ihre Existenz in einem patrilinear organisierten Volk als Beweis für dessen matrilineare Vergangenheit anzusehen sei. Diese Ansicht wird immer noch von einigen wenigen Ethnologen vertreten; und Junod hat sie sich in seinem Buch über die BaThonga in portugiesisch Ostafrika zu eigen gemacht. Über die Bräuche, die sich auf das Verhalten von Mutterbruder und Schwestersohn beziehen, sagt er: »Nach besonders sorgfältigen Nachforschungen über diesen seltsamsten Zug des Thonga-Systems bin ich zu dem Schluß gelangt, daß es nur eine mögliche Erklärung gibt, nämlich die, daß unser Stamm in weit zurückliegender, früherer Zeit die matriarchalische Stufe durchlaufen hat« (Junod, *The Life of a South-African Tribe*, 1913, Bd. I, S. 253).
Mit dieser Theorie möchte ich mich hier auseinandersetzen; ich habe jedoch nicht die Absicht, die Einwände zu wiederholen, die in den letzten Jahren von verschiedenen Kritikern geäußerst wurden. Rein negative Kritik bringt eine Wissenschaft nicht weiter. Der einzig befriedigende Weg, sich einer unbefriedigenden Hypothese zu entledigen, ist, eine bessere zu finden. Daher möchte ich Ihnen eine alternative Hypothese vorlegen, und wenn es mir gelingt, zwar nicht meine Hypothese zu beweisen, aber eine mögliche Erklärung der Tatsachen aufzuzeigen, dann habe ich immerhin die Ansicht Junods widerlegt, daß die von ihm akzeptierte Erklärung die einzig mögliche sei.
Für viele afrikanische Stämme haben wir fast keine Informationen über derartige Bräuche. Nicht, daß es sie nicht gibt oder daß sie für die Eingeborenen selbst nicht wichtig wären; aber bislang hat man mit der systematischen Erforschung der Eingeborenen dieses Landes kaum angefangen. Ich werde mich deshalb hauptsächlich auf die Bräuche der BaThonga beziehen, wie sie von Junod berichtet werden. Diese finden sich im ersten Band des oben zitierten Werkes (S. 225f. und S. 253f.). Einige der wichtigeren kann man wie folgt zusammenfassen:
1. Der Neffe (Schwestersohn) ist während seines ganzen Entwicklungsganges Gegenstand besonderer Sorge von seiten seines Onkels.

2. Wenn der Neffe krank ist, bringt der Mutterbruder um seinetwillen ein Opfer.
3. Der Neffe darf sich gegenüber seinem Mutterbruder viele Freiheiten herausnehmen; zum Beispiel darf er in das Haus seines Onkels gehen und das Essen, das für diesen vorbereitet wurde, aufessen.
4. Der Neffe erhebt Anspruch auf Sachen aus dem Eigentum seines Mutterbruders, wenn dieser stirbt, und darf zuweilen auf eine der Witwen Anspruch erheben.
5. Wenn der Mutterbruder seinen Ahnen ein Opfer bringt, stiehlt und verzehrt der Schwestersohn den Teil Fleisch oder Bier, der den Göttern dargebracht wurde.

Man darf nicht glauben, daß es diese Bräuche nur bei den BaThonga gibt. Es gibt Beweise dafür, daß ähnliche Bräuche bei anderen afrikanischen Stämmen gefunden werden können, und wir haben Kenntnis von der Existenz ähnlicher Bräuche bei anderen Völkern in verschiedenen Teilen der Welt. In Südafrika selbst hat Hoernle diese Art Bräuche bei den Nama Hottentotten gefunden. Der Schwestersohn benimmt sich gegenüber dem Bruder seiner Mutter in einer sehr freien Weise; er darf sich jedes beliebige besonders schöne Tier aus dessen Rinderherde nehmen oder jeden beliebigen besonders schönen Gegenstand aus dessen Besitz. Im Gegensatz dazu darf sich der Mutterbruder aus der Herde seines Neffen jedes verwachsene oder altersschwache Tier nehmen; ebenso darf er sich aus dessen Besitz jeden beliebigen alten oder abgenutzten Gegenstand nehmen.

Besonders interessant ist für mich, daß wir in dem mir am besten bekannten Teil Polynesiens, nämlich auf den Freundschaftsinseln (Tonga) und auf Fidji, Bräuche finden, die eine sehr starke Ähnlichkeit mit denen der BaThonga aufweisen. Auch dort darf sich der Schwestersohn gegenüber seinem Mutterbruder viele Freiheiten herausnehmen und aus dem Besitz seines Onkels fortnehmen, was immer er mag. Und auch dort finden wir den Brauch, daß der Schwestersohn, wenn der Onkel ein Opfer bringt, den Anteil, der den Göttern dargebracht wurde, fortnehmen und aufessen darf. Daher werde ich im Verlauf dieses Aufsatzes gelegentlich auf die Bräuche von Tonga verweisen.

Diese drei Völker, die BaThonga, die Nama und die Tonganer haben patrilineare oder patriarchalische Institutionen; das bedeutet, daß die Kinder zur sozialen Gruppe des Vaters, nicht zu der der Mutter gehören; Eigentum wird in der männlichen Linie vererbt, indem es gewöhnlich vom Vater an den Sohn weitergegeben wird. Die Ansicht, gegen die ich mich wende, ist die, daß die Bräuche, die den Mutterbruder betreffen, allein durch die Annahme erklärt werden können, diese Völker hätten in irgendeiner vergangenen Zeit matrilineare Institutionen gehabt derart, wie man sie heute bei anderen primitiven Völkern findet, wo die Kinder zu der sozialen Gruppe der Mutter gehören und Eigentum in der weiblichen Linie vererbt wird, indem es von einem Manne an seinen Bruder und seinen Schwestersohn weitergegeben wird.

Es ist ein Fehler anzunehmen, wir könnten die gesellschaftlichen Institutionen verstehen, wenn wir sie isoliert studieren, ohne andere Institutionen zu berücksichtigen, mit denen zusammen sie auftreten und mit denen sie möglicherweise verbunden sind. Ich möchte die Aufmerksamkeit auf eine Korrelation lenken, die zwischen den Bräuchen zu bestehen scheint, die sich auf den Mutterbruder, und denen, die sich auf die Vaterschwester beziehen. Soweit wir heute wissen, finden wir dort, wo der Mutterbruder bedeutsam ist, die Vaterschwester gleichermaßen bedeutsam, allerdings auf verschiedene Weise. Der Brauch, dem Schwestersohn Freiheiten gegenüber seinem Mutterbruder zuzugestehen, scheint allgemein mit einer Verpflichtung zu besonderer Achtung und besonderem Gehorsam gegenüber seiner Vaterschwester einherzugehen. Junod berichtet wenig über die Vaterschwester bei den BaThonga. In bezug auf das Verhalten eines Mannes zu dieser Verwandten (seiner *rarana*) sagt er lediglich: »Er begegnet ihr mit großer Ehrerbietung. Sie ist jedoch keineswegs eine Mutter (*manana*)« (a.a.O., S. 223). Über die Nama Hottentotten sind wir besser informiert. Dort ist die Vaterschwester Gegenstand der allergrößten Ehrerbietung seitens des Kindes ihres Bruders. Auf Tonga ist dieser Brauch sehr klar definiert. Die Vaterschwester eines Mannes ist vor allen anderen Verwandten die, der er Ehrerbietung und Gehorsam erweisen muß. Wenn sie eine Frau für ihn aussucht, muß er sie heiraten, ohne auch nur den leisesten Einwand zu wagen oder Widerspruch laut werden zu lassen; und so während seines ganzen Lebens. Seine Vaterschwester ist für ihn heilig, ihr Wort ist sein Gesetz, und eines der größten Vergehen, dessen er sich schuldig machen könnte, wäre, es ihr gegenüber an Ehrerbietung mangeln zu lassen.

Diese Korrelation (die sich natürlich nicht auf die drei erwähnten Beispiele beschränkt, sondern, wie gesagt, allgemein zu sein scheint) ist bei jeder Erklärung der Bräuche um den Mutterbruder in Betracht zu ziehen; denn die korrelierenden Bräuche sind, wenn ich recht habe, keine unabhängigen Institutionen, sondern Teil eines Systems; und keine Erklärung eines Teils des Systems ist zufriedenstellend, wenn sie sich nicht in eine Analyse des Systems im ganzen fügt.

In den meisten primitiven Gesellschaften werden die sozialen Beziehungen von Individuen in hohem Maße auf der Grundlage von Verwandtschaft geregelt. Dies kommt durch die Ausbildung von festen und mehr oder weniger endgültigen Verhaltensmustern für alle anerkannten Formen von Beziehungen zustande. Es gibt z. B. ein besonderes Verhaltensmuster für den Sohn gegenüber dem Vater, ein anderes für den jüngeren gegenüber dem älteren Bruder. Die einzelnen Muster variieren von einer Gesellschaft zur anderen, aber es gibt gewisse Grundprinzipien oder Tendenzen, die in allen Gesellschaften auftreten, oder zumindest in all denen eines besonderen Typus. Die *social anthropology* hat die besondere Aufgabe, genau diese Tendenzen herauszufinden und zu erklären.

Sobald wir beginnen, Verwandtschaftsgrade über eine gewisse Entfernung hinaus zu verfolgen, wird die Zahl der verschiedenen Arten von Verwandten, die logisch unterschieden werden können, sehr groß. Diese Schwierigkeit wird in der primitiven Gesellschaft durch ein Klassifikationssystem vermieden, durch das Verwandte, die logisch verschiedenen Arten zugeteilt werden könnten, einer begrenzten Zahl von Kategorien zugeordnet werden. Das Klassifikationsprinzip, das in der primitiven Gesellschaft am weitesten verbreitet ist, kann als das der Äquivalenz von Brüdern formuliert werden. Mit anderen Worten: wenn ich in einer bestimmten Beziehung zu einem Manne stehe, so ordne ich meine Beziehung zu seinem Bruder der gleichen allgemeinen Klasse von Beziehungen zu; und ebenso verhält es sich mit einer Frau und ihrer Schwester. Auf diese Weise wird der Vaterbruder als eine Art Vater betrachtet, und seine Söhne sind deshalb auf die gleiche Weise mit mir verwandt wie meine Brüder. Ähnlich wird die Schwester der Mutter als eine zweite Mutter betrachtet, und ihre Kinder sind daher meine Brüder und Schwestern. Genau dieses System findet man bei den Bantustämmen Südafrikas, bei den Nama Hottentotten und auf Tonga. Mittels dieses Prinzips sind primitive Gesellschaften in der Lage, bestimmte Verhaltensmuster gegenüber Onkeln und Tanten, Cousins und Cousinen bestimmter Art zu finden. Das Verhalten eines Mannes gegenüber seinem Vaterbruder muß von der gleichen allgemeinen Art sein wie sein Verhalten gegenüber seinem eigenen Vater, und gegenüber der Schwester seiner Mutter muß er sich nach dem Muster, das für die Mutter gilt, verhalten. Er muß die Kinder des Vaterbruders oder der Mutterschwester etwa so behandeln wie die eigenen Geschwister.

Aber dieses Prinzip versieht uns noch nicht unmittelbar mit einem Erklärungsmuster für Mutterbruder oder Vaterschwester. Es wäre natürlich möglich, jenen wie einen Vater zu behandeln und diese wie eine Mutter, und tatsächlich scheinen einige Gesellschaften diesen Weg gewählt zu haben. Tendenzen dieser Richtung finden sich in einigen Teilen Afrikas und Polynesiens; doch ist dies bezeichnend für Gesellschaften, in denen das klassifikatorische Verwandtschaftssystem entweder nicht voll entwickelt oder teilweise in den Hintergrund getreten ist.

Dort, wo das klassifikatorische Verwandtschaftssystem in hohem Maße entwickelt oder ausgearbeitet ist, tritt eine neue Tendenz in Erscheinung, nämlich die, für den Mutterbruder und die Vaterschwester ein Schema zu entwickeln, nach dem der Mutterbruder als eine Art männliche Mutter, die Vaterschwester als eine Art weiblicher Vater betrachtet wird. Diese Tendenz findet manchmal ihren Ausdruck in der Sprache. So ist in Südafrika die allgemeine Bezeichnung für den Mutterbruder *malume* oder *umalume*, wobei es sich um ein zusammengesetztes Wort aus der Wurzel für Mutter – *ma* – und einem Suffix, das »männlich« bedeutet, handelt. Bei den BaThonga heißt die Vaterschwester *rarana*; Junods Erklärung für diesen Begriff ist »weiblicher Vater«. In einigen südafrikanischen Sprachen gibt es kein besonderes Wort für die Vaterschwester; so wird ihr bei den Xosa die deskriptive Bezeichnung *udade bo bawo* zugeordnet, wörtlich »Vaters Schwester«. In Zulu kann man sich mit ähnlich deskriptiven Bezeichnungen auf sie beziehen, oder man kann von ihr einfach als von *ubaba*, »Vater«, sprechen, wie von den Brüdern des Vaters. Auf Tonga kann der Mutterbruder mit einem besonderen Wort, *tuasina*, bezeichnet werden, oder man kann ihn *fa'e tangata*, wörtlich »männliche Mutter«, nennen. Diese Ähnlichkeit zwischen Südafrika und Polynesien läßt sich nicht als Zufall werten; dennoch gibt es keine mögliche Verbindung zwischen den polynesischen und den Bantusprachen, und ich halte es für sehr schwierig, sich vorzustellen, daß die beiden Regionen den Brauch, den Mutterbruder mit einem Wort zu benennen, das »männliche Mutter« bedeutet, voneinander oder aus einer gemeinsamen Quelle übernommen hätten.

Versuchen wir nun, die Art der Verhaltensmuster für Mutterbruder und Vaterschwester in einer patrilinealen Gesellschaft auf der Grundlage des Prinzips oder der Tendenz zu entwickeln, deren Vorhandensein ich angenommen habe. Dazu müssen wir zuerst das Schema für den Vater bzw. die Mutter kennen, und ich glaube, es wird überzeugender sein, wenn ich mich, um es zu definieren, auf die Arbeit von Junod beziehe, da seine Beobachtungen sicher nicht durch die Hypothese, die ich zu beweisen versuche, beeinflußt worden sind.

Die Beziehung zum Vater, sagt er, »impliziert Ehrerbietung und sogar Furcht. Obwohl sich der Vater nicht viel um seine Kinder kümmert, ist er doch ihr Lehrer, derjenige, der tadelt und straft, ebenso die Brüder des Vaters« (a.a.O., S. 222). Von der leiblichen Mutter eines Mannes sagt er: »Sie ist seine wahre *mamana*, und diese Beziehung ist sehr tief und zärtlich und verbindet Ehrerbietung mit Liebe. Im allgemeinen aber überwiegt die Liebe die Ehrerbietigkeit« (a.a.O., S. 224). Über das Verhältnis der Mutter zu ihren Kindern lesen wir, daß »sie im allgemeinen ihnen gegenüber nachgiebig ist und ihr oft vom Vater vorgeworfen wird, sie verderbe die Kinder«.

Verdichtete Formeln sind nicht ganz ungefährlich, aber ich denke, daß wir nicht gänzlich im Unrecht sind, wenn wir behaupten, daß in einer stark patriarchalischen Gesellschaft, wie wir sie in Südafrika finden, gerade dem Vater Gehorsam und Ehrerbietung gebührt, von der Mutter aber Nachgiebigkeit und Zärtlichkeit zu erwarten ist. Wenn es notwendig wäre, könnte ich zeigen, daß dasselbe für das Familienleben der Tonganer zutrifft.

Wenn wir nun das Prinzip anwenden, welches nach meiner Vermutung bei diesen Völkern wirksam ist, so folgt, daß die Vaterschwester diejenige ist, der man Gehorsam und Ehrerbietung erweisen muß, während man vom Mutterbruder Nachgiebigkeit und Fürsorge erwarten kann. Durch einen anderen Faktor entsteht jedoch eine Komplikation. Bei der Betrachtung der Beziehung eines Neffen zu Onkel und Tante stellt sich die Frage nach dem Geschlecht. In primitiven Gesellschaften unterscheidet sich das Verhalten eines Mannes gegenüber anderen Männern deutlich von dem gegenüber Frauen. Wenn wir noch einmal eine Formel wagen, können wir sagen, daß gerade in einer Gesellschaft wie der der BaThonga ein größerer Grad an Vertraulichkeit im allgemeinen nur zwischen Personen des gleichen Geschlechts gestattet ist. Ein Mann muß seine weiblichen Verwandten mit größerer Ehrerbietung behandeln als seine männlichen. Folglich muß der Neffe seine Vaterschwester mit noch größerer Ehrerbietung behandeln als selbst seinen Vater. (Genauso muß man gemäß dem Prinzip der Ehrerbietung für Alter oder Seniorität dem älteren Bruder seines Vaters mit mehr Ehrerbietung begegnen als dem Vater selbst.) Umgekehrt darf ein Mann mit seinem Mutterbruder, der das gleiche Geschlecht hat, in einem Ausmaß an Vertraulichkeit verkehren, das gegenüber keiner Frau möglich wäre, nicht einmal gegenüber seiner eigenen Mutter. Den Einfluß des Geschlechts auf das Verhältnis zwischen Verwandten kann man am besten aus der Beziehung von Bruder und Schwester ersehen. Auf Tonga und bei den Nama schuldet ein Mann seiner Schwester Ehrerbietung, besonders seiner ältesten Schwester; niemals darf er sich ihr gegenüber Vertraulichkeiten erlauben. Dasselbe trifft, glaube ich, auf die südafrikanischen Bantu zu. In vielen primitiven Gesellschaften verhält man sich zu älteren Schwestern wie zu Vaterschwestern; in einigen von diesen Gesellschaften werden die zwei Arten von Verwandten einer Klasse zugeordnet und mit demselben Wort bezeichnet.

Aus dem von uns angenommenen Prinzip haben wir ein bestimmtes Verhaltensmuster für die Vaterschwester und den Mutterbruder abgeleitet. Nun finden wir genau dieses Muster bei den BaThonga, den Hottentotten und auf Tonga. Vor allen anderen Verwandten gebührt der Vaterschwester Ehrerbietung und Gehorsam. Vor allen anderen Ver-

wandten können wir vom Mutterbruder Nachgiebigkeit erwarten, mit ihm verkehren wir in vertraulicher Weise, ihm gegenüber erlauben wir uns Freiheiten. Dies ist also eine alternative »mögliche Erklärung« der Bräuche um den Mutterbruder, und gegenüber Junods Theorie hat sie den Vorteil, ebenfalls die entsprechenden Bräuche um die Vaterschwester zu erklären. Dadurch gelangen wir aber nicht zum Ende, sondern erst zum Anfang unserer Untersuchung. Es ist leicht genug, sich Hypothesen auszudenken. Der schwierige, wichtige Teil der Arbeit beginnt, wenn wir uns daran begeben, sie zu beweisen. In der kurzen Zeit, die ich zur Verfügung habe, kann ich allerdings lediglich versuchen, gewisse Richtungen der Forschung aufzuzeigen, die meiner Ansicht nach diesen Beweis liefern werden.
Das erste und offensichtlichste wäre, das wechselseitige Verhalten von Mutterbruder und Schwestersohn in matriarchalischen Gesellschaften genau zu studieren. Leider gibt es dazu für Afrika fast keine Informationen, und sehr wenige für irgendeinen anderen Teil der Welt. Zudem sind gewisse falsche Vorstellungen mit der Unterscheidung der Gesellschaften in patriarchalische und matriarchalische verbunden, die hier zunächst auszuräumen sind.
In allen Gesellschaften, in primitiven wie in fortgeschrittenen, ist Verwandtschaft notwendig bilateral. Das Individuum steht zu gewissen Personen durch seinen Vater und zu anderen durch seine Mutter in verwandtschaftlicher Beziehung, und das Verwandtschaftssystem der betreffenden Gesellschaft legt die Art und Weise des Umgangs mit seinen Verwandten väterlicherseits bzw. mütterlicherseits fest. Aber die Gesellschaft neigt dazu, sich in Segmente (Lokalgruppen, Lineages, Clans usw.) aufzuteilen, und wenn das Prinzip der Erbfolge, wie dies meistens der Fall ist, zur Bestimmung der Mitgliedschaft in einem Segment verwendet wird, dann ist es notwendig, zwischen väterlicher und mütterlicher Abstammung zu wählen. Wenn eine Gesellschaft in Gruppen geteilt ist und in der Regel die Kinder zur Gruppe des Vaters gehören, liegt patrilineare Abstammung vor; wenn die Kinder immer zur Gruppe der Mutter gehören, ist die Abstammung matrilinear.
Leider werden die Begriffe Patriarchat und Matriarchat recht nachlässig verwendet; daher sträuben sich manche Anthropologen, sie zu gebrauchen. Wenn wir sie überhaupt verwenden wollen, müssen wir sie zuerst genau bestimmen. Eine Gesellschaft kann patriarchalisch genannt werden, wenn die Abstammung patrilinear ist (d. h. die Kinder gehören in die Gruppe des Vaters), die Ehe patrilokal ist (d. h. die Frau zieht in die Lokalgruppe des Ehemannes), Vererbung (von Eigentum) und Nachfolge (im Rang) in der männlichen Linie erfolgen und die Familie patripotestal ist (d. h. die Autorität über die Familienmitglieder wird vom

Vater oder seinen Verwandten ausgeübt). Andererseits kann eine Gesellschaft matriarchalisch genannt werden, wenn Abstammung, Vererbung und Nachfolge in der weiblichen Linie erfolgen, die Ehe matrilokal ist (der Ehemann zieht in den Haushalt seiner Frau) und die Autorität über die Kinder von den Verwandten der Mutter ausgeübt wird.

Wenn man diese Definition der beiden einander entgegengesetzten Begriffe akzeptiert, wird sofort offenkundig, daß eine große Anzahl primitiver Gesellschaften weder matriarchalisch noch patriarchalisch ist, auch wenn einige mehr zur einen und andere mehr zur anderen Seite neigen mögen. Wenn wir nämlich die Stämme Ostaustraliens überprüfen, die manchmal als matriarchalisch dargestellt werden, so finden wir, daß die Ehe patrilokal ist, daß die Mitgliedschaft in der Lokalgruppe in der männlichen Linie vererbt wird und daß die Autorität über die Kinder hauptsächlich in der Hand des Vaters und seiner Brüder liegt. Eigentum (soweit man davon sprechen kann) wird meist in der männlichen Linie vererbt, während die Frage der Nachfolge nicht besteht, da es keine Rangordnung gibt. Die einzige matrilineare Institution ist die Abstammung in der Totemgruppe, die über die Mutter gerechnet wird, so daß diese Stämme, weit entfernt davon, matriarchalisch zu sein, eher zur patriarchalischen Seite tendieren. Bei ihnen ist Verwandtschaft durchweg bilateral, aber in den meisten Fällen hat die Verwandtschaft über den Vater eine größere Bedeutung als die über die Mutter. Es gibt z. B. Beweise dafür, daß die Verpflichtung, einen Mord zu rächen, eher auf die Verwandten in der männlichen als in der weiblichen Linie fällt.

Ein interessantes Beispiel für diesen Bilateralismus, wenn man es so nennen darf, finden wir in Südafrika bei den Ova-Herero. Die Tatsachen sind nicht gänzlich geklärt, aber es scheint, daß sich dieser Stamm in zwei sich überkreuzende Gruppen von Segmenten teilt. Für die eine Gruppe (die *omaanda*) ist die Abstammung matrilinear, während sie für die andere *(otuzo)* patrilinear ist. Ein Kind gehört zu der *eanda* seiner Mutter und erbt Rinder von seinem Mutterbruder, aber es gehört zu der *oruzo* seines Vaters und erbt dessen Ahnengeister. Die Autorität über die Kinder scheint in der Hand des Vaters und seiner Brüder und Schwestern zu liegen.

Ich hoffe, es ist jetzt deutlich geworden, daß die Unterscheidung zwischen matriarchalischen und patriarchalischen Gesellschaften keine absolute, sondern eine relative ist. Selbst in der am stärksten patriarchalisch organisierten Gesellschaft wird der Verwandtschaft durch die Mutter eine gewisse soziale Bedeutung beigemessen; und in gleicher Weise sind selbst in der am stärksten matriarchalisch organisierten Gesellschaft der Vater und seine Verwandten im Leben jedes Einzelnen immer von gewisser Bedeutung.

Im Südosten Afrikas gibt es eine Gruppe von Stämmen, die tatsächlich so stark zum Patriarchat neigen, daß wir vielleicht berechtigt sind, sie als patriarchalisch zu bezeichnen. Abstammung der sozialen Gruppe, Vererbung des Eigentums, Nachfolge im Amt des Häuptlings, all das erfolgt in der männlichen Linie; die Ehe ist patrilokal, und die Autorität in der Familie ist ausgeprägt patripotestal. Im Norden Afrikas, in Kenia und den angrenzenden Ländern gibt es eine andere Gruppe stark patriarchalischer Völker. Einige von ihnen gehören zur Bantugruppe, während andere nilotische oder hamitische Sprachen sprechen. Zwischen diesen beiden patriarchalischen Regionen gibt es einen Gürtel von Völkern, der sich anscheinend von Osten nach Westen durch Afrika erstreckt, etwa auf der Höhe von Nyassaland und Nordrhodesien, bei denen eine Tendenz zu matriarchalischen Institutionen besteht. Abstammung der sozialen Gruppe, Vererbung von Eigentum und Nachfolge des Königs oder Häuptlings erfolgen in der weiblichen Linie. In einigen dieser Stämme scheint die Ehe zeitweise, wenn nicht sogar permanent, matrilokal zu sein: ein Mann muß bei seiner Heirat zur Gruppe seiner Frau ziehen und dort leben.

Gerade über diese Völker und ihre Bräuche benötigen wir dringend Informationen, um die hier behandelte Problematik untersuchen zu können. Eine ziemlich vollständige Beschreibung eines Stammes dieser Region finden wir in der Arbeit von Smith und Dale (*The Ila-speaking People of Northern Rhodesia*, 1920). Leider liegen jedoch gerade zu den hier behandelten Problemen nur karge und sicher sehr unvollständige Informationen vor. Ich möchte zwei Momente hervorheben. Das erste betrifft das Verhalten des Mutterbruders zum Sohn seiner Schwester. Wir hören: »Der Mutterbruder ist eine Persönlichkeit von weitreichender Bedeutung; er hat sogar die Macht über Leben und Tod seiner Neffen und Nichten, eine Macht, die keine anderen Verwandten sonst haben, nicht einmal die Eltern; er muß mehr als selbst der Vater geehrt werden. Dies ist die *avunculi potestas*, die bei den BaIla größer ist als die *patria potestas*. Wird über den Mutterbruder gesprochen, so ist es üblich, einen Ehrentitel zu gebrauchen, der von Leuten geführt wird, die in sehr hohem Ansehen stehen« (a.a.O., Bd. I, S. 230). Diese Beziehung zwischen Mutterbruder und Schwestersohn entspricht offensichtlich dem, was wir in einer stark matriarchalischen Gesellschaft erwarten dürfen. Wie aber können wir dann mit Junods Theorie den Wandel erklären, der von dieser Art Beziehung zu jener, die jetzt bei den BaThonga besteht, stattgefunden haben muß?

Das führt auf ein weiteres Moment, das hier zwar nicht im einzelnen erörtert werden kann, das aber für unseren Gedankengang sehr wichtig ist. Bisher haben wir die Beziehungen des Schwestersohns zum Mutterbruder betrachtet; wenn wir aber eine wirklich endgültige Erklärung finden sollen, müssen wir auch das Verhältnis eines Mannes zu anderen Verwandten mütterlicherseits und zur Gruppe seiner Mutter im ganzen untersuchen.

Nun gibt es auf Tonga die eigentümliche Beziehung zwischen Schwestersohn und Mutterbruder in der gleichen Weise auch zwischen Tochtersohn und Muttervater. Der Großvater muß den Sohn seiner Tochter ehren. Er ist für ihn ein »Häuptling«. Dieser darf seines Großvaters Eigentum wegnehmen und ebenso die Opfergaben, die sein Großvater den Göttern bei der Kava-Zeremonie darbringt. Muttervater und Mutterbruder sind Gegenstand sehr ähnlicher Verhaltensmuster, als deren Merkmale die Nachgiebigkeit auf der einen und das Zugeständnis von Freiheiten auf der anderen Seite auffallen. Nun gibt es Hinweise auf eben denselben Sachverhalt bei den BaThonga, aber wiederum fehlen uns die vollständigen Informationen. Junod schreibt, daß ein Großvater »sich gegen den Sohn seiner Tochter weniger streng verhält als gegen den Sohn seines Sohnes« (a.a.O., S. 227). In diesem Zusammenhang ist der Brauch bezeichnend, den Mutterbruder *kokwana* (Großvater) zu nennen.

Dies läßt sich nun offenbar mit Junods Theorie nicht erklären. In einer streng matriarchalischen Gesellschaft gehört der Vater der Mutter nicht zu derselben Gruppe wie sein Enkel und ist weder jemand, dessen Eigentum man erben kann, noch jemand, der Autorität ausübt. Keine Erklärung für die Freiheiten, die gegenüber dem Mutterbruder gestattet sind, ist zufriedenstellend, wenn sie nicht auch die gleichartigen Freiheiten gegenüber dem Muttervater erfaßt, wie sie sich in Polynesien finden und offensichtlich in gewissem Maße auch in Südafrika. Das leistet Junods Theorie sicher nicht und kann es auch nicht leisten.

Geht man aber von meiner Hypothese aus, stellt sich der Sachverhalt ziemlich einfach dar. In der primitiven Gesellschaft gibt es eine stark ausgeprägte Tendenz, das Individuum mit der Gruppe, zu der es gehört, zu identifizieren. Hinsichtlich der Verwandtschaft ergibt sich daraus eine Tendenz, auf alle Mitglieder einer Gruppe einen bestimmten Verhaltenstypus auszudehnen, der seinen Ursprung in der Beziehung zu einem bestimmten Mitglied der Gruppe hat. So scheint es beim Stamm der BaThonga eine Tendenz zu geben, auf alle Mitglieder der Gruppe der Mutter (ihre Familie oder Lineage) ein bestimmtes Verhaltensmuster auszudehnen, das von dem besonderen Muster für das Verhältnis eines Sohnes zu seiner Mutter abgeleitet ist. Da er von seiner Mutter Nachgiebigkeit und Fürsorge erwartet, sucht er die gleiche Art Behandlung bei den Angehörigen der Gruppe seiner Mutter, d. h. bei allen seinen Verwandten mütterlicherseits. Dagegen sind es die Verwandten väterlicherseits, denen er Gehorsam und Ehrerbietung schuldet. Die Verhaltensmuster, die so in der Beziehung zu Vater und Mutter erscheinen, werden verallgemeinert und auf die Verwandtschaft der einen und der anderen Seite ausgeweitet. Wenn ich die Zeit hätte, könnte ich wohl ziemlich schlüssig zeigen, daß dies wirklich das Prinzip ist, das in den patriarchalischen Stämmen Südafrikas die Beziehungen zwischen einem Individuum und den Verwandten seiner Mutter leitet.

Der Brauch, der oft unrichtig als Brautkauf bezeichnet wird und in Südafrika allgemein als *lobola* bekannt ist, stellt, wie Junod gut gezeigt hat, eine Entschädigung für die Familie dar, der das Mädchen durch die Heirat verlorengeht. Da nun in den patriarchalischen Stämmen Südafrikas eine Frau zur Gruppe ihres Vaters gehört, muß die Entschädigung an diese gezahlt werden. Dennoch entdecken wir, daß in vielen Stämmen ein bestimmter Teil des »Brautpreises« dem Mutterbruder des Mädchens übergeben wird. So ist es bei den BaPedi, bei denen eines der *lenyalo*-Rinder (genannt *hloho*) dem Mutterbruder des Mädchens übergeben wird. Bei den BaSotho darf der Mutterbruder sich manchmal einen Teil der Rinder, die für die Heirat eines Mädchens gezahlt wurden, aneignen; dies ist als *ditsoa* bekannt. Nun behaupten die Eingeborenen, daß der Mutterbruder die *ditsoa*-Rinder in Wirklichkeit für die Kinder seiner Schwester behält. Wenn einer der Söhne oder Töchter seiner Schwester krank ist, kann er aufgefordert werden, seinen Ahnengeistern ein Opfer zu bringen, und dazu nimmt er ein Tier aus der *ditsoa*-Herde. Wenn der Schwestersohn eine Frau haben will, kann er zu seinem Mutterbruder gehen, damit dieser ihm hilft, die dazu notwendigen Rinder aufzutreiben; der Onkel kann ihm die *ditsoa*-Rinder geben, die er bei der Heirat seiner Schwester erhalten hat, oder sogar Rinder aus seiner eigenen Herde, im Vertrauen auf eine Entschädigung durch *ditsoa*-Rinder, die er bei der zukünftigen Heirat einer Nichte erhalten wird. Ich glaube, daß der Native Appeal Court entschieden hat, daß die Zahlung von *ditsoa* an den Mutterbruder eine freiwillige Angelegenheit ist und nicht als rechtsgültige Verpflichtung angesehen werden kann, und mit dieser Entscheidung stimme ich überein. Ich führe diesen Brauch an, da er die Erwartung illustriert, daß der Mutterbruder sich für seinen Schwestersohn interessiert, ihm hilft und für sein Wohlergehen sorgt. Dies führt uns zurück zu der Frage, warum der Mutterbruder um Opfer gebeten werden kann, wenn sein Neffe krank ist.

In Südostafrika ist der Ahnenkult patrilinear, d. h. ein Mann beteiligt sich an Opfern für die Geister seiner verstorbenen Ahnen in der männlichen Linie und verehrt sie. Junods Mitteilungen über die BaThonga sind nicht ganz klar. An einigen Stellen sagt er, daß jede Familie zwei Gruppen von Göttern habe, diejenigen auf der Seite des Vaters und diejenigen auf der Seite der Mutter; sie seien von gleicher Würde und könnten beide angerufen werden (a.a.O., II, S. 349 und I, S. 256, Anmerkung). Aber an anderer Stelle wird behauptet, daß, wenn den Göttern der Familie der Mutter ein Opfer gebracht werden soll, dies durch die Verwandten mütterlicherseits, die *malume*, geschehen muß (a.a.O., II, S. 367). Andere Passagen bestätigen dies und zeigen uns, daß Ahnengeister in allen Ritualen unmittelbar nur ihren Nachkommen in der männlichen Linie zugänglich sind.

Die Eingeborenen der Transkei haben mir ausdrücklich erklärt, daß die Götter der Mutterseite, die patrilinearen Ahnen der Mutter, über den Sohn niemals übernatürliche Strafen – also Krankheiten – verhängen. (Hinsichtlich der Sotho-Stämme bin ich nicht so ganz sicher, aber wahrscheinlich haben sie ähnliche Auffassungen.) Andererseits kann eine Frau von den Ahnengeistern ihrer Patrilineage Schutz erhalten, ebenso ihre Kinder, solange sie noch klein sind und bei ihr leben. So soll die Frau in der Transkei bei ihrer Heirat vom Vater eine Kuh, die *ubulunga*-Kuh, aus der Herde ihrer Lineage bekommen, die sie in ihr neues Heim mitnehmen kann. Da sie in der ersten Zeit ihrer Ehe die Milch aus der Herde ihres Gatten nicht trinken darf, kann sie sich mit Milch von dem Tier aus ihrer Lineage versorgen. Dieses Tier stellt eine Verbindung zwischen ihr und ihrer Lineage, deren Rindern und deren Göttern dar, denn Rinder sind die materielle Verbindung zwischen den lebenden Mitgliedern der Lineage und den Ahnengeistern. So kann sie sich bei Krankheiten ein Halsband aus den Schwanzhaaren dieser Kuh machen und sich damit unter den Schutz der Götter ihrer Lineage stellen. Mehr noch, wenn eins ihrer kleinen Kinder krank ist, kann sie ein ähnliches Halsband machen, von dem angenommen wird, daß es das Kind beschützt. Wenn ihr Sohn erwachsen ist, soll er aus der Herde seines Vaters einen *ubulunga*-Bullen erhalten, aus dessen Schwanz er dann ein schützendes Amulett anfertigt. In ähnlicher Weise erhält die Tochter, die durch die Heirat von ihrer Mutter getrennt wird, vom Vater eine *ubulunga*-Kuh.

Obwohl die Ahnen mütterlicherseits, wie mir berichtet wurde, ihre Nachkommen nicht mit Krankheit strafen, kann man sie doch um Hilfe anrufen. Wenn ein Kind krank ist, können daher die Eltern zum Mutterbruder des Kindes oder zum Vater der Mutter gehen und bitten, daß er ein Opfer darbringen und die Ahnen mütterlicherseits um Hilfe für das Kind anrufen solle. Diese Praktik wurde jedenfalls bei den Sotho-Stämmen festgestellt; die *ditsoa*-Rinder, die der Mutterbruder der Braut aus dem Brautpreis erhält, sollen dort auch, wie man sagt, für solche Opfer bereitstehen.

Dies führt uns zur letzten Extension des Prinzips, das ich als Grundlage der Bräuche um den Mutterbruder angenommen habe. Das Verhältnis zur Mutter, das sich in der Familie aufgrund der Natur der Familiengruppe und ihres sozialen Lebens entwickelt hat, wird mit angemessenen Modifizierungen zunächst auf die Mutterschwester und den Mutterbruder ausgeweitet, dann auf alle Verwandten mütterlicherseits und schließlich auf die Götter der Mutterseite, die Ahnen ihrer Gruppe. Ebenso wird das Verhaltensmuster, das gegenüber dem Vater gilt, auf dessen Brüder und Schwestern ausgeweitet und auf die gesamte Gruppe des Vaters (oder besser auf alle ihre älteren Mitglieder, denn das Altersprinzip erfordert wichtige Modifizierungen) und schließlich auf die Götter väterlicherseits.

Der Vater und seine Verwandten verlangen Gehorsam und Ehrerbietung (sogar religiöse Verehrung im ursprünglichen Sinn des Wortes) und deshalb ebenso die Ahnen väterlicherseits. Der Vater bestraft die Kinder, und das können auch die Ahnen väterlicherseits. Die Mutter andererseits ist zärtlich und nachgiebig zu dem Kind, und von ihren Verwandten erwartet man dasselbe, ebenso von den Göttern mütterlicherseits.

Ein sehr wichtiger Grundzug, den ich andernorts zu demonstrieren versucht habe (*The Andaman Islanders*, Kap. V), liegt darin, daß die sozialen Werte einer primitiven Gesellschaft durch ihre Vergegenwärtigung in zeremoniellen oder rituellen Bräuchen überdauern. Die Werte, um die es bei den Beziehungen eines Individuums zu seinen Verwandten auf beiden Seiten geht, müssen daher auch ihren eigenen rituellen Ausdruck finden. Das Thema ist zu weitläufig, um hier angemessen behandelt zu werden, aber ein Moment möchte ich hervorheben. Bei den BaThonga und ebenso in Westpolynesien (Fiji und Tonga) greift der Schwestersohn (in Tonga auch der Tochtersohn) in das Opferritual ein. Junod beschreibt eine Zeremonie, bei der die Hütte eines Verstorbenen niedergerissen wird; dabei spielen die *batukulu* (die Schwesterkinder) eine wichtige Rolle: Sie töten die Opfertiere und verteilen sie, und wenn der mit der Zeremonie betraute Priester sein Gebet an den Geist des Toten richtet, sind es die Schwestersöhne, die nach einer Weile das Gebet unterbrechen oder »abschneiden« und zu Ende bringen. Bei den BaThonga-Clans ergreifen sie dann die Teile des Opfers, die dem Geist des Toten zugedacht waren, und laufen damit davon, sie »stehlen« sie (a.a.O., I, S. 162).

Ich möchte annehmen, daß dies dazu dient, der besonderen Beziehung zwischen Schwestersohn und Mutterbruder einen rituellen Ausdruck zu verleihen. Zu Lebzeiten des Onkels hatten die Neffen das Recht, in sein Dorf zu gehen und von seinen Lebensmitteln zu essen. Jetzt, da er gestorben ist, wiederholen sie dies als Bestandteil des Begräbnisrituals –

und zwar so, als sei es zum letzten Mal, d. h. sie kommen und stehlen den Anteil des Verstorbenen an Fleisch und Bier.

Dieselbe Erklärungsweise ist vermutlich auf die Rolle anzuwenden, die die Schwestersöhne bei den Bantu in Südafrika, auf Tonga und Fiji beim Opfer und in anderen Ritualen spielen. Wie ein Mann seinen Vater fürchtet, so fürchtet und verehrt er auch seine Ahnen väterlicherseits, aber er hat keine Angst vor seinem Mutterbruder und darf seinen Ahnen mütterlicherseits unehrerbietig gegenübertreten; tatsächlich wird diese Verhaltensweise bei bestimmten Gelegenheiten von der Sitte verlangt, um – in Übereinstimmung mit der allgemeinen Funktion von Ritualen, wie ich sie verstehe – den besonderen sozialen Beziehungen zwischen einem Mann und seinen Verwandten mütterlicherseits Ausdruck zu verleihen.

Vielleicht wird abschließend eine kurze Zusammenfassung meiner Hypothese, ihrer Voraussetzungen und Implikationen von Nutzen sein:

1. Für die meisten jener Gesellschaften, die wir primitiv nennen, ist charakteristisch, daß das Verhalten von Individuen zueinander weitgehend aufgrund von Verwandtschaft geregelt wird; dies geschieht durch die Ausbildung von feststehenden Verhaltensmustern für alle anerkannten Arten verwandtschaftlicher Beziehung.

2. Dies tritt zuweilen zusammen mit einer segmentären Organisation der Gesellschaft auf, d. h. einem Zustand, in dem sich die ganze Gesellschaft in eine Anzahl von Segmenten aufteilt (Lineages, Clans).

3. Während Verwandtschaft immer notwendig bilateral oder kognatisch ist, erfordert die segmentäre Organisation die Verwendung des unilinearen Prinzips. Zwischen patrilinearen und matrilinearen Institutionen muß eine Wahl getroffen werden.

4. In patrilinearen Gesellschaften eines bestimmten Typus ist das besondere Verhaltensmuster für Schwestersohn und Mutterbruder aus dem Muster für Mutter und Kind abgeleitet, welches seinerseits ein Produkt des sozialen Lebens der Familie im engeren Sinn ist.

5. Dieselbe Art von Verhalten wird tendenziell auf alle Verwandten mütterlicherseits ausgedehnt, d. h. auf die ganze Familie oder Gruppe, zu der der Mutterbruder gehört.[1]

6. In Gesellschaften mit patrilinearem Ahnenkult (wie bei den Ba-Thonga und den Tonganern) kann derselbe Verhaltenstypus auch auf die Götter der Familie der Mutter ausgedehnt werden.

7. Die spezielle Verhaltensweise für die Verwandten mütterlicherseits (lebende und tote) oder für die mütterliche Gruppe und deren Götter und Heiligtümer findet ihren Ausdruck in bestimmten rituellen Bräuchen, wobei die Funktion des Rituals hier wie anderswo darin besteht,

gewisse Verhaltenstypen und die mit ihnen verknüpften Verpflichtungen und Gefühlsmomente fest und dauerhaft zu machen.

Abschließend darf ich betonen, daß ich das Thema meines Beitrags ausgewählt habe, weil es nicht nur theoretisches, sondern auch praktisches Interesse verdient. Zum Beispiel erhebt sich die Frage, ob der Native Appeal Court wirklich recht hatte mit seiner Entscheidung, die Zahlung der *ditsoa*-Rinder an den Mutterbruder der Braut sei keine rechtsgültige, sondern nur eine moralische Verpflichtung. Soweit ich mir eine Meinung dazu bilden konnte, würde ich sagen, daß die Entscheidung richtig war.

Das Thema des Brautpreises *(lobola)* ist gegenwärtig überhaupt von beachtlicher praktischer Bedeutung für Missionare und Verwaltungsbeamte, wie für die Eingeborenen selbst. Nun ist ein gründliches und genaues Verständnis der *lobola*-Bräuche ohne Untersuchung der Stellung zu den Verwandten mütterlicherseits nicht möglich. Es gehört zu den Hauptfunktionen von *lobola*, die soziale Stellung der Kinder aus einer Ehe festzulegen. Wenn eine Familie die entsprechende Zahlung geleistet hat, dann gehören die Kinder der Frau, die im Austausch für die Rinder zu ihr kommt, zu dieser Familie, und deren Götter werden die der Kinder. Die Eingeborenen halten die Bindung zwischen Mutter und Kind für die stärkste aller sozialen Bindungen, und deren unausweichliche Extension führt zu einer sehr starken Bindung zwischen dem Kind und der Familie seiner Mutter. Die Funktion der *lobola*-Zahlung ist es nicht, diese Bindung zu zerstören, sondern sie zu modifizieren und das Kind damit endgültig für alle Angelegenheiten des sozialen wie religiösen Lebens des Stammes einzugliedern. Wenn kein *lobola* gezahlt wurde, gehört das Kind unvermeidlich zur Familie der Mutter, auch wenn seine Position dann der Regel nicht entspricht. Die Frau jedoch, für die *lobola* gezahlt wurde, wird kein Mitglied der Familie des Ehemannes; deren Götter sind nicht ihre Götter; und das ist die letztgültige Überprüfung. Ich hoffe, hinreichend gezeigt zu haben, daß das richtige Verständnis der Bräuche um den Mutterbruder notwendig jeder endgültigen Theorie des *lobola* vorausgehen muß.

Anmerkung

[1] Diese Extension vom Mutterbruder auf andere Verwandte mütterlicherseits zeigt sich beim Stamme der BaThonga in der Verwandtschaftsterminologie. Der Begriff *malume*, ursprünglich für den Mutterbruder verwendet, wird auf die Söhne jener Männer, die ebenfalls *malume* sind, ausgedehnt. Sind die Brüder meiner Mutter tot, so werden deren Söhne in meinem Interesse den Ahnen mütterlicherseits opfern müssen. Im nördlichen Teil des

Stammes ist das Wort *malume* ungebräuchlich geworden; der Vater der Mutter, der Mutterbruder und dessen Söhne heißen alle *kokwana* (Großvater). So absurd es uns auch scheinen mag, den Sohn eines Mutterbruders, der tatsächlich jünger sein kann als der Sprecher, mit einem Wort, das »Großvater« bedeutet, zu benennen, so gibt uns doch der hier vorgetragene Gedankengang die Möglichkeit, darin einen Sinn zu finden. Unter denjenigen, die um meinetwillen meinen Ahnen mütterlicherseits opfern müssen, steht der Vater meiner Mutter an erster Stelle; wenn er tot ist, folgt mein Mutterbruder und nach dessen Tod sein Sohn, der jünger sein kann als ich. Für diese drei Beziehungen besteht eine Ähnlichkeit der Funktion, ein einziges allgemeines Verhaltensmuster, und dieses ähnelt im allgemeinen dem Verhaltensmuster gegenüber Großvätern. Daher ist die Nomenklatur angemessen.

II. Solidarität und Affekt

Texte zur Hexerei und Zauberei

Schwarze Magie und Heilung (Hei-xom Buschleute)[1]

Die Frauen blickten während des Tanzes unverwandt auf den Zauberer. Auf einmal springen auch sie auf und tanzen mit; sie wiederholen im Chor, was er vorsingt. Nachdem der Zauberer zwei bis drei Stunden getanzt und gesungen hat, fällt er bewußtlos zu Boden. Die Hände der Männer fangen ihn auf, damit er nicht ins Feuer falle. Beim Erwachen sagt er: »Xgamab hat uns erhört, er weiß, daß wir hier versammelt sind, er ist nicht fern von uns.« Der Zauberer geht abseits, schmückt und pudert sich. Das Haupt bestreut er mit rotem duftenden Holzmehl. An beiden Hüften befestigt er einen Fellbeutel, der eine gefüllt mit duftigem Holzmehl, der andere mit zerstampften Blättern. Er greift in den rechten und linken Beutel und streut den Inhalt in das Feuer, so daß ein wohlriechender Rauch entsteht und die Anwesenden in eine Wolke gehüllt sind. Etwas von dem Holz- und Blättermehl streut der Zauberer auf sein Haupt. Niemals darf er das abwaschen, ist sein Kopf schmutzig geworden, so wird er mit Fett eingerieben.
Nachdem Tunugub das Rauchopfer vollzogen hat, sieht er durch den Rauch nach oben und betet noch einmal. Nach Beendigung des Gebets springt er drei- oder viermal durch das Feuer. Alle achten darauf, daß er nicht ins Feuer fällt. Still tritt er darauf ein wenig von den Leuten weg und bleibt nahe einem Baum stehen. Die Hände lose auf den Rücken legend, den Blick nach oben gewendet, spricht er mit Xgamab. Seine Worte hört niemand, nur die Lippen bewegen sich. Xgamab redet in einer fremden Zunge mit seinem Knecht und offenbart ihm die Krankheit und deren Ursache. Tunugub legt nun seinen Mund auf die Stelle, wo meine Mutter Schmerzen hat und saugt die Krankheit aus dem Körper heraus. Wir alle staunten, was da herauskam: eine Schlange, ein Chamäleon, eine Schildkröte, ein Frosch und Käfer verschiedener Art. Sie alle gingen heraus und blieben am Feuer stehen. Aber auch Giftpflanzen, Stöcke und Steinstücke wurden herausgezogen. Bei jedem Gegenstand gab Tunugub Erklärungen. Als der Frosch kam, sagte er: »Die Kranke hat einen Feind, der ihr nach dem Leben trachtet. Er hat Erde von ihrer Fußspur genommen und zu einem Grab getragen, damit die Frau sterbe«. Und bei der Schlange: »Der Feind hat das Fell der Schlange genommen, es mit den Haaren des Leoparden vermengt und ins Essen getan.« Als das Chamäleon sichtbar wurde, rief er: »Der Feind hat ein

Chamäleon geschlachtet und das zerriebene Fleisch ins Essen getan. So wird die Frau immer magerer und muß sterben.«
Als alle Krankheiten aus dem Leib meiner Mutter fort waren, mußte Tunugub den Mann ausfindig machen, der sie vergiftet oder verflucht hatte. Wieder sammelten wir uns um das Feuer, er streute Pulver hinein, und schon erschien in dem Rauch eine Gestalt, die wir alle kannten. Tunugub fragte: »Kennt ihr den Mann?« Die Antwort lautete: »Wir kennen ihn genau, es ist der und der.« Nun wußte jeder, wer der Schuldige war.
Am nächsten Morgen sandte Tunugub zwei Männer aus, um den Bösewicht zu rufen. Dieser setzte sich abends mit all den anderen Leuten ans Feuer. Tunugub sagte ihm, was er der Frau angetan hätte. Er zeigte ihm alle Dinge, die er aus dem Leib meiner Mutter entfernt hatte, und fragte ihn, ob sie ihm gehörten. Als er das bejahte, forderte Tunugub ihn auf: »Erhebe dich, schließe Frieden mit der Kranken und mache sie wieder gesund. Du hast sie bezaubert, und du mußt sie heilen.« Der Mann ging zu meiner Mutter, rieb die Stelle mit der Medizin ein und sagte: »Verzeih, daß ich dich an dem und dem Tage vergiftet habe. Du hattest jene Worte zu mir gesagt, die mich erzürnten, so daß ich mich rächen wollte. Aber nun soll alles vergessen sein, werde gesund und lebe!« Tunugub setzte die Strafe für den Missetäter fest: ihm selber mußte er einen Gemsbock und meinen Eltern einen Springbock geben. Meine Mutter wurde wieder gesund.

Habe keine Eßgemeinschaft mit der Schwester der Vernichtung (Chaga)[2]

»Höret wohl zu, die ihr von seiner Sippe seid. Wir sagen: keine Eßgemeinschaft möge er haben mit der Schwester der Vernichtung, sie würde ihn vernichten.
Darum sagen wir: Das Böcklein mit dem Schilde höre wohl zu.
Zuhören soll auch das rotpflaumige Jungfräulein.
Höre wohl zu, du Hörer fürs Kind, sage deinem Böcklein, damit es Bescheid wisse um die Sippenschwester der Vernichtung.«

Der Lehrbeistand erklärt:

»Merke auf, mein Jungbruder! Der Altherr sagt dir: du hast deine Gesippen, erwächst und verläßt die (jugendliche) Altersklasse, worauf du aus bist, ist auf ein Kind, gleich dir.
Der Himmelsmensch hält zu uns und hat uns groß gemacht. Er wünscht, daß du ein Kind bekommst, das dir gleich ist und auf dem Hofe zu Ehren

komme und darauf walte, wie dein Großvater hier auf der Hofstatt waltete.
Dein Großvater ersah deinen Vater und dein Vater ersah dich. Nun ermahnt dich der Altherr: stich deine Ohren ordentlich auf und nicke nicht ein. Er sagt dir nämlich: habe keine Eßgemeinschaft mit der Sippenschwester der Vernichtung.
Die Sippenschwester der Vernichtung, das ist der Hexer. Er (der Altherr) sagt dir: er wird dich ausrotten. Und ausrotten wird er dich in deinen Kindern.
Du zeugst den Erstling an der Mutterbrust und er merkt, daß er von der Gewandung des Vaters ist. Da trennt er es von der Lebensgrundlage, verzaubert es, und davon stirbt es. Damit bringt er dich zu Fall. Und du machst einen neuen Anfang und zeugst ein anderes. Auch das belistet und verzaubert er.
Darnach gehst du zu einem Wahrsager und sprichst zu ihm: was ist es doch, das mich um meine Kinder bringt? Da beschwindelt er das Bündel von Lebensmitteln, das du ihm zutrugst, und spricht zu dir (aufs Geratewohl): es ist ein Sterbefluch. Nimm eine Ziege, führe sie zum Großvater dieser Frau!
Und du führst eine Ziege hin und tötest (d. h. opferst) sie dort.
Heimgekommen zeugest du ein anderes. Jener Hexer nimmt sich wiederum seiner an und rottet es aus.
So ist der Hexer im Gange und rottet dich aus.
Bis du nachdenkst und zu einem ehrlichen Wahrsager gehst. Der sagt dir dann: weißt du, der Soundso, den du so gerne hast, der ist es. Der bringt dich um alle Kinder. Nun es dir gesagt ist und du es weißt: meide ihn, wenn du ermattet bist an den Kräften deines Leibes und die Frau verzagte darüber, daß sie immer nur genötigt war, Leichname aufzuheben! Nachdem du Bescheid erhalten hast, meidest du ihn und sprichst zu ihm: komme nicht mehr zu mir!
Fragt er dich dann: aus was für einem Grunde vertreibst du mich, so antworte ihm: ich zehrte an viel Trübsal und will nun für mich allein bleiben.
Wie in einem Augenblick steht dir der Himmelsmensch da bei und gibt dir wieder ein Kindlein.
Und du machst die Erfahrung, daß es leben bleibt, nachdem du so gehandelt hast. Da denkst du nach und kommst zu dem Schlusse: schau, schau! Was mir der Altherr sagte: habe keine Eßgemeinschaft mit der Sippenschwester der Vernichtung, schau, schau, damit verhält sich's so. Die Sippenschwester der Vernichtung, so würde sie mich vernichten!
Darum sagt dir der Altherr: hüte dich wohl, auf daß dir keiner Kinderlosigkeit zubringe, die uns nicht eigen ist.«

Einfangen des Menschenschattens (Kpelle)[3]

Es gibt einen Medizin-Zō, der tut gewaltige Dinge. Manchmal geschieht es, daß ein bösegesinnter Mensch geht, er gibt ihm eine große Geldmünze, er sagt zu ihm also: »Es ist ein Mensch da, ich wünsche, daß ich seinen Schatten fange, damit dieser Mann nichtsnutzig im Lande herumstreife und nichts mehr tun kann.«

Krankenbehandlung und Tod eines bösen Zauberers (Kpelle)[4]

Wenn jemand hier im Lande krank ist, so lassen seine Angehörigen für ihn Sand schlagen. Der Sandschläger sagt zu ihnen: »Euer Angehöriger selber hat (böse) Zauberei (Hexerei) getrieben; sagt es ihm; genau die Sache, die es verursacht hat, daß er ihretwegen Hexerei getrieben hat, wenn er die nicht sagt, wenn sie auch alle möglichen Opfer bringen, so wird er doch nicht gesund werden.« Sie gehen, sie sagen es dem Menschen; wenn er leugnet, gehen sie zurück und sagen es dem Moslem; der Moslem sagt zu ihnen: »Dieser Mensch hat schlimme Zauberei (Hexerei) getrieben, er hat Menschen ausgesogen in der Nacht, das ist der Grund, daß nun der Mensch, den er so getötet hat, daß dessen Geist ihm nachfolgt, aber er selbst will es nicht gestehen; wenn er nicht gesteht, wird er selber sterben, ich Moslem kann dagegen nicht ein Opfer angeben.«
Seine Leute gehen zurück, sie berichten es ihm und sagen zu ihm: »Der Sandschläger sagt, du selber treibest böse Zauberei, er wisse nicht das (dagegen wirksame) Opfer, ausgenommen du gestehest. Die Medizin, die dich gepackt hat, wir wollen den Besitzer dieser Medizin anflehen, daß er die Medizin von dir nehme, aber wenn du das nicht tust, wirst du sterben.« Wenn er das gesagt hat und er (der Kranke) nicht danach tut, so setzen seine Angehörigen sich hin, sie richten ihre Augen auf ihn, (bis) er stirbt. Wenn er dann gestorben ist, so wissen es alle Leute und sagen: »Ein Hexentod ist es«. Sie begraben ihn nicht mit irgend etwas, sie wickeln eine Matte um ihn, sie graben ein Loch, sie legen ihn hinein.

Beschwörung auf dem Berg am Tage »Dreizehn Toch« (Quiché)[5]

»Heute rufe ich Dich an, Dich Kreuz der Übeltat und teile Dir mit: Ein Mann, der Geld hat – mich wurmt's, daß er meiner spottet! Was habe ich von ihm gewollt? Habe ich Geld von ihm gewollt? Behalte er's doch!

Heute aber verhexe ich ihn, tu ich's ihm an, gehe auf den Berg und zum Kreuz der Übeltat. Die Opfergaben, die ich darbringe, sind nur vier Doppelteile (von Harz) und dazu ein Licht, – aus dem mache ich zwei, dazu gebe ich Salz drauf, daß er's recht spüren soll, daß er mich kennenlerne!
Hier er – hier wir vereint gegen ihn! Er soll's gleich spüren. Berg der Verhexung, Kreuz der Übeltat, Dich rufe ich an, höre, was ich zu Dir sage: Einen Mann will ich zu Tode bringen! Das ist seine Schuld: Mich wurmt, daß er spottet, mich Armen schief ansieht, – er wird sehen, was ich ihm antue!
Ich rufe einen Felsblock an, ich rufe eine Schlucht an, ich rufe den hohlen Baum an, ich rufe das Büschelgras an, ich rufe den Dornbusch an, ich rufe den Wind an, ich rufe die Wolken an, auf daß er sehe: Ich bin Hexenmeister!
Er wird mich kennenlernen! Krankheit wird über ihn kommen, – er wird erfahren, daß ich's verstehe, alles anzurufen! Als Ersten rufe ich den Erdgott der Verhexung mit dem Kreuz der Übeltat an und sage zu Dir: Heute will ich diesen einen Mann zu Tode bringen!
Höre, Erdgott, tue ihm dieses an: Töte ihn! Betrachte den Mann, ob wir Kraft dazu haben – Du weißt das, Kreuz der Übeltat. Jetzt lasse ich darüber nur Eines verlauten – und es gibt wahrlich kein Wort, das Du (bei meiner Beschwörung) in Sachen des Mannes zu tadeln hättest – nämlich dieses will ich ihm antun:
Ich mache mich des Nachts auf, bringe vom Harz vier Doppelteile herbei, dazu einen Topf, dazu ein Buschmesser, und grabe ein Loch, um den Topf in das Loch hineinzustellen; in diesen Topf lege ich das Herz für den Mann hinein, auf daß die Krankheit über ihn komme.
Und das ist die Aufgabe des Harzes, das ich gegen ihn in Brand setze: Daß er nicht merke, wie seine Krankheit kommt; das ist die Aufgabe des Loches, das ich dort grabe. Ich mache die Verhexung diesem da, dessen Name José Conos ist – das ist der Name des Mannes, den ich umbringe.
Es wisse das Volk, daß ich zu fürchten bin, daß ich's verstehe, Jemandem Etwas anzutun! Wenn man mich bittet, daß ich's tue, hexe ich: Ich weiß die Felsen anzurufen, die Schluchten, – alles weiß ich zu tun, – man bitte mich also darum!
Ich stehe ganz allein, Niemand ist mein Gefährte. Daß ich mit diesem Berge (der Verhexung) mich einlasse, – ich sag's ihnen. Ich mache die Hexerei für Jedermann: Wenn sie's wünschen, mögen sie mich bitten, daß ich die Hexerei für sie mache. Die Männer und auch die Frauen und auch das Vieh, alle verhexe ich.
Mögen sie also sehen, daß ich zu fürchten bin, ich allein für mich, – einen Genossen habe ich nicht. Ich gehe auf den Berg, wenn die Sonne still-

steht und auch wenn die Nacht stillsteht, damit es das Volk nicht höre, damit es das Volk nicht sehe.
Ja, ich für mich allein – der Berg weiß es – ich bin zu fürchten: Ich verhexe ein Pferd, ich versteh's, den Leuten (recht) zu machen, mögen sie wünschen, daß die (Verhexten) am Leben bleiben, oder mögen sie wünschen, daß sie sterben, – das bespreche ich mit dem Erdgott.
Wenn Einer da um Etwas mich bittet, mache ich's ihm: Wenn er's wünscht, gebe ich's an den Unterschenkel; wenn er's wünscht, gebe ich's an die Hoden, – ich verstehe das alle Tage zu machen, und ich mach's, wenn ich Feinde habe.
Die werden erfahren, daß Ich, ich Hexenmeister bin, zu was das Hexen taugt! Ich spreche Zauberformeln, gehe hinter ihre Hütte, es zu vollführen, scheiße dort hinter der Hütte und vollziehe die Beschwörung gegen die Leute.
Wenn die dann auch zu einem Wahrsager gehen, daß er's ihnen deute, – deute er's meinethalben! Ganz gut, wenn sie dem Wahrsager zuhören, mögen sie fragen meinethalben: Sie werden erfahren, daß Ich, ich Hexenmeister bin, auf daß sie sehen, was ich aller Welt antue.
Ich beschwöre den Wurm, ich verstehe die Dornbüsche und alles mögliche zu beschwören; sei es, daß Krankheit (gewünscht wird), sei es, daß ein Bein anschwelle, ich verstehe, alles herbeizuschwören; wenn die Leute mich drum bitten, mach ich's so.
Ich hab's schon mit einem Kerl in Gang gesetzt, ich warte nur, daß er stirbt, – die sollen mich von Angesicht kennenlernen! Ich, ja ich für mich allein, ich bin zu fürchten: Ich rufe meinen Berg an, den dort mit einem Kreuz, und der macht's, wenn ich's ihm sage. Ich verstecke mich nicht, ich handle in solchen Sachen als Ich, der Furchtbare!
Ich habe auch mit Ladinern zu tun; aber nur was unsere eigenen Leute sind, kaum daß ich's ihnen versetze, gleich sterben sie, weil ich eben auf dem Berg des Erdgotts gehext habe.
So Einen nun, wenn er gestorben ist, drehe ich mit dem Gesicht nach unten herum. Ja, ich Furchtbarer verstehe Alles, was ich auch tätige, weiß das Wort zur Untat zu sprechen, – die ist's dann, über die ich meinem Kreuz Kunde zu geben habe:
So erfahre denn heute, daß ich's diesem meinem Feinde mal gründlich gebe, daß er aus meinem Gesichtskreis verschwinde! Daß Du's also siehst, mein Alschik der Untat und mein Kreuz, das ich umgekehrt mit der Spitze in die Erde gesteckt habe, damit alle meine Feinde sterben!
Ich, ich sterbe (auch mal), aber ich werde noch verweilen, diese meine Feinde aber gehen gleich von dannen. Daß Du es hörst, mein Alschik. Affenkerl! übler Kerl! Wisse, daß wir den Mann da überwältigen!
Ich komme wieder zu Dir, wenn mich wieder ein Mann beleidigt, dann

komme ich zu Dir zurück, – Du weißt ja, was Du in der Sache tust, wann ich etwa wieder zu Dir komme, Berg, und zu Dir, Kreuz! Ich rufe Dich wieder an, Erdgott!«

Nachweise

[1] Herausgegeben und aus dem Hei-xom übersetzt von Diedrich Westermann. In: D. Westermann, *Afrikaner erzählen ihr Leben*, Berlin (Evangelische Verlagsanstalt) o. J., S. 15–16.
[2] Herausgegeben und aus dem Chaga übersetzt von Bruno Gutmann. In: B. Gutmann, *Die Stammeslehren der Dschagga*, 3 Bde., München (C. H. Beck'sche Verlagsbuchhandlung) 1938, Bd. III, S. 85, 86–87.
[3] Herausgegeben und aus dem Kpelle übersetzt von Diedrich Westermann. In: D. Westermann, *Die Kpelle*, Göttingen und Leipzig (Vandenhoeck & Ruprecht) 1921, S. 307.
[4] Ebd., S. 308–309.
[5] Herausgegeben und aus dem Quiché übersetzt von Leonhard Schultze Jena. In: L. Schultze Jena, *Indiana*, 3 Bde., Jena (Gustav Fischer) 1933, Bd. I, S. 189, 191.

Victor W. Turner
Ritualsymbolik, Moralität und Sozialstruktur bei den Ndembu

Die Ndembu des Mwinilunga-Distrikts

Die Ndembu, eine Gruppe von ca. 17000 Individuen, bewohnen heute etwa zwischen dem 11. und 12. Breitengrad den westlichen Teil des Mwinilunga-Distrikts in der Nordwest-Provinz Nordrhodesiens. Sie sagen, daß sie vor ungefähr drei Jahrhunderten vom nördlichen Lunda-Reich (Luunda) des Mwantiyanva her eingedrungen seien und kleine, verstreut lebende Gruppen autochthoner Mbwela oder Lukolwe erobert oder deren Unterwerfung angenommen hätten.
Auf ihrem waldreichen Plateau betreiben die Ndembu eine Form von Subsistenzwirtschaft, die auf Cassava-Anbau und Jagd beruht. Im Brandrodungsfeldbau kultivieren sie Cassava im Wechsel mit Fingerhirse, aus der hauptsächlich Bier hergestellt wird, während sie in flußnahen Gärten Mais anbauen, der sowohl Nahrung als auch Bier liefert.
Sie sind matrilinear, virilokal und durch häufigen Residenzwechsel gekennzeichnet; die Einwohnerschaft ihrer kleinen Dörfer gruppiert sich um einen Kern matrilinear verwandter Männer, deren Oberhaupt gewöhnlich das älteste Mitglied der genealogisch ältesten Generation ist.
Die Ndembu waren nicht in dem Maße politisch zentralisiert wie ihre Vorfahren, die nördlichen Lunda. In voreuropäischer Zeit verfügten die Dörfer über eine beträchtliche politische Autonomie. Unter der britischen Herrschaft wurde jedoch eine Hierarchie errichtet, die aus einem Häuptling (der »Native Authority«) und vier Unterhäuptlingen gebildet war. Früher gehörten diese Unterhäuptlinge zur Gruppe der ranghöchsten Dorfoberhäupter, die ruhmreiche historische Titel hatten, aber wenig reale Macht ausübten.

Aspekte der Ritualsymbolik der Ndembu

In diesem Aufsatz möchte ich semantische Struktur und Eigenschaften einiger zentraler Symbole im Ritual der Ndembu besprechen. Jedes Ritual kann als Konfiguration von Symbolen betrachtet werden, als eine Art »Partitur«, in der die Noten Symbole sind. Im Ritual der Ndembu ist das Symbol die kleinste Einheit von spezifischer Struktur. Die Ndembu nennen es *chinjikikilu* von *ku-jikijila*, »einen Weg kennzeichnen«: mit der Axt Zeichen in einen Baum schneiden oder Äste brechen oder biegen, die bei der Rückkehr aus dem unbekannten Busch den Weg zu den bekannten Pfaden weisen. Ein Symbol ist also eine Markierung oder ein Grenzstein, etwas, was das Unbekannte mit dem Bekannten verbindet. Der Ndembu-Begriff stammt aus dem Vokabular der Jagd und verdeutlicht den rituellen Wert, der dieser Tätigkeit beigemessen wird. Wenn Ndembu über ihre Symbole sprechen, verwenden sie außerdem häufig das Wort *ku-solola*, »sichtbar machen« oder »enthüllen«, und assoziieren auch diesen Begriff mit der Jagd. Tatsächlich enthält ihr ritueller Wortschatz zahlreiche Ableitungen dieser Verbform. So wird für ein Ritual zur Versöhnung der Geister von Ahnen, die Jäger waren, aus einem gegabelten Ast des *musoli*-Baums ein provisorischer Schrein errichtet. Ndembu erzählen, daß dieser Baum in dem Jäger-Ritual deshalb als Symbol verwendet werde, weil seine Früchte und jungen Triebe von Antilopen und anderen Waldlandtieren sehr geschätzt würden: Wenn sie ihre Verstecke verließen, um davon zu fressen, könnten sie von einem Jäger mit Leichtigkeit aus dem Hinterhalt geschossen oder in Schlingen gefangen werden. Der Baum mache das Wild »sichtbar«. In Ritualen, deren Zweck es ist, Mißgeschicke von den Jägern abzuwenden, wird er deshalb auch in kleinen Stücken als Medizin verwendet. Diese soll »dem Jäger Tiere schnell sichtbar machen«, wenn er danach in den Busch geht. *Musoli*-Medizinen benutzt man aber auch in Ritualen, die veranstaltet werden, um kinderlose Frauen fruchtbar zu machen; Ndembu sagen, daß sie »Kinder sichtbar machen«.

Auch ein anderer Gebrauch von *musoli* sollte hier erwähnt werden. Das *Ihamba*-Ritual der Ndembu zielt darauf ab, mit Hilfe von Schröpfhörnern aus dem Körper eines Patienten einen Gegenstand zu entfernen: den oberen, mittleren Schneidezahn *(ihamba)* eines verstorbenen Jägers, eines Verwandten des Patienten, der sich unter dessen Haut eingebettet haben soll. Man sagt, der Geist »beisse« in Gestalt eines Zahns sein Opfer, weil es vergessen habe, an seinem Grab eine Trinkgabe vom Blut eines erlegten Jagdtieres darzubringen – oder weil im Dorf des Patienten gestritten worden sei. Der Patient muß sich nicht notwendig selbst an diesem Streit beteiligt haben; er kann auch als Repräsentant der zerrütteten Verwandtschaftsgruppe ausgewählt worden sein. Der Experte, der das Ritual beaufsichtigt, besteht darauf, daß alle Mitglieder des Dorfes, die gegeneinander oder gegen den Patienten *(muyeji)* Groll *(yitela)* hegen, vortreten und ihre heimlichen Feindseligkeiten öffentlich bekennen. Erst dann, sagt er, werde der *ihamba* damit einverstanden sein, sich im Schröpfhorn einfangen zu lassen. Nun besteht die wichtigste

Medizin dieses Rituals, die vor allen anderen gesammelt und bei deren Verabreichung der Geist angerufen wird, aus der Pfahlwurzel eines *musoli*-Baums. Meine Informanten erzählten mir, daß die Wurzel den *inhamba*-Zahn darstelle und daß dazu eine Wurzel des *musoli*-Baums verwendet werde: (a) »damit der Zahn schnell herauskommt«, und (b) »damit die Leute ehrlich *(ku-hosha chalala)* und offen sprechen«. Hier ist deutlich die Vorstellung bestimmend, daß es sowohl dem Patienten als auch der gestörten Gruppe Erleichterung verschafft, wenn versteckte Antipathien ans Licht gebracht werden.

Von *ku-solola*, »enthüllen«, sind auch die Begriffe *isoli* oder *chisoli* abgeleitet, die »einen Ort der Offenbarung« bezeichnen. Sie beziehen sich auf besonders geweihte Plätze, die nur in der Schlußphase wichtiger Rituale benutzt werden, wenn esoterische Riten veranstaltet und den Initiierten geheime Dinge offenbart werden.

Schließlich bezeichnet der Ausdruck *Musolu* ein Ritual, das nur Häuptlinge oder Dorfsenioren durchführen, um ausgebliebenen Regen herbeizuführen oder »sichtbar zu machen«.

Ein Moment der Symbolisierung in den Ritualen der Ndembu ist also der Versuch, Vorstellungen, Ideen, Werte, Gefühle und psychische Dispositionen, die nicht unmittelbar wahrgenommen werden können, sichtbar, hörbar und greifbar zu machen. Mit diesem Prozeß der Enthüllung des Unbekannten, Unsichtbaren oder Verborgenen ist ein anderer Prozeß verbunden, in dem das Private öffentlich oder das Persönliche gesellschaftlich wird. Alles, was nicht als mit den Normen und Werten der Ndembu-Gesellschaft konform ausgewiesen werden kann, ist für ihren Zusammenhalt und ihre Kontinuität potentiell gefährlich. Daraus erklärt sich die Bedeutung des öffentlichen Bekenntnisses im *Ihamba*-Ritual. Indem das Individuum seine Antipathien in einem rituellen Kontext heilsamen Ritualmächten zur Schau stellt, wird es von rebellischen Wünschen und Emotionen gereinigt und paßt sich willentlich wieder der öffentlichen Moral an.

In den Ritualen der Ndembu veranschaulicht jedes Symbol bestimmte Elemente ihrer Kultur und Gesellschaft und macht sie zweckorientiertem Handeln öffentlich verfügbar. Darüber hinaus tendieren Symbole dazu, diese Elemente auf bestimmte natürliche und physiologische Konstanten zu beziehen. So bezieht *musoli* in verschiedenen Zusammenhängen den Wert des öffentlichen Bekenntnisses auf die Wiederherstellung von Gesundheit und weiblicher Fruchtbarkeit. Dies bringt mich auf eine andere wichtige Eigenschaft vieler Ritualsymbole, ihre Polysemie oder Multivokalität. Die genannten Begriffe besagen, daß ein einziges Symbol vielerlei darstellen kann. Diese Eigenschaft hat nicht nur das einzelne Symbol, sondern auch das Ritual als Ganzes. Denn einige Symbole müssen eine gesamte Kultur und deren materielle Umgebung verkörpern. Insofern das Ritual ein Destillat oder eine Kondensation vieler säkularer Sitten und natürlicher Konstanten ist, kann es als Inbegriff der Sitte beschrieben werden. Bei gewissen dominanten oder zentralen Symbolen ist die Eigenschaft der Multivokalität, die eine ökonomische Darstellung von Schlüsselaspekten der Kultur und des Glaubens ermöglicht, in besonderem Maße ausgeprägt. Jedes dominante Symbol hat einen »Fächer« oder ein »Spektrum« von Bedeutungen, die gewöhnlich durch nichts anderes verbunden sind als durch eine einfache Form der Assoziation. Gerade deren Einfachheit ermöglicht es, eine breite Vielfalt von *significata* miteinander zu verknüpfen. Die Assoziationen, die mit »Weiß« verbunden sind, ermöglichen es z. B., daß weißer Ton *(mpemba)* eine Vielfalt von Ideen und Erscheinungen vertritt, die von biologischen Referenten wie »Same« bis zu abstrakten Ideen wie »rituelle Reinheit«, »Unschuld« in bezug auf Hexerei, und »Solidarität mit den Ahnengeistern« reichen.

Wenn wir über die »Bedeutung« eines Symbols sprechen, müssen wir sorgfältig zwischen mindestens drei Bedeutungsebenen oder -feldern unterscheiden. Ich schlage vor, diese folgendermaßen zu benennen:

(1) die Ebene der Selbstinterpretation (oder kurz: die exegetische Bedeutung);
(2) die operationale Bedeutung;
(3) die positionale Bedeutung.

Die exegetische Bedeutung erhält man, indem man einheimische Informanten über das beobachtete Ritualverhalten befragt. Hier muß man wiederum unterscheiden zwischen der Aussage eines Ritualexperten und der eines Laien, also zwischen esoterischer und exoterischer Interpretation. Man muß auch mit Sorgfalt ermitteln, ob eine gegebene Erklärung wirklich für eine dieser beiden Kategorien typisch ist, oder ob sie eine ausschließlich persönliche Ansicht wiedergibt.

Andererseits kann die Rolle eines Ritualsymbols auch dadurch sehr erhellt werden, daß man seine Bedeutung seinem Gebrauch gegenüberstellt, indem man beobachtet, was die Ndembu damit tun, und nicht nur, was sie darüber sagen. Dies nenne ich die operationale Bedeutung, und diese Ebene ist von größter Tragweite für Probleme der sozialen Dynamik. Denn der Betrachter muß nicht nur das Symbol berücksichtigen, sondern auch Struktur und Zusammensetzung der Gruppe, die es handhabt oder in mimetischen Darstellungen sich direkt darauf bezieht. Er muß darüber hinaus die affektiven Qualitäten dieser Handlungen beachten, ob sie aggressiv, traurig, bußfertig, freudig, spöttisch oder sonstwie sind. Er muß außerdem erkunden, warum gewisse Personen und

Gruppen bei bestimmten Anlässen abwesend sind, und ob und warum sie von der Gegenwart des Symbols rituell ausgeschlossen wurden.
Die positionale Bedeutung eines Symbols leitet sich ab aus seiner Beziehung zu anderen Symbolen in einer Totalität, einer *Gestalt*, deren Elemente ihre Signifikanz vom System als Ganzem erhalten. Diese Bedeutungsebene nimmt unmittelbar Bezug auf eine wichtige, bereits erwähnte Eigenschaft von Ritualsymbolen – ihre Polysemie. Symbole dieser Art besitzen viele Bedeutungen, aber im Kontext mag es notwendig sein, nur eine oder nur einige von ihnen hervorzuheben. So kann der *mukula*-Baum, von jedem bestimmten rituellen Kontext abstrahiert, »Matrilinearität«, »Jägerschaft«, »Menstruationsblut«, »das Fleisch wilder Tiere« und viele andere Konzepte und Dinge symbolisieren. Die assoziative Verbindung zwischen seinen verschiedenen Bedeutungen liefert das rote Harz, das er ausscheidet und das Ndembu mit Blut vergleichen. Im Beschneidungsritual der Jungen *(Mukanda)* ist nun die Bedeutung von *mukula* durch den Kontext bestimmt. Ein *mukula*-Stamm wird in die Nähe des Platzes gelegt, an dem die Knaben beschnitten werden. Die Beschneidung findet unter einem *mudyi*-Baum statt, der, wie wir sehen werden, unter anderem Mutterschaft und die Mutter-Kind-Beziehung repräsentiert. Die Knaben werden über einen Setzling des *muyombu*-Baums gehoben, der üblicherweise heckenförmig angepflanzt als Schrein für die Ahnengeister des Dorfes dient. Schließlich werden die noch blutenden Knaben auf den *mukula*-Stamm gesetzt, der in diesem Zusammenhang hauptsächlich zwei Bedeutungen hat: Er verkörpert den Wunsch der Ältesten, daß die Beschneidungswunde rasch heilen möge (denn *mukula* gerinnt schnell und schorfartig); er verkörpert aber auch, wie mir erzählt wurde, Männlichkeit *(wuyala)* und das Leben der erwachsenen Männer, die als Jäger und Krieger Blut vergießen müssen. Das Ritual repräsentiert: (a) die Entfernung des Knaben aus der Abhängigkeit von seiner Mutter (er wird von dem *mudyi*-Baum weggetragen); (b) seinen rituellen Tod und die darauf folgende Verbindung mit den Ahnen (er wird über den *muyombu*-Setzling gehoben) und (c) seine Eingliederung in die moralische Gemeinschaft der männlichen Stammesmitglieder (er wird zusammen mit den anderen auf den *mukula*-Stamm gesetzt, auf dem sie alle wie kleine Kinder von ihren Vätern und den Beschneidungsexperten zeremoniell gefüttert werden: Jeder Knabe bekommt eine Kugel aus Cassavabrei, die er vom Messer des Experten essen muß.) In diesem Ritual ist die Stellung des *mukula*-Symbols in bezug auf andere symbolische Objekte und Handlungen das entscheidende semantische Moment.
In verschiedenen Phasen eines Rituals kann ein Symbol verschiedene Bedeutungen erhalten; oder besser: zu verschiedenen Zeiten werden

verschiedene Bedeutungen dominant. Welche Bedeutung dominiert, wird durch die erklärte Absicht der Phase des Rituals bestimmt, in der es erscheint. Denn ein Ritual ist wie eine Raumrakete in Phasen gliedert, und jede Phase ist auf ein begrenztes Ziel gerichtet, das selbst Mittel zum endgültigen Zweck der ganzen Darstellung wird. So ist der Akt der Beschneidung Ziel und Höhepunkt einer symbolträchtigen Phase des *Mukanda*-Rituals, wird aber selbst Mittel zu einem endgültigen Zweck, der Verwandlung eines Knaben in einen Stammesgenossen. Es besteht eine konsistente Beziehung zwischen dem Zweck oder Ziel jeder Phase eines Rituals, der Art der in dieser Phase angewandten symbolischen Konfiguration und den Bedeutungen, die bei multivokalen Symbolen in dieser Konfiguration dominant werden.

Ich möchte nun eines der zentralen Ritualsymbole der Ndembu betrachten, den *mudyi*-Baum. Dieses Symbol ist in mehr als einem halben Dutzend verschiedener Ritualtypen anzutreffen, aber sein *locus classicus* ist das Pubertätsritual der Mädchen *(Nkang'a)*. Die Novizin wird in eine Decke gehüllt und unter einen jungen schlanken *mudyi*-Baum gelegt. Ndembu sagen, daß seine Biegsamkeit die Jugend des Mädchens symbolisiere. Das Bäumchen ist zuvor von der Mutter der Novizin und der Frau, die sie im Ritual unterweist *(nkong'u)*, geweiht worden. Sie haben das Gras im Umkreis des Baums niedergetreten und ihn dadurch geheiligt – »abgesondert« *(chakumbodyi)* oder »verboten« *(chakujila)*. Der Ort wird ebenso wie der, an dem die Beschneidung der Jungen stattfindet, *ifwilu* oder »Ort des Sterbens« genannt. Beide Plätze sind auch als *ihung'u*, »Ort des Leidens« oder des »Ordals« bekannt. Als *ihung'u* bezeichnet man auch eine Hütte, in der eine Frau in den Wehen liegt. Es ist ein »Ort des Leidens«, weil die Novizin fast bis Einbruch der Dunkelheit ihre Glieder nicht bewegen darf – sie würde sonst von den älteren Frauen zur Strafe am ganzen Körper gezwickt. Sie darf an diesem Tag auch weder essen noch sprechen. Die Verbindung des *mudyi*-Baums mit Leiden und Sterben sollten wir als Moment seiner positionalen Bedeutung festhalten.

Wenn Ndembu die Bedeutung von *mudyi* darlegen, beginnen sie mit dem Hinweis, daß dieser Baum, sobald man seine Rinde einschneidet, Tropfen einer milchigen Flüssigkeit ausscheidet. Deshalb sagen sie, *mudyi* oder »Milchbaum« sei ein Symbol *(chinjikijilu)* für »Brüste« und »Muttermilch« – in Chindembu beides *mayeli* genannt. Davon ausgehend sagen sie weiter, *mudyi* bedeutet »eine Mutter und ihr Kind«, d. h. eine gesellschaftliche Beziehung. Diesen Sinn erweitern sie zur Bezeichnung einer Matrilineage *(ivumu* – wörtlich »Mutterleib« oder »Bauch«). Ein von mir gesammelter Text bringt dies gut zum Ausdruck:

Mudyi diku kwakaminiyi nkakulula hakumutembwisha aninkakulula
Der Milchbaum ist der Ort, an dem die (erste) Ahne schlief, an dem sie sie und eine andere Ahne einweihten
mukwawu nimukwawu ni kudi nkaka ni kudi mama ninetu anyana;
und (dann) noch eine, herab bis zur Großmutter und der Mutter und uns selbst, den Kindern.
diku kumuchidi wetu kutwatachikili ni amayala nawa chochu hamu.
Es ist der Ort, an dem unser Stamm (oder Stammesbrauch – wörtlich »Art«) begann, und auch die Männer, auf die gleiche Weise.

Mein Informant fügt dann die folgenden Kommentare hinzu: »Der Milchbaum ist der Ort aller Mütter; er ist die Ahne der Männer und Frauen. *Ku-tembwisha,* ›ein Mädchen initiieren‹, bedeutet, rings um den Milchbaum tanzen, an dem die Novizin liegt. Der Milchbaum ist der Ort, an dem unsere Ahnen schliefen; hier initiiert werden, bedeutet rein oder weiß werden. Ein nicht initiiertes Mädchen, eine menstruierende Frau oder einen unbeschnittenen Jungen nennt man *wunabulakutooka,* d. h. ›einer, dem die Weiße fehlt‹.«

Der Milchbaum einer Novizin kann in bestimmten Zusammenhängen »ihre Matrilineage« genannt werden. In einer Phase des Rituals sollen die Blätter dieses Baums »die Kinder der Novizin« darstellen – eine Deutung, die sich weniger auf Vergangenheit oder Gegenwart als auf einen für die Zukunft erwünschten Zustand bezieht.

In anderen Phasen des *Nkang'a*-Rituals ist der *mudyi*-Baum Symbol für »die Frauen« oder für »Weiblichkeit«, gelegentlich spezifischer für »Status der verheirateten Frau«.

Schließlich stellt der Milchbaum den Prozeß des Lernens *(kudiza)* dar, besonders die Aneignung von »Frauenverstand« oder »Weisheit« *(mana yawambanda)*. Ein Informant sagte, daß *mudyi* dem Schulbesuch ähnlich sei; »das Mädchen trinkt Verstand wie ein Säugling die Milch«.

Die semantische Struktur von *mudyi* kann selbst mit einem Baum verglichen werden. Der Wurzel entspricht die primäre Bedeutung »Muttermilch«, und daraus entwickeln sich in logischen Schritten Reihen weiterer Bedeutungen. Die allgemeine Richtung führt vom Konkreten zum zunehmend Abstrakten, aber die Abstraktion entfaltet sich längs verschiedener Zweige. Eine Linie entwickelt sich folgendermaßen: Brust, Mutter-Kind-Beziehung, matrilineare Abstammung, Ndembu-Stamm oder der Stammesbrauch, der vor allem durch das Prinzip der Matrilinearität charakterisiert ist. Eine andere Linie verläuft so: Entwicklung der Brüste, weibliche Reife, Ehestand der Frau und Mutterschaft. Eine weitere führt vom Säugen zur Einübung der Aufgaben, Rechte und Pflichten der erwachsenen Frau. Wie bei vielen anderen Symbolen der

Ndembu werden abgeleitete Deutungen selbst zu Symbolen, die auf Begriffe oder Phänomene jenseits ihrer selbst hinweisen. So wird »matrilineare Abstammung«, eine aus der »Mutter-Kind-Beziehung« und der »Muttermilch« abgeleitete Deutung, nach dem Prinzip des *pars pro toto* selbst ein Symbol für die Ndembu-Kultur in ihrer Totalität.

Indes sprechen und denken Ndembu trotz dieser Vielfalt der Bedeutungen vom Milchbaum als einer Einheit, geradezu als einer einheitlichen Kraft. Sie können das Konzept »Milchbaum« kognitiv in viele Attribute zerlegen, aber in der Praxis des Rituals sehen sie es als ein einziges Wesen. Für sie ist es etwas wie »das ewig Weibliche« Goethes, ein weibliches oder mütterliches Prinzip, das Gesellschaft und Natur durchdringt. Wir dürfen nicht vergessen, daß Ritualsymbole nicht nur Zeichen sind, die vertraute Dinge darstellen; für die Betroffenen haben sie rituelle Wirksamkeit, sind mit Kräften aus unbekannten Quellen und der Fähigkeit begabt, Personen und Gruppen, die mit ihnen in Berührung kommen, zu bessern oder auf einen guten Weg zu leiten. Symbole haben also sowohl eine orektische wie eine kognitive Funktion. Sie lösen Emotionen aus und äußern und mobilisieren Wünsche.

Wir können die exegetische Bedeutung dominanter Symbole sogar in polare Begriffe fassen. Um den einen Pol sammelt sich eine Reihe von Referenten offenkundig physiologischen Charakters, die sich auf allgemein menschliche Erfahrungen emotionaler Art beziehen. Um den anderen Pol sammelt sich eine Reihe von Referenten, die sich auf moralische Normen und Prinzipien beziehen, die für die Sozialstruktur maßgebend sind. Wenn wir diese semantischen Pole den orektischen bzw. den normativen Pol nennen und die Ritualsymbole der Ndembu im Rahmen dieses Modells betrachten, können wir feststellen, daß der Milchbaum gleichzeitig den physiologischen Aspekt des Stillens mit den damit verbundenen Affektstrukturen und die normative, durch Matrilinearität geregelte Ordnung vertritt. Kurz, ein einziges Symbol repräsentiert beides, das Obligatorische und das Angenehme. Hier liegt also eine dichte Verbindung des Moralischen mit dem Materiellen vor. Unter den stimulierenden Umständen der rituellen Handlung kann in der Psyche der Teilnehmer ein Qualitätsaustausch zwischen orektischem und normativem Pol stattfinden; der orektische wird durch diese Verbindung von seinem infantilen und regressiven Charakter geläutert, während der normative Pol mit dem Lusteffekt besetzt wird, der sich mit der Situation des Stillens verbindet. In einer Hinsicht entwickelt sich unter dem Prinzip der Matrilinearität die Bindung durch Milch zur primären strukturellen Bindung, aber in anderer Hinsicht – und hier ist das polare Modell angemessen – steht die erstere der letzteren entgegen und widersetzt sich ihrer Bildung.

Andere wichtige Symbole der Ndembu haben eine ähnlich polare Struktur. Im Kontext des *Nkula*-Rituals, das durchgeführt wird, um Menstruationsstörungen zu heilen, vertritt z. B. *mukula* an seinem orektischen Pol das »Blut der Geburt«, an seinem normativen Pol aber die Matrilinearität und die historische Verbindung der Ndembu mit dem Reich Mwantiyanwas im Kongo, dessen erster Herrscher, eine Frau namens Luweji Ankonde, an Menorrhagie litt. Der kräftige *chikoli*-Dornbaum, der im Beschneidungsritual eine wichtige Rolle spielt, soll »Männlichkeit« im moralischen und sozialen Sinn repräsentieren. Er bedeutet Mut *(wulobu)*, Geschicklichkeit bei der Jagd und »gutes Sprechen in Rechtsfällen«; aber auch *chikoli* hat seinen physiologischen Pol. Um einen Informanten zu zitieren: »*Chikoli* ist ein sehr starker Baum, sein Holz ist sehr hart. Einer seiner Namen ist *chikang'anjamba*, von *ku-kang'anya*, ›scheitern‹, und *njamba*, ›der Elefant‹. Der Elefant kann ihn nicht brechen. Weder Sturm noch Regen können ihn brechen, noch können weiße Ameisen ihn fressen. Er steht aufrecht wie das männliche Glied oder der starke Körper eines Mannes. Deshalb sagen wir, daß er Stärke *(wukolu)* darstellt.« *Chikoli* ist wie *wukolu* von *ku-kola* abgeleitet, d. h. »kräftig oder potent sein«. Ich könnte, wenn die Zeit es erlaubte, von den Ndembu viele andere Beispiele für diese Polarität anführen, die ich für einen universalen Zug von Ritualsymbolen jeglicher semantischer Komplexität halte.

Kehren wir zum *mudyi*-Baum zurück und beobachten, was in seiner Umgebung an dem Tag geschieht, an dem die Novizin sich jener schweren Prüfung unterziehen muß, der Phase des *Kwing'ija*, des »Einsetzens«, die das Pubertätsritual des Mädchens *(Nkang'a)* eröffnet; denn nun wollen wir die operationale Bedeutung des Milchbaums betrachten. Sofort stellt sich uns ein Problem: Während auf der exegetischen Bedeutungsebene die strukturalen Referenten des Milchbaums nachweisbar die harmonischen und solidarischen Aspekte der durch Matrilinearität oder Weiblichkeit organisierten Gruppen und Beziehungen betreffen, ist doch sogleich offenbar, daß das in diesem Zusammenhang beobachtbare Verhalten großenteils eine Mimesis des Konflikts in eben diesen Gruppen und Beziehungen darstellt.

So dürfen in den frühen Morgenstunden nur die älteren Frauen aus dem Dorf der Novizin um den *mudyi*-Baum tanzen. Später dürfen nur Frauen, nicht Männer dort tanzen, und die Frauen greifen die Männer in Spott- und Schmählieder an. Die Mutter des Mädchens darf sich dem *mudyi*-Baum lange Zeit nicht nähern, und wenn sie es schließlich tut, wird sie von den älteren Frauen verspottet. Ich könnte auch jene Episode erwähnen, in der alle älteren Frauen sich im Wettstreit darum bemühen, als erste einen Löffel, der mit Cassavabrei und Bohnen, dem

chipwampwilu-Brei, gefüllt ist, aus der Hand der Ritualmeisterin zu schnappen. Dieser Brei repräsentiert die Fruchtbarkeit und besonders die Fruchtbarkeit der Novizin. Wenn eine Frau aus einem entfernten Dorf den Löffel zuerst greift, bedeutet dies, so glaubt man, daß die Novizin ihre Kinder fern vom Wohnsitz ihrer Mutter gebären wird. Diese Episode stellt die Konkurrenz zwischen den Prinzipien der Matrilinearität und der Virilokalität dar. Andere Episoden im *Nkang'a*-Ritual deuten diesen Konflikt ebenfalls an, doch die meisten von ihnen sind nicht unmittelbar auf den Milchbaum bezogen.
So wird in verschiedenen Episoden dem Wert, der der Solidarität der Frauen zukommt, in der Praxis widersprochen: durch den Konflikt zwischen der Mutter der Novizin und den erwachsenen Frauen, die die Tochter rituell in den Stand der Verheirateten eingliedern und sie damit dem Schoß der Mutter entziehen; durch die Trennung der Dorfangehörigen der Novizin von den übrigen Frauen und durch die Rivalität, die einerseits zwischen den Frauen verschiedener Dörfer um die Fruchtbarkeit der Novizin und andererseits zwischen einzelnen Frauen um Fruchtbarkeit im allgemeinen besteht. Der Einheit des Stammes wird durch die Mobilisierung der Frauen um den Milchbaum und ihre höhnische Opposition gegen die Männer widersprochen. Die Prüfung der Novizin, der bei jeder Bewegung Strafe droht, stellt ein Moment des Konflikts zwischen älteren Frauen und Mädchen dar.
Besonders interessant ist dabei, daß einheimische Informanten diese Konflikte, so stereotypisiert sie auch seien, nicht mit ihren orthodoxen Interpretationen der Symbolik des Milchbaums in Beziehung bringen. Gleichwohl müssen diese gemimten Konflikte am *ifwilu*, dem »Ort des Sterbens« der Novizin, in der Nähe des Milchbaums stattfinden. Ein Psychoanalytiker der Schule Melanie Kleins wäre vielleicht geneigt, den Kontrast zwischen exegetischer und operationaler Bedeutungsebene, zwischen der Betonung der Harmonie und der Betonung der Zwietracht auf die ambivalente Haltung des Säuglings zur Mutterbrust zurückzuführen, die ihn beruhigt und zugleich durch ihre offenbar launischen Verweigerungen in ihm Feindseligkeit erweckt. Er könnte das Fehlen der Interpretation von Konfliktverhalten als Folge des psychologischen Mechanismus der »Objektspaltung« betrachten, der die feindliche von der liebenden Haltung zur Brust trennt und diese Feindseligkeit ins Unbewußte verdrängt. Es ist aber theoretisch unzulässig, soziale Tatsachen wie Ritualsymbole mit den Begriffen der Tiefenpsychologie zu erklären. Zur Erklärung des Widerspruchs zwischen den Bedeutungsebenen könnte eine soziologische Hypothese aufgestellt werden, die besagt, daß auf der exegetischen Ebene das Prinzip der Matrilinearität aus seinem sozialen Kontext gelöst wird und in idealer Reinheit erscheint. Die auf

der operationalen Ebene dargestellten Konflikte in Gruppen und Beziehungen, deren Ordnungsprinzip die Matrilinearität ist, sind nicht auf die strukturale Unzulänglichkeit des Systems der Matrilinearität oder auf menschliche Schwächen bei der Befolgung von Regeln zurückzuführen, sondern resultieren eher aus anderen Prinzipien der sozialen Organisation, die den harmonischen Funktionsverlauf der Matrilinearität ständig beeinträchtigen. Alters- und Geschlechtsunterschiede unterlaufen die matrilineare Affiliation. Durch die virilokale Ehe wird der lokale Zusammenhalt der Matrilineage unterbrochen. Die matrizentrische Familie stellt rivalisierende Anforderungen an die Loyalität der Mitglieder einer Matrilineage. Herkömmliche Konflikte dieser Art werden vor dem Milchbaum dargestellt, dem Ursymbol matrilinearer Kontinuität und letztlicher Abhängigkeit der Ndembu-Gesellschaft von der Mutterbrust. Das Pubertätsritual bringt zur Geltung, daß das System der Matrilinearität trotz der ständigen Herausforderung durch andere Prinzipien und Tendenzen überdauert und triumphiert.

Schließlich möchte ich auf den Zusammenhang zwischen der Symbolik des Milchbaums und dem symbolischen Prinzip »Weiß« *(wutooka)* auf der exegetischen Interpretationsebene hinweisen. Im Scheitelpunkt des gesamten symbolischen Systems der Ndembu steht die Farbtriade Weiß – Rot – Schwarz. In der Deutung dieser drei Farben werden junge Ndembu unterrichtet, und zwar in bestimmten esoterischen Episoden im Beschneidungsritual der Knaben und im Eingangsritual der Begräbnisgesellschaften der Männer und der Frauen, *Mung'ong'i* und *Chiwila*. Weiß wird im allgemeinen durch pulverisierten weißen Ton *(mpemba* oder *mpeza)*, Rot durch pulverisierten roten Ton *(mukundu, ng'ula* oder *mukung'u)* und Schwarz durch Holzkohle *(makala)* dargestellt. Diese Substanzen sind nicht so sehr Symbole als vielmehr Merkmale dreier Lebensprinzipien, ähnlich den hinduistischen »Lebensfäden«, die in der Bhagavadgita erwähnt sind. Ich habe viele Texte gesammelt und über den rituellen Gebrauch dieser Farben zahlreiche Beobachtungen angestellt. Deshalb erlaube ich mir anzumerken, daß Weiß unter anderem folgende Begriffe repräsentiert: Güte *(ku-waha)*, Gesundheit *(ku-koleka)*, rituelle Reinheit *(ku-tooka)*, Verschonung von Unglück *(ku-bula ku-halwa)*, politische Autorität *(wanta)* und Vereinigung mit den Geistern *(kudibomba niakishi)*. Um es drastisch zusammenzufassen: Weiß repräsentiert die gesamte moralische Ordnung und die Früchte der Tugend; Gesundheit, Kraft, Fruchtbarkeit, die Achtung der Gefährten und den Segen der Ahnen. Weiß unterscheidet sich von Rot dadurch, daß es Harmonie, Kohäsion und Kontinuität betont; Rot dagegen, das mit Blutvergießen und mit Blutsverwandtschaft assoziiert wird, bezeichnet tendenziell Diskontinuität, die durch den Bruch von Regeln erworbene

Stärke und männliche Aggressivität (wie bei der Jagd, die in vielen Ritualen durch roten Ton und rote Symbole dargestellt wird).
Nun gibt es viele Symbole, die Ndembu selbst als »weiße Dinge« klassifizieren und von denen sie glauben, sie seien von den moralischen Eigenschaften von »Weiß« durchdrungen. Der Milchbaum, das Symbol der Matrilinearität ist eines davon. Für Ndembu ist die Matrilinearität das, was Fortes (*The Web of Kinship among the Tallensi*, Oxford University Press, 1949, S. 344) allerdings in anderer Hinsicht ein »irreduzibles Prinzip« sozialer Organisation genannt hat, durch das dem Individuum die moralische Ordnung mit all ihren Vorschriften und Verboten vermittelt wird. Das System der Matrilinien stellt den Rahmen jener Momente der Moral dar, welche die Ndembu als unveränderlich und als harmonisch miteinander verbundene Knotenpunkte sehen. Man könnte zeigen, daß die Normen und Werte, die jene aus der Bindung durch Milch abgeleiteten Beziehungen regeln, die »Matrix« der moralischen Ordnung bilden; ihnen ist in vollkommener Weise das zu eigen, was Ndembu als eine weiße Eigenschaft betrachten. Das System der Matrilinien formt und prägt eine Moralität, die anders unpräzis und allgemein wäre.

Meyer Fortes
Verwandtschaft und das Axiom der Amity

I.

Meine Untersuchung befaßt sich mit dem Problem, das im Zentrum der Forschungen und Spekulationen von Lewis Henry Morgan stand und das auch für uns noch zentral ist. Von historizistischen Prätentionen befreit und strukturell gefaßt, ist es das Problem der Wechselbeziehung von Verwandtschaft und politischer Ordnung in Stammesgesellschaften. Wie die moderne Feldforschung gezeigt hat, kann mit »*civitas*« nicht ein spezifischer »Typus« oder eine besondere »Stufe« der Zivilisation bezeichnet werden – der Zivilisation im Gegensatz zu einer Gesellschaftsform, die als »primitiv« oder als historisch früher gelten könnte und ausschließlich auf »Blutsbande« gegründet sei. Auch mit dem Begriff »Status« im Sinne von Maine, der das juristische Äquivalent zu »*societas*« im Sinne von Morgan darstellt, kann man in Wahrheit nicht archaische oder primitive Gesellschaftsformen oder -stufen auszeichnen, die dann im Gegensatz zu den »entwickelten« Gesellschaften ständen, die wiederum durch den Begriff des »Vertrags« *(contract)* charakterisiert wären. Es liegt auf der Hand, daß diese Gegensätze und andere, die mit ihnen verknüpft sind, nicht die Merkmale zur Differenzierung verschiedener Formen der gesellschaftlichen und politisch-rechtlichen Organisation sind; vielmehr repräsentieren sie aufeinander bezogene und voneinander abhängige Institutionenkomplexe, die in allen sozialen Systemen zusammenwirken. Das werden die folgenden Modelle exemplarisch für Gesellschaften zeigen, die phänotypisch über einen großen Bereich variieren. Wie diese Komplexe in Erscheinung treten und wie sie untereinander verknüpft sind, das ist zwar durch Unterschiede der Bevölkerungsgröße, der ökonomischen Komplexität und der politisch-rechtlichen Differenzierung bestimmt; es ist auch offensichtlich, daß Unterschiede in den Formen der symbolischen Repräsentation und der philosophischen Grundauffassung in den verschiedenen Kulturen die Weisen bestimmen, in denen ihr Wesen und ihre Verbindung untereinander vorgestellt und behandelt werden. Aber ihr Auftreten ist nicht von irgendeinem dieser Faktoren abhängig. Wo Gesellschaft ist, gibt es sowohl Verwandtschaft als auch politische Ordnung, sowohl Status als auch Vertrag. Was unterschiedlich ist, ist ihr relativer Entwicklungsgrad, ihr relatives Gewicht und Ausmaß in den verschiedenen Bereichen des sozialen Lebens.

II.

Die Kontroverse zwischen Gellner, Needham und anderen ist für einen Standpunkt bezeichnend, der sich von Anfang an in Studien über Verwandtschaft und soziale Organisation eingeschlichen hat. Ich beziehe mich auf die Annahme, das, was wir als die Beziehungen und Institutionen von Verwandtschaft, Abstammung und Schwiegerschaft bezeichnen, seien in Wirklichkeit nur Artefakte oder Ausdrucksweisen von fundamentaleren, dauerhafteren und festeren Tatsachen des sozialen Lebens. Es handelt sich hier nicht um das, was etwa in Tylors Rückgriff auf Residenzmuster zur Erklärung matrilinearer Abstammungsrechnung vorliegt, oder in späteren Ausarbeitungen dieser Hypothese; und es handelt sich auch nicht einfach um eine Wiederaufnahme von Morgans Theorie des Eigentums als des Primärantriebs in der Evolution der Familie. Denn obwohl Morgan am Ende seiner Zusammenfassung über die monogame Familie mit Bestimmtheit erklärt hat, daß die Familie »die Schöpfung des sozialen Systems ist und dessen Kultur widerspiegeln wird« (1877: 491, Ausg. 1878), betrachtete er Familie und Verwandtschaftsbeziehungen nicht als bloße Nebenprodukte der technologischen oder ökonomischen Faktoren, von denen er soviel Wesens machte. Er zeigte, daß die Einrichtung der Sicherung der Vaterschaft die Monogamie herbeiführt, bestand aber wiederholt darauf, daß zumindest Beziehungen zwischen Mutter und Kind und zwischen Bruder und Schwester immer gegeben seien und auf Naturbedingungen basieren (1877: 393). Die Vorstellung, auf die ich mich beziehe, ist vielmehr weit spezifischer; für die vorliegende Untersuchung ist sie wichtig, weil sie in modernen ethnographischen Studien ständig begegnet. Ich führe zwei Beispiele an.
Zuerst greife ich die Analyse auf, die Worsley (1956) aufgrund meiner Bücher und Aufsätze über die Verwandtschafts- und Sozialstruktur der Tallensi vorgelegt hat. Es handelt sich um eine gründliche Studie, die zu Recht auf schwache Stellen in meiner Analyse aufmerksam macht. Darin werden aber viele meiner Daten auf schwerwiegende Weise falsch interpretiert, was auf Worsleys Neigung beruht, überall die Unsichtbare Hand des ökonomischen Zwangs ausfindig zu machen:

»Wir wir gesehen haben, ist Verwandtschaft die Form, die die grundlegenden Beziehungen annehmen, die aus den Notwendigkeiten des Ackerbaus, der Vererbung von Besitz usw.

entstehen, und in dem Maße, wie sich diese Beziehungen verändern, verändert sich auch Verwandtschaft. Verwandtschaft ist nicht etwa grundlegend, sondern sekundär.« Er fügt erklärend hinzu: »Die bestimmten Formen, die Verwandtschaftsbeziehungen annehmen werden – unilineare Abstammungsverbände, kognatische Systeme ohne Lineages, doppelte unilineare Systeme usw. – sind weitgehend von ökonomischen und historischen Kräften bestimmt« (1956: 62–63).

Es gibt wohl leider keine Möglichkeit, Worsley zu widerlegen, ohne die ethnographischen Daten detailliert zu betrachten.[1] Für den naiven Determinismus, den er vertritt, ist bezeichnend, daß seine Argumente zirkulär sind und auf einem nebulösen und oberflächlichen Begriff von Ökonomie basieren, dem alle möglichen sozialen Handlungen subsumiert werden. Er bemerkt indes, daß

»in Taleland Kooperation einer größeren Zahl von Personen, als die Kernfamilie sie bereitstellen kann, lebensnotwendig ist: Die Kooperation ökonomischen Handelns faßt Personen zusammen, die untereinander bereits blutsverwandt oder verschwägert sind« (1956: 68).

Dies ist sicher der kritische Punkt. Wie *wird* man blutsverwandt (um Worsleys technisch nachlässigen Ausdruck zu benutzen) oder verschwägert – und dies nicht nur bei den Tallensi? Ehe, Elternschaft, Kindschaft, Geschwisterschaft und andere Verwandtschaftsbeziehungen finden sich in ähnlichen Anordnungen in Gesellschaften, die hinsichtlich ihrer Produktionsweisen (Nahrung, Wohnung und Dienstleistungen), ihrer Eigentumsverhältnisse und in anderen Momenten, die Worsley »ökonomisch« nennt, von den Tallensi sehr verschieden sind. Sie treten sogar – und zwar in Formen, die die Tallensi spontan als den ihrigen analog erkennen würden – im modernen Lancashire auf. Oder ist Worsley etwa der Meinung, die Verwandtschaftsbeziehungen in Lancashire seien »grundlegend« durch die moderne Industriewirtschaft der Region bestimmt?

Er protestiert besonders gegen meine Folgerung, daß das Verwandtschaftssystem

»... den primären Mechanismus bildet, durch den die grundlegenden moralischen Prinzipien einer Gesellschaft des Typs, den die Tallensi repräsentieren, auf das Geben und Nehmen des sozialen Lebens übertragen werden« (1949: 346, vgl. Worsley 1956: 63).

Aber er gibt keine *ökonomische* Erklärung von moralischen Institutionen wie dem Inzest-Tabu. Er verwirft meine These, daß das Verwandtschaftssystem, das ökonomische System und das Religionssystem der Tallensi analytisch voneinander unterschieden und wechselseitig irreduzibel sind und doch so eng voneinander abhängen, daß sie isoliert gesehen nicht zu verstehen sind. Er muß eine einspurige, mechanistische Erklärung haben, die im Widerspruch zu dem von ihm selbst zitierten

Material Verwandtschaft auf ein sekundäres Nebenprodukt von landwirtschaftlichen Bedürfnissen und Eigentumsverhältnissen reduziert. Diese flüchtige Diskussion von Worsleys Trugschlüssen wäre gegenstandslos, wenn es nicht darum ginge, daß der Standpunkt der darin zum Ausdruck kommt, in Verwandtschaftsstudien immer wieder auftaucht. Dieser Standpunkt wird mit bekannter Beredsamkeit in meinem zweiten Beispiel vertreten, nämlich in Leachs Studie über das Dorf Pul Eliya in der Trockenzone Ceylons. Die besondere Relevanz dieser Studie liegt hier darin, daß die peinlich genau dargelegten Feldforschungsdaten eindeutig im Widerspruch zu ihrer polemischen Haltung stehen (wie Cohn, 1962: 105; und Oliver, 1962: 622 gezeigt haben).
Leach verkündigt seine Behauptung auf die folgende Weise:

»Verwandtschaft, wie wir sie in diesem Buch finden, ist kein ›Ding an sich‹. Die Konzepte Abstammung und Schwiegerschaft sind Ausdruck von Eigentumsverhältnissen, die in der Zeit überdauern. Heirat vereint, Erbschaft trennt, Eigentum überdauert« (1961a: 11).

Anthropologen neigen zu geistreichen Floskeln, man sollte sie nicht *au pied de la lettre* nehmen. Aber was gemeint ist, ist klar: Eigentum begründet das Überdauernde, die Grundsubstanz sozialen Lebens; die »Konzepte« (des Handelnden oder des Beobachters? Leach macht dies nirgends deutlich), die sich auf die Welt der Verwandtschaft beziehen, sind »Ausdruck«, d. h. sie sind sekundär, sind Ableitungen dieser dauerhaften Realität. Das erinnert an eine frühere Erklärung:

»In diesem Sinn möchte ich nachdrücklich betonen, daß jemand, der sich mit Sozialstruktur beschäftigt, nie vergessen darf, daß die ökonomischen Zwänge den Zwängen von Moral und Gesetz vorrangig sind« (1961a: 9).

Speziell auf Verwandtschaft bezogen, wird das Argument fortgeführt:

»In der *social anthropology* ist man geneigt, aus Verwandtschaft eine Spezialität zu machen und sie als getrennte Dimension zu betrachten. Eine solche Darstellung kann sehr irreführend sein. Verwandtschaftsgruppen existieren nicht als Dinge an sich ohne Bezug auf Rechte und Interessen, die ihren Kern bilden. Zugehörigkeit zu einer solchen Gruppe hängt nicht allein von der Genealogie ab. Genau gesprochen: Man kann von zwei Individuen nur dann sagen, daß sie zur gleichen Verwandtschaftsgruppe gehören, wenn sie gewisse gemeinsame Interessen haben – ökonomische, rechtliche, politische, religiöse, je nach dem – und *diese Gemeinsamkeit rechtfertigen*, indem sie sich auf eine Verwandtschaftsverbindung beziehen. Die anthropologischen Probleme, die sich dann stellen, sind: Um welche gemeinsamen Interessen handelt es sich? Welche Individuen teilen sie? Welcher Art ist die Verbindung? Weshalb wird Verwandtschaft und nicht irgendein anderes *Prinzip der Integration* zur Absicherung der Legitimität verwendet?« (1961a: 65–66; Hervorhebungen von mir).

Hier sehe ich mich in der Klemme. Die Anthropologen, die so zweideutig angeklagt werden, werden nicht beim Namen genannt. Sicherlich hat keiner von denen, die Leach in seiner Studie zitiert, jemals *Verwandtschaftsgruppen* als »Dinge an sich« (was das auch immer heißen mag) und »ohne Bezug auf Rechte und Interessen, die ihren Kern bilden«, dargestellt. Es mag in der Tat so sein, daß Genealogien allein nicht ausreichen, die Zugehörigkeit zu einer solchen Gruppe zu begründen, was natürlich davon abhängt, wie die Gruppe definiert wird. Andererseits kann ohne Genealogien in bestimmten politisch-rechtlichen Systemen kein Zugehörigkeitsanspruch bestehen. Das Lozi-Dorf und sogar die *gedara* von Pul Eliya sind Beispiele. Ferner, um einen Schritt zurück zu gehen, setzt Heirat zumindest eine Inzest-Regel voraus, die Geschwistern die Heirat verbietet und, wie in Pul Eliya, die Partnerwahl durch genealogisch festgelegte Kriterien vorschreiben mag. Ähnlich setzt Erbschaft, wenn nicht durch Testament geregelt, Gesetze voraus, die das Recht-des-nächsten-Verwandten durch Verwandtschaftskriterien und genealogische Spezifizierung bestimmen. Und schließlich ist Eigentum, im rein materiellen Sinn von Land, Gebäuden, Werkzeugen, oder was auch immer, sicherlich tot, wenn es nicht in Übereinstimmung mit Recht und Moral von menschlichen Gruppen besessen und benützt wird.

Wie dem auch sei, es hat keinen Sinn, diese Einzelheiten weiter zu verfolgen. Wir sollten vielleicht Leachs polemische Erklärungen nicht zu wörtlich nehmen. Denn das wirkliche Problem, mit dem wir uns alle befassen, ist von Leach selbst im letzten Satz des vorhergehenden Zitats gut formuliert worden. Um Worsley zu paraphrasieren: Das Problem wird durch die Tatsache bestimmt, daß die Beziehung durch Verwandtschaft oder Heirat offenbar die notwendige und vorrangige Bedingung für Wirtschafts- und Eigentumsverhältnisse in dieser Gemeinschaft darstellt, wie auch in den anderen, mit denen wir uns hier beschäftigen. Greifen wir einige der allgemeineren Merkmale zuerst heraus: Man muß sehen, daß Pul Eliya ein Dorf mit weniger als 150 Einwohnern ist, die alle durch Geburt oder Eingliederung einer einzigen endogamen Subkaste *(variga)* der weit verbreiteten Goyigama-Kaste angehören. Also sind nach Auffassung des Dorfes alle Angehörigen der *variga* Verwandte. Es gibt einen *variga*-Gerichtshof, der Verletzungen der Endogamieregel entweder mit einer Geldstrafe – was »gleichbedeutend mit einer *variga*-Mitgliedschaftsgebühr ist« (1961a: 72) – oder mit Ausweisung aus der Subkaste ahndet. Zwei Fälle werden angeführt. Der erste Fall endet mit einer Geldstrafe und der Aufnahme in die *variga*; im zweiten werden die Parteien ausgeschlossen. Leachs Interpretation ist bezeichnend:

»Das Prinzip, das dabei eine Rolle spielt, ist klar. Wenn der ›Sünder‹ ein erwünschter Verwandter ist, wird sein Verstoß mit einer Geldstrafe reingewaschen, ist er unerwünscht, werden er und die Mitschuldigen aus der *variga* ganz ausgeschlossen« (1961a: 73).

Aber die Daten zeigen, daß der »erwünschte Verwandte« ein Angehöriger der Kaste war, zu der auch die Pul Eliya-*variga* zählt (Goyigama), obwohl er offensichtlich nicht derselben Subkaste angehörte, während im zweiten Fall der betreffende Mann im Dorf als Sohn eines Gärtners aufgewachsen war, aber nicht der Goyigama-Kaste angehörte. Also war sein Fall ein echter Verstoß gegen die Kastenendogamie, während der erste Fall so interpretiert werden könnte, daß eine Verletzung der Subkastenendogamie toleriert wurde, weil die Grenzen der weiter gefaßten und vorrangigen Endogamie der ganzen Kaste nicht berührt wurden. Es sind nicht etwa einfach niedere oder gewinnsüchtige Motive, die den Ausschlag geben.

Die Wahrscheinlichkeit, daß die Regel der Kastenmoral die Betrachtung geleitet hat, wird durch weitere, von Leach berichtete Beobachtungen erhärtet. Er bemerkt z. B., daß Männer, die mit Frauen aus einer falschen Subkaste der gleichen Kaste zusammenleben, toleriert werden, während er »nicht einen einzigen Fall antraf, in dem ein Mann einen Haushalt mit einer Frau der falschen Kaste gegründet hätte« (1961a: 74), obwohl es sicherlich Umstände gab, unter denen ein solcher Haushalt ökonomisch vorteilhaft gewesen wäre. Nun beharrt Leach darauf, daß »es eher Landrechte und Wohnort als Abstammung sind, die die endgültige Basis für den *variga*-Status bilden« (1961a: 79), aber der Fall des Gärtnersohns läßt an dieser Verallgemeinerung zweifeln. Obwohl er dort lange wohnte, wurde ihm nicht erlaubt, eine Frau der Goyigama-*variga* zu heiraten – also kann nicht gesagt werden, daß er den *variga*-Status kraft seines Wohnorts erworben hätte. Weitere Bestätigung findet man in der folgenden Feststellung:

»Die primäre ökonomische Bedingung für einen Dorfangehörigen ist nicht, daß er Besitzer von Land, sondern daß er ein Mitglied des Dorfes ist und Anteilsrechte am Wasser des Dorftanks besitzt. Alle Dorfmitglieder (vorausgesetzt, sie überschreiten keine Kastenregeln) übertragen allen ihren Kindern dieses erste grundlegende Recht zur Dorfmitgliedschaft. Angehörige von Pul Eliya benützen keine *gedara*-Namen oder detaillierte Genealogien, um diese Mitgliedschaftsübertragung zu spezifizieren, sie wenden einfach das viel ungenauere Kriterium an, daß Gehöfte *(compounds)* fortdauernde Einheiten sind« (1961a: 98).

Rekrutierung zu diesen Einheiten geschieht »primär nach Stammbaum« (Leach, 1961a: 106). Aber durch den Stammbaum allein wird nur ein latentes Recht geschaffen, das durch die Gemeinsamkeit des Wohnsitzes bestätigt wird. Ein Modell einer solchen Hauseinheit erhellt der Kommentar:

»Die genauen Details des Stammbaums sind unsicher, aber weil die Abstammung anerkannt ist, sind alle diese Individuen ›Mitglieder des Dorfes‹ . . ., Leute von Pul Eliya, obwohl manche von ihnen außerhalb des Haupt-*gamgoda*-Gebiets leben« (1961a: 98–99).

Das Vorurteil tritt hier unverhüllt zu Tage: Ein Kindern durch »Stammbaum« (vermutlich automatisch) übertragenes »Recht« – vorausgesetzt, ihre »Abstammung ist anerkannt« und ihre Kastenzugehörigkeit sicher – wird als ein »*ökonomisches* Erfordernis« beschrieben. Aber Berechnung von Stammbaum und Abstammung ist in präskriptiv endogamen Gruppen nicht wesentlich, um primäres Anrecht auf Mitgliedschaft zu begründen. Um das Anrecht zu haben, genügt es, ein anerkanntes, d. h. rechtmäßiges Kindschaftsverhältnis zu Eltern zu haben, die rechtmäßig der Gruppe zugehören (vgl. Fortes, 1959).

Leach macht eine besondere Sache daraus, die *pavula*-(Verwandtschafts-)Kombinationen innerhalb der Subkaste so darzustellen, als zeigten sie sich als politische Interessengruppen. Zusammengefaßt:

> »Lassen Sie mich wiederholen: Obwohl die Rekrutierung zur *pavula* allein in der Verwandtschaft begründet ist, ist die *pavula* im Grunde eine politische Interessengruppe ... So setzt das ganze System die Existenz der übergeordneten *variga*-Organisation voraus, durch die jedermann im Dorf notwendig ein Verwandter des anderen ist« (was Verschwägerte einschließt, insofern auch sie »in einem sehr allgemeinen Sinn verwandt sind«) (1961a: 123).

Kurz (da hier nicht der Platz ist, in weitere Details zu gehen): wenden wir es, wie wir wollen, was diese Gemeinschaft angeht, kann eine Person kein Mitglied in ihr oder von ihr sein, wenn sie nicht den richtigen Verwandtschaftsausweis besitzt. Und sie kann *innerhalb der Gemeinschaft* kein ökonomisches Eigeninteresse verfolgen oder sich politische Prestige- oder Machtmanöver erlauben, es sei denn als deren anerkanntes Mitglied. Die Grenze zwischen dem internen System des *variga*-Dorfes und seiner externen sozialen und politischen Umwelt ist durch das Kriterium der Verwandtschaft geschaffen – und in diesem Fall verschmilzt Verwandtschaft mit Kaste, mit allen ihren moralischen und rechtlichen Regeln.

Das wichtigste Eigentum im Dorf ist das Land im Alten Feld, ein Lehen, durch das Rechte auf das Wasser des Bewässerungstanks verliehen werden. Individuelle Anteile werden durch Erbschaft, Geschenk oder Kauf erworben, sagt Leach (1961a: 173). Hier hat Leachs These eine Feuerprobe zu bestehen. Erbschaft von Landstücken setzt offensichtlich ein Verwandtschaftsrecht durch Kindschaft zu einem Elternteil voraus, da testamentarische Bestimmung nicht üblich zu sein scheint. Landgeschenke *inter vivos* (1961a: 132–37) werden entweder einem adoptierten Kind oder den potentiellen Erben des Gebers, gewöhnlich seinen Kindern, oder als Mitgift einer Tochter gemacht. Auch hier scheinen die

bestimmenden Faktoren in den Bereich von Familie und Verwandtschaft zu fallen. Man könnte natürlich vorbringen, daß die Motivation, solche Geschenke zu machen, ausschließlich in ökonomischem oder politischem Eigeninteresse begründet sei; Männer und Frauen (die Geschlechter sind hinsichtlich der Landrechte gleichberechtigt) machen Geschenke im Ausgleich für Altersunterstützung oder sonstige nützliche Hilfe. Dann aber wären häufig Fälle zu erwarten, in denen fähige und vertrauenswürdige junge Menschen als Empfänger dieser Geschenke ausgewählt würden, ohne Rücksicht auf Kindschafts- oder Schwiegerschaftsverbindungen. Gibt es hierin keinen Faktor der »Moral« oder des »Rechts«?
Aber wenden wir uns der Verpfändung und dem Kauf zu. Kann ein Gläubiger oder Landkäufer kraft dieser ökonomischen Transaktion ein Bürger des Dorfes oder sogar – was eine wörtliche Interpretation von Leachs These nach sich ziehen würde – ein *variga*-Mitglied werden? Wir erfahren, daß er das nicht kann:

»Von den 107 Landstücken im Alten Feld haben nicht weniger als 45 zwischen 1890 und 1954 ... den Besitzer mindestens einmal gewechselt ...
Aber diese Abweichung von der Theorie impliziert keinen Zusammenbruch der traditionalen Ordnung. Das Wesen der traditionalen Ordnung ist, ... daß alles Land in die Hände der Mitglieder der Lokal-*variga* zurückgewonnen werden soll. 1890 war nur einer der aufgeführten Landstück-Eigner ein ›Außenseiter‹ in diesem Sinn; er besaß, gemäß den Aufzeichnungen, 7½ *acres*. Auch 1954 war nur einer der erfaßten Landeigner ein Außenseiter; er besaß 3½ *acres*. Vom Standpunkt der *variga* aus gesehen, war die Situation von 1954 ein großer Fortschritt gegenüber der von 1890« (1961a: 173).

Es gibt Tamil- und Moslem-Händler im Dorf, die Geld gegen die Garantie von Land verleihen. Für diese Händler ist es aber unmöglich, Mitglieder der *variga* zu werden. Sie können sich nicht einkaufen; denn sie sind natürlich Angehörige anderer Kasten. Wir erfahren (1961a: 174), daß in der Regel Land an Außenseiter verkauft, aber innerhalb einer kurzen Zeit wieder von einem anderen Mitglied der Lokal-*variga* zurückgekauft wird. Und nun folgt eine prägnante Bemerkung: »Wenn dies vorkommt, kann das enge Netz der Verwandtschaft, das zwischen allen ansässigen *variga*-Angehörigen besteht, dazu benützt werden, den Verkauf zu verdecken«: Das Stück wird dem Land-Fond, über den die *variga*-Angehörigen unter dem Titel traditionalen Rechts *(paraveni)* verfügen, wieder eingegliedert. So wirkt auch hier der unbedingte Zwang der *variga*-Zugehörigkeit, die in letzter Instanz von Verwandtschaftstiteln abhängt. Ein nicht verwandter Außenseiter kann nicht einfach kraft Kauf und also Besitz an einem Stück Land ein voll berechtigter Bürger von Pul Eliya werden. Denn, so sagt Leach:

»Um ein voll berechtigter Angehöriger der Gemeinschaft, ein Mann von Pul Eliya *(Pul Eliya miniha)* zu sein, ist es notwendig, a) aus der richtigen *variga* zu sein, b) einen Anteil am Land im Alten Feld und c) Rechte auf ein Gehöft in der Pul Eliya-*gamgoda* zu haben ..., diejenigen, die im Dorf wohnen, aber dort kein Land besitzen, sind *nicht* Pul Eliya-*minissu*« (1961a: 193).

Das Bedeutsame daran aber ist die Tatsache, daß allen Nicht-Bürgern, auf die sich Leach bezieht, eine wesentliche Qualifikation zur Bürgerschaft fehlt, nämlich Zugehörigkeit zur *variga* durch Verwandtschaftsrecht.

Ein weiteres Moment verdient beachtet zu werden. Leach faßt die »allgemeinen Prinzipien der Bildung von Arbeitsgruppen« zusammen:

»Verwandtschaft allein *bestimmt* nicht, wer einer gemeinsamen Arbeitsgruppe angehören wird. Die Leute arbeiten zusammen aufgrund von ökonomischen Beziehungen, d. h. wegen Schuldverpflichtungen des *ukas*- und *andé*-Typs, oder wegen Reziprozitätsverpflichtungen. Trotzdem finden wir bei direkter Beobachtung, daß die Leute, die zusammenarbeiten, Verwandtschaftsgruppen sind, durch *pavula*-Bande zusammengeschlossen, wie in früheren Kapiteln beschrieben« (1961a: 280).

Nun betont Leach ausdrücklich die freien Entscheidungen der Individuen zu *pavula*-Verbindungen und anderen kollektiven Einrichtungen, die anscheinend durch Verwandtschaft reguliert werden. Dies ist für ihn eine theoretische Kardinalfrage, da er behauptet, daß die sogenannte Struktur nicht aus dem Wirken rechtlicher und/oder moralischer Regeln oder Verwandtschaftsprinzipien resultiert, sondern ein statistisches Ergebnis der freien Entscheidungen von Individuen ist.

Um so interessanter ist es, eine der Institutionen zu betrachten, in der der Raum zu freien Entscheidungen maximal zu sein scheint. Es handelt sich um das Terrain von Dreschplätzen. Leach erklärt:

»Da frei gewählt werden konnte, verband sich jeder mit seinem besten Freund zum Anlegen eines Dreschplatzes und zum Bau von *kola*-Speichern« (1961a: 271).

Betrachten wir aber die Resultate, so finden wir:

»Diejenigen, die im Haupt-Dorf wohnen und dort wohl begründeten Erb- (d. h. Verwandtschafts-)Status haben, haben alle ihre *kamata*, in der Ihala elapta gebaut und sich zudem ungefähr gemäß ihrer Gruppenzugehörigkeit zu einem Gehöft geordnet. Dies gilt für 13 der 20 *kamata*« (1961a: 271–74).

Die Hauptbesitzer von zwei der übrigen sieben *kamata* sind alle auf die eine oder andere Weise »Außenseiter«, und auf dem Diagramm, das die ungefähre Lage der Dreschplätze zeigt, liegen die »Außenseiter« alle jenseits des »Insider«-Gebiets. Wenn die Entscheidung unter diesen Umständen wirklich frei ist und ausschließlich ökonomischen Erwägungen oder Eigeninteressen folgt, völlig unbeeinflußt von Überlegungen der Kasten- oder Verwandtschaftsverpflichtungen, so wäre zu erwarten, daß die Lagen der Dreschplätze von »Insidern« und »Outsidern« unterschiedslos verteilt seien. Zumindest sollte man von einer Verteilung nach reinen Nützlichkeitskriterien nicht erwarten, daß sie der Spaltung zwischen denen, die den richtigen *variga*-Status, und denen, die den falschen *variga*-Status haben, so genau entspricht. Dieses Moment entgeht Leach nicht, denn er schließt:

»Es kommt mir darauf an, daß die Aufstellung der einzelnen Speicher das Ergebnis einer Reihe von ›zufälligen‹ Umständen ist, daß aber das Gesamtmuster, das sich am Ende ergab, eine bedeutsame Anordnung darstellte, welche durchaus zwingend die Sozialstruktur auf eine Weise repräsentierte, die mit dem Verhalten der betreffenden Individuen in viel formaleren Situationen übereinstimmte, wie bei Dorf- und Familienfesten (Pubertät der Mädchen und Heirat)« (1961a: 283).

Mit anderen Worten, die Anordnung stimmte mit Verhaltensmustern überein, in denen *pavula*-Zugehörigkeit und Verwandtschaftserwägungen entscheidend sind.

Es gibt einen besonders zweideutigen Abschnitt in Leachs Analyse, der zu aufschlußreich ist, als daß er übersehen werden könnte. Er handelt von den Beziehungen von Brüdern im Gegensatz zu Schwägern (die natürlich klassifikatorische *cross-cousins* sind). Ich muß mich mit einem kurzen Zitat begnügen:

»›Brüder‹ befinden sich immer im Verhältnis Älterer Bruder/Jüngerer Bruder, ein Verhältnis der Ungleichheit und respektvollen Höflichkeit. Im Gegensatz dazu stehen ›Schwäger‹ *(massina)* in einem Gleichheitsverhältnis, das ihnen scherzhaften Umgang erlaubt.
Die Ursache für diesen Unterschied in der Verhaltenserwartung ist klar. Von Brüdern wird erwartet, daß sie zusammen wohnen; von Schwägern nicht. Koresidenz impliziert Miterbschaft an einem gemeinsamen Vermögen. Miterbschaft ist ein Verhältnis unterdrückter Rivalität. Obwohl man in dieser Gesellschaft häufig feststellen kann, daß Brüder Rivalen sind, kann dies nicht von einem wesentlichen Verwandtschaftsprinzip hergeleitet werden; die Rivalität ist nur insoweit manifest, als die Rivalen Konkurrenten in der Verwaltungskontrolle des gleichen Teils elterlichen Eigentums sind. Nur weil von Brüdern erwartet wird, daß sie virilokal *(diga)* wohnen, erwartet man auch, daß ihre persönlichen Beziehungen schwierig sind.
Schwäger haben normalerweise kein Verwaltungsinteresse am gleichen Stück Land, und deshalb ist es ihnen möglich, auf der Basis von Gleichheit mühelos zu kooperieren« (1961a: 118).

Was hier angenommen wird, ist, daß Brüder Rivalen sind, nicht weil unter ihnen ein Vorrecht besteht, das wesentlich daraus folgt, daß sie Kinder gleicher Eltern sind, sondern weil sie konkurrierende ökonomische Interessen haben. Indes ist das Land, von dem angegeben wird, daß es den Anstoß zu ihrer Rivalität gibt, »elterliches Eigentum«, d. h. Land,

das kraft Kindschaft geerbt wird oder erbbar ist, nicht aber Land, das etwa kraft Kauf oder auf eine andere ökonomische Weise erworben wurde. Es steht einfach fest: Um das Recht zu haben, auf diese spezifisch brüderliche Weise zu konkurrieren, müssen Männer zunächst Brüder und Söhne sein; und dadurch sind sie von Schwiegerverwandten unterschieden. Die rechtliche Äquivalenz von Geschwistern mag in kognatischen Systemen sehr wohl übertrieben ausgedrückt werden; sie schließt Rivalität nie aus. Schwäger stehen im Gegensatz dazu in quasi-vertraglicher Partnerschaft, die willentlich befristet werden kann. Ihr scherzhafter Umgang folgt einem klassischen Muster, das eher Ambivalenz der Haltung als Amity (s. u.) impliziert.[2]
Am Ende nimmt Leach seine Zuflucht zu einer kurzen Diskussion des Brandrodungsfeldbaus. *Variga*-Zugehörigkeit, Dorf-Bürgerschaft und verwandtschaftliche Affiliationen sind in diesem Zusammenhang völlig irrelevant, da sie keinen Anspruch auf Land oder besondere Berücksichtigung begründen. Es handelt sich um eine ökonomische Erleichterung, die vermutlich für landlose Bauern geschaffen wurde, obwohl sie heute auch für rein kommerzielle Zwecke ausgenützt wird. Jeder bearbeitet sein *chena*-Land selbst. Es gibt dabei keine Geemeinschaftsarbeit und kein Teilhaben an ökonomischen Belohnungen und Verantwortlichkeiten. Ob der Einzelne die Produkte für seine privaten Zwecke nutzt und nicht, um irgendwelche Pflichten und Verantwortlichkeiten als Elternteil oder Ehemann, als Verwandter oder als *variga*-Angehöriger zu erfüllen, wissen wir nicht. Aber selbst wenn es so wäre, wäre es nicht ungewöhnlich. Es gibt kein Sozialsystem in der Welt, in dem Verwandtschaftsregeln und -beziehungen *jede* menschliche Aktivität regulieren oder in dessen Rahmen individueller Erwerb und private Nutzung einiger materieller Güter gänzlich ausgeschlossen sind. Jedenfalls ist es bemerkenswert, daß »Außenseiter« keine Landstücke in dem traditionalen *chena*-»Kreis« haben.
Die Goyigama *variga* Pul Eliya wird von Leach als eine in mancher Hinsicht körperschaftliche Organisation beschrieben. Aber anders als bei einer Aktiengesellschaft in unserer Gesellschaft ist es für ein Individuum unmöglich, zu dem Verband zu gehören, eine Stimme in seinen Angelegenheiten zu haben, in ihm festbegründete Rechte auszuüben, einfach kraft Landbesitz, so wie wir durch Kauf erworbene Aktien und Anteile besitzen können. Das ist auch nicht kraft irgendeiner anderen rein ökonomischen Rolle möglich. *Variga*-Zugehörigkeit und die daraus folgenden Rechte, Pflichten, Privilegien und Ansprüche können nur durch Verwandtschaftsausweis erworben werden. Üblicher- und normalerweise wird dieser Ausweis durch Kindschaft erworben. Aber er kann auch durch eine Art Adoption in einen angemessenen Verwandtschafts-

status erworben werden, mit der Zustimmung des *variga*-Rats. Man muß also zunächst ein Verwandter sein und folglich ein Angehöriger der Subkaste und auf dieser Basis ein Bürger des Dorfes, bevor man Zutritt zu dessen ökonomischen Ressourcen haben oder eine Rolle in den internen politischen Angelegenheiten spielen kann. Es gibt nichts in Leachs Buch, was darauf hinweisen könnte, daß ein landloser *variga*-Angehöriger (dessen Vater oder Großvater nach den Aufzeichnungen sehr wohl einer der reichsten Männer der Gemeinschaft gewesen sein könnte) dadurch, daß er besitzlos und arm ist, seiner *variga*-Zugehörigkeit beraubt wird. Im Fall einer Aktiengesellschaft höre ich auf, zu der »Körperschaft« (»*corporation*«) zu gehören, wenn ich meine Anteile verkaufe. Außerdem kann sich ein Ausländer, der nach England kommt und die notwendige Arbeitserlaubnis erhält, im Handel engagieren, jedem legitimen Gewerbe oder Beruf nachgehen, um seinen Lebensunterhalt zu verdienen. Um die Erlaubnis dazu zu erhalten, braucht er kein Staatsbürger zu sein; und andererseits kann er die Staatsbürgerschaft nicht lediglich aufgrund seiner ökonomischen Geschäfte oder Erfolge erwerben. Er kann die Staatsbürgerschaft des United Kingdom nicht *kaufen*. Er kann allerdings nach einer bestimmten Aufenthaltsdauer in England Einbürgerung beantragen, vorausgesetzt er ist nicht mit dem Gesetz in Konflikt gekommen oder hat sich sonst als unerwünscht erwiesen; und er kann die Staatsbürgerschaft durch die zuständige Staatsbehörde, das Home Office, gewährt bekommen. Kurz, Verleihung der Staatsbürgerschaft wird bestimmt durch rechtliche und moralische Regeln, die vom Staat erlassen und durch die Verwaltungsorgane des Staates kontrolliert werden. Die gleichen Prinzipien gelten in den USA und in den meisten modernen europäischen und amerikanischen Gesellschaften. Und dies ist einer der bedeutsamsten Unterschiede zwischen einem Sozialsystem unserer Art und den Systemen, die in unseren exemplarischen Untersuchungen repräsentiert sind. Pul Eliya gehört zu den letzteren. Gemeinschaftszugehörigkeit, die die vollen Rechte auf Bürgerschaft enthält, ist nicht käuflich. Bürgerschaft kann nicht durch Kauf, nicht kraft gewerblicher Spezialisierung, Landbesitz oder gar durch den Wohnsitz erworben werden. Die unerläßliche Bedingung ist ein anerkannter Verwandtschaftsstatus innerhalb der Subkaste des Dorfes. Und wenn dies nicht unbedingt eine Funktion von »Gesetz« und »Moral« ist – wie es die Verleihung der Bürgerschaft überall ist – sondern ein Nebenprodukt »ökonomischer« Verhältnisse und Institutionen, dann bedürfen die einschlägigen Wörterbücher unserer Sprache durchgreifender Revision.

III.

Ich habe Worsleys und Leachs Studien ausführlich besprochen, weil sie eine Extremposition in der Ablehnung struktureller Autonomie *sui generis* in Verwandtschaftsbeziehungen und -institutionen repräsentieren. Es gibt andere, die der gleichen Richtung zuzuneigen scheinen; sie haben aber – indem sie sich enger an die ethnographischen Tatsachen gehalten haben – betont, was funktionalistische Anthropologie immer hervorgehoben hat, nämlich den Variationszusammenhang und die wechselseitige Abhängigkeit der ökonomischen Systeme und der Verwandtschafts- und Abstammungsinstitutionen in Stammesgesellschaften (vgl. Evans-Pritchard, 1940; Firth, 1929, 1939; Richards, 1939; der Gegenstand wurde besprochen in: Herskovits, 1940). Firths Formulierung der »allgemeinen Hypothese, daß die ökonomische Organisation jeder Gemeinschaft sehr eng mit der Sozialstruktur verbunden ist, so daß jedes dazu dient, das andere zu verstärken« (1959: 140), ist immer noch gültig. Systeme der Produktion, des Konsums und des Tauschs, die Verteilung des Reichtums, Art und Ausmaß beruflicher Spezialisierung und andere Komponenten dessen, was oft unbestimmt unter die Rubrik Ökonomie gefaßt wird, wirken sicherlich als externe Zwänge und als Medien für die Entfaltung von Verwandtschaftsinstitutionen, Normen und Beziehungen. Nie wurde mit Bestimmtheit behauptet, daß sie letzte *raison d'être* solcher als internes System betrachteter Institutionen, -normen und -beziehungen sind. Niemand ist es bis jetzt gelungen zu zeigen, daß das System der Verwandtschaftsbeziehungen, wie es in jeder Gesellschaft anzutreffen ist, oder die Verwandtschaftsstruktur und darin wirkende Abstammungsbeziehungen, oder auch nur das Vorkommen irgendeiner besonderen Verwandtschaftsnorm, aus einer Kenntnis der Ökonomie oder aus Prozeß, Praxis oder Institution der Wirtschaft i. e. S. ableitbar ist. Das Argument ist fast zu banal, um betont zu werden, denn jedes Lehrbuch über Verwandtschaftssysteme gibt Beispiele dafür, daß gleichartige Systeme in den unterschiedlichsten technologischen, ökonomischen und ökologischen Zusammenhängen auftreten. Nirgendwo in der Welt kann der *homo oeconomicus*, sei es als Kapitalist, Händler oder Handwerker, als Hirte, Fischer oder Bauer in einer Subsistenzwirtschaft, als Unternehmer oder Plantagenbesitzer oder unfreier Sklave, als Konsument von Gütern und Dienstleistungen usw., seine ökonomischen Funktionen erfüllen, wenn er keinen politisch-rechtlichen Status in der Gemeinschaft hat, und sei es auch nur der eines Ausländers, der den Landesgesetzen unterworfen ist. In Stammesgesellschaften muß eine Person sehr häufig ein Verwandter sein oder durch politisch-rechtlichen Status ein Angehöriger einer Abstammungsgruppe, um das Recht des Zugangs zu ökonomischen Ressourcen zu haben, das Recht, ein Handwerk zu betreiben, ökonomische Macht auszuüben, ökonomische Forderungen zu stellen und ökonomische Ansprüche geltend zu machen.[3]

Damit soll nicht geleugnet werden, daß technologischer Wandel, wie z. B. ein Übergang vom Hackbau zum Pflugbau, oder struktureller Wandel, wie z. B. ein Übergang einer Subsistenzwirtschaft zu einer Geld- und Marktwirtschaft, die Form und Wirkungsweise von Verwandtschaftsinstitutionen beeinflussen mag. Aber ein ausschließlicher Kausalzusammenhang wurde bis jetzt niemals gesichert, sei es auch nur, weil begleitender politischer, rechtlicher, sozio-geographischer und kultureller Wandel ebenfalls unmittelbar einbezogen ist.[4] In diesem Zusammenhang gibt es die weitverbreitete Annahme, daß Abstammungsverbände zusammenbrechen, wenn sie – wie gesagt wird – in eine moderne Geld- und Marktwirtschaft hineingezogen werden oder wenn ihre Angehörigen in moderne kommerzielle und industrielle Berufe eintreten. Der Fall der Ashanti bestätigt dies nicht. Und das geht noch deutlicher aus Polly Hills Untersuchungen (1963) der frühen Geschichte von Kakao-Anbau und -Vermarktung in Süd-Ghana hervor.[5] Sie zeigt schlüssig, wie die Lineage-Organisation der Akan-Kakaounternehmer nicht etwa zusammenbrach, sondern damals wie heute dazu genutzt wurde, die ökonomischen Möglichkeiten auszuschöpfen, die durch das Aufkommen und die Förderung des Kakaos als »cash crop« gegeben waren. Diese Entdeckung ist bedeutend, wenn man berücksichtigt, wie leicht matrilineare Abstammungssysteme nach allgemeiner Auffassung durch modernen, ökonomischen und sozialen Wandel verletzt werden können. Dies wird durch die gründliche vergleichende Studie Kathleen Goughs über matrilineare Systeme bestätigt.[6] Da diese Studie darauf aus ist, Desintegration in matrilinearen Systemen, die modernem ökonomischem und sozialem Wandel ausgesetzt sind, aufzudecken und die primäre Kausalwirkung ökonomischen Faktoren zuzuschreiben, ist das allgemeine Bild, das sie von der Zähigkeit und Anpassungsfähigkeit matrilinearer Ideologie und Normen gibt, um so überzeugender.

Die Geschichte der israelischen Kibbuz-Bewegung während der letzten 30–40 Jahre illustriert mein Argument auf dramatische Weise in der Perspektive unseres eigenen Familiensystems. Der von Spiro[7] beschriebene landwirtschaftliche Kibbuz ist darin typisch, daß er als eine kommunal produzierende Organisation begann, in der die Gemeinschaft das ganze Land besaß und verwaltete und die Gemeinschaftsarbeit auf einer streng egalitären Basis ohne Rücksicht auf berufliche Unterschiede unter den Arbeitern entlohnt wurde. In solchen Siedlungen waren am Anfang eheliche, elterliche und familiäre Beziehungen, wie sie in den westeuropäischen Gesellschaften bestanden, aus denen die Siedler kamen, ausgeschlossen oder zumindest als unvereinbar mit den marxistischen Idealen ihrer Gründer verachtet. Besonders die Erziehung der Kinder war kommunalen Institutionen übertragen, nicht der Haushaltsverbindung, die Eltern und Kindern erlaubt war. Im Laufe von fast zwei Generationen wurde die interne ökonomische Organisation der meisten dieser Siedlungen jedoch stark differenziert und modernisiert. Aber das Muster kollektiver oder kommunaler Wirtschaftsorganisation blieb bestehen. Daher ist in dieser Ökonomie kein Raum für die Kernfamilie oder irgendeine andere Familienform, die als Haushaltseinheit dienen könnte, geschweige denn als Produktions-, Markt- oder Spargruppe. Unter diesen ökonomischen Bedingungen – verstärkt durch eine Ideologie, die der Paarung, der Kindererziehung und den Haushaltsinstitutionen als Charakteristika der »bürgerlichen« Gesellschaft feindlich gesinnt war – hätte man erwarten können, daß traditionale, in häuslicher Kontinuität gegründete Familienformen inzwischen obsolet wären; denn es gibt heute viele im Kibbuz geborene Mitglieder, die in die ökonomische Struktur und soziale Organisation dieser Gemeinschaften integriert sind. Schließlich ist aber das genaue Gegenteil eingetreten. Eheliche Beziehungen, die denen der herkömmlichen Einehe sehr ähnlich sind, werden die Norm. Die Kernfamilie mit einem eigenen »Heim« und häuslicher Kontinuität wird zur Regel. Frauen tendieren zu beruflichen Rollen, die es ihnen ermöglichen, in der Nähe des »Heims« zu bleiben; Ehemänner und -frauen neigen dazu, ihre freie Zeit privat zusammen zu verbringen, anstatt an den öffentlichen Kibbuz-Veranstaltungen teilzunehmen; Eltern opfern ihre Freizeit ihren Kindern in ihren eigenen Wohnungen; Geschwisterbindungen werden im Gegensatz zu der diffusen Quasi-Geschwisterschaft der Altersgruppe des Kibbuz betont; und zur Krönung werden Verwandtschaftsbeziehungen zu kollateralen Verwandten sowohl außerhalb als auch innerhalb des Kibbuz weithin wieder geltend gemacht, so wie es in den meisten Gebieten Westeuropas Tradition und Brauch ist.[8] Wie die Lineage-Systeme der Akan und der Nayar hält sich die traditionale westeuropäische Familienform angesichts sehr bestimmter ökonomischer und ideologischer Druckmittel, die absichtlich zu ihrer Beseitigung eingesetzt sind.

Die Normen, Beziehungen und Institutionen von Familie und Verwandtschaft sind nicht auf ökonomische Faktoren reduzierbar; sie sind weder auf eine politische, religiöse, juristische noch auf irgendeine andere Nicht-Verwandtschaftsbasis reduzierbar. Angenommen also, daß wir uns mit etwas befassen, was sowohl vom Standpunkt des Handelnden als auch von dem des Beobachters aus ein ganz spezifischer, relativ autonomer Bereich sozialen Lebens ist, – durch welche Merkmale ist er gekennzeichnet? Es geht hier um die Frage nach den Mechanismen und Prozessen, durch die eine Person die unbedingten und unerläßlichen Merkmale erhält, durch die sie als verwandt ausgewiesen ist – im Gegensatz zu einem Fremden, einem Sklaven, einem bezahlten Lieferanten von Gütern oder Dienstleistungen, einem Klienten usf. Ist sie aber einmal ein Verwandter, was bindet sie an das, was nicht auf ökonomische, politische oder andere, von außen abgeleitete Beziehungen und Werte reduzierbar ist?

IV.

Unsere exemplarischen Untersuchungen bestätigen die alte Beobachtung, daß Verwandtschaftsbegriffe, -institutionen und -beziehungen Personen und Personengruppen klassifizieren, identifizieren und kategorisieren. Sie zeigen ebenso, daß dies mit Verhaltensregeln verbunden ist, deren Wirksamkeit letzten Endes von einem allgemeinen Prinzip der Verwandtschaftsmoral stammt, das im familiären Bereich verwurzelt ist und das überall axiomatisch verbindlich zu sein scheint. Dies ist die Regel des präskriptiven Altruismus, auf die ich als das Prinzip der Amity zwischen Verwandten hingewiesen habe und das Hiatt die Ethik der Großzügigkeit nennt.
In Gesellschaften des Typs, mit dem wir uns befassen, nimmt der Handelnde in seiner Rolle als Verwandter seine soziale Welt als geteilt wahr, in erster Linie als zwei entgegengesetzte Sphären moralischer Orientierung. Auf der einen Seite ist die Sphäre der Verwandtschaft und der familiäre Bereich; auf der anderen die Sphäre der Nicht-Verwandtschaft. Diese enthält im extremen Fall alles, was fremdartig und seltsam ist und außerhalb des Nexus normaler Sozialbeziehungen steht. In politischen Verwandtschaftsordnungen des australischen Typs ist Statuszuweisung in einem Verwandtschaftsbereich die notwendige Bedingung für die Formation sozialer Beziehungen in Übereinstimmung mit moralischen und rechtlichen Normen. Dies ist keineswegs ungewöhnlich. Wo immer Bürgerschaft in der politisch-rechtlichen Gemeinschaft durch einen auf Verwandtschaftsausweis gegründeten Status vermittelt ist, werden analoge Inkorporationsverfahren befolgt. Dies zeigt sich in allen unseren exemplarischen Untersuchungen. Es mag sein, daß Verwandtschaft in solchen politischen Ordnungen keine feste und umgrenzte Kollektivität markiert. Sie dient jedoch immer als zentrale Prämisse, von der ausgehend die soziale Welt des Handelnden polarisiert wird: in einen Bereich, in dem die Regel der Amity gilt, und in einen entgegengesetzten Bereich,

in dem sie nicht gilt und der letzlich als Außenwelt wahrgenommen wird.
Wir finden dieses Muster deutlich in Gesellschaften mit kognatischen Verwandtschaftssystemen, die keine differenzierte politisch-rechtliche Struktur haben. Der Kreis der Personen, die tatsächlich in den Verwandtschaftsbereich gezogen werden – im Gegensatz zur Sphäre der Fremdheit, die mit Feindschaft verschmilzt –, variiert dann mit den Umständen. Barton (1949: 82–83) z. B. beschreibt, wie bei den Kalinga, trotz ihres Hangs zum Töten, vom Krieg zerstreute Kognaten zuvor vernachlässigte oder unbekannte Verwandtschaftsbindungen beschwören können, um den Kampf zwischen Lokalgemeinschaften zu beenden. In kognatischen Systemen dieses Typs stellen Verwandte und Nicht-Verwandte keine festen »Gruppen« dar, sondern eher eine *ad hoc* virulente strukturale Polarisierung von Treuepflichten für den Einzelnen. Auf die gleiche Weise werden kognatische Bündnisse bei den Iban gehandhabt. In Systemen dieses Typs begründet Verwandtschaft für den Einzelnen einen inneren Bezirk von moralischen Beziehungen – die auch politisch-rechtliche Beziehungen sind, im Gegensatz zur Außenwelt im Ganzen – nach dem Prinzip der Amity nach innen und der Feindschaft nach außen; und es gibt keine Regeln oder Kriterien, mit deren Hilfe ein außenstehender Beobachter unwiderruflich feststellen kann, wo die Grenzen des Bezirks liegen.
Die Kandya-*pavula* scheint eine Variante der kognatischen Verwandtschaftsgruppe zu sein, wie sie bei Völkern wie den Iban und den Kalinga auftritt.[9] Aber die Betrachtung der *pavula* führt eine weitere Dimension ein. In diesem Fall wirkt Verwandtschaft auf zwei Ebenen: Erstens begründet sie Zugehörigkeit zur nach außen begrenzten und unterscheidbaren Subkaste; und zweitens zeichnet sie dem Einzelnen *ad hoc*-Bereiche von Konsensus und Solidarität vor, die intern denen anderer Individuen entgegengesetzt sind, obwohl sie extern mit ihnen verbunden sind. Erst in diesem Kontext kommen ökonomische und politische ebenso wie abweichende Tendenzen, Interessen und Motive sekundär ins Spiel.
Bei der Bestimmung des Geltungsbereichs von Verwandtschaftsmoral zeigt die Regel der präskriptiven Cousin/Cousinen-Heirat in intern kognatischen Gruppen eine besondere Verfeinerung an. Unter diesen Umständen werden Verwandte, die nachweisbar oder aufgrund von klassifikatorischen Regeln als »Blutsverwandte« näher bestimmt sind, abgegrenzt und in Gegensatz zu denen gestellt, die Schwiegerverwandte sind oder werden.[10] In den internen Beziehungen der Gruppe wird dann der Umkreis der Amity zwischen Verwandten eingeengt. Dies gilt da, wo Beziehungen als durch Verwandtschaft bestimmt interpretiert, nicht

da, wo sie als schwiegerschaftlich betrachtet werden. Nach außen gilt das Prinzip der Amity jedoch für alle Kognaten im Gegensatz zu Fremden. Eine interessante Variante dieser Struktur finden wir bei den nördlichen Ojibwa. Innerhalb einer Gemeinschaft sind »Verwandte«, durch das Amity-Prinzip gebunden, primär patrilaterale Verwandte und sekundär matrilaterale Verwandte (d. h. Schwestern der Mutter und ihre Kinder). Andere Kognaten – ebenso wie Schwiegerverwandte – werden als »Nicht-Verwandte« klassifiziert. Personen, die als verwandt definiert sind, können einander nicht heiraten; diejenigen, die in bezug auf ein bestimmtes Individuum als »nicht verwandt« definiert sind, werden im Gegensatz zu kollateralen Geschwistern der gleichen Generation, wenn sie ebenfalls zu dieser Generation gehören, als »Cousins/Cousinen« klassifiziert und können deshalb geheiratet werden. Ojibwa anderer Gemeinschaften werden »Fremde« genannt. (Dunning, 1959, stellt fest: ». . . diese Kategorien sind explizit in Begriffe gefaßt« (S. 73; vgl. auch S. 72–74, 109.)
Vergleichbare Abwandlungen von Lokalisierung und Geltungsbereich der Amity-Regel zwischen Verwandten sind weit verbreitet. Ashanti ordnen Patri-Verwandtschaft und enge Schwiegerbeziehungen dem familiären Bereich zu, und damit dem Geltungsbereich der Amity-Regel, aber »echte Verwandtschaft« ist unwiderruflich an das *yafunu*-Segment der Matrilineage gebunden und durch Extension an die lokalisierte Lineage. Um ein beliebiges anderes Beispiel aufzugreifen: Beattie (1957)[11] berichtet eine ähnliche Einstellung von den Banyoro Ostafrikas, bei denen die Clanschaft im Zentrum der Ethik der Großzügigkeit steht, im Gegensatz zur übrigen Gesellschaft. Die Tallensi machen die gleichen Unterscheidungen zwischen den Ansprüchen und Verpflichtungen, die aus der Zugehörigkeit zu Lineage und Clan herrühren, und denen, die aus der Familienherkunft folgen und ebenfalls Amity erfordern.
Diese Beispiele sind bezeichnend. Ein Bereich moralischer Verpflichtung wird ausgegrenzt; er ist recht genau durch eine Verwandtschafts- oder Abstammungsregel umschrieben, oft in der Residenz verankert und im Gegensatz zu anderen, ähnlichen Teilen der gesamten politisch-rechtlichen Struktur sowohl von außen als auch von innen erkennbar. Es muß aber hervorgehoben werden, daß die Ethik der Großzügigkeit nicht auf die Abstammungsgruppe beschränkt ist. Ihre Wurzeln liegen im familiären Bereich und umfassen dessen bilaterale Verwandtschaftsverknüpfungen. Personen, die durch komplementäre Filiation verwandt sind, stehen ebenfalls im Bereich der Amity zwischen Verwandten. Tatsächlich werden die Abstammungsbeziehungen durch die Betonung der Kindschaftskomponente in ihnen den familiären Beziehungen angeglie-

chen – und gerade deshalb wird auf sie die Ethik des familiaren Bereichs projiziert. Und es gibt Strukturzusammenhänge, in denen diese Werte auf Beziehungen zu Personen »übergreifen«, die derselben politisch-rechtlichen, religiösen oder lokalen Organisation angehören, aber nicht verwandt sind – auf keine Weise genealogischer oder schwiegerschaftlicher Zurechnung – und denen kein Verwandtschaftsstatus zugewiesen ist.

Ich werde darauf zurückkommen. Zunächst aber möchte ich auf einige Züge hinweisen, die in sozialen Beziehungen aufgrund der Amity-Regel dem Gegensatz der Sphären von Verwandtschaft und Nicht-Verwandtschaft eigentümlich sind. Zwei weit verbreitete unterscheidende Indizes sind die Heiratsverbote und -präskriptionen und die Kontrolle von Streit, der zum Blutvergießen führen kann. Verwandtschaft, Amity, die Regulierung der Heirat und die Restriktion ernsthaften Kampfes bilden ein Syndrom. Wo Verwandtschaft nachweisbar oder angenommen ist, gleich aus welchen Gründen, da muß Amity die Überhand gewinnen; und dadurch werden Heiratspräskriptionen gesetzt, meist aber Heiratsverbote, und dadurch wird schwerer Streit geächtet. Umgekehrt: Wo in den Beziehungen von Clans, Stämmen oder Gemeinschaften die Amity-Regel gilt, wird an Verwandtschaft oder Quasi-Verwandtschaft – durch Mythos oder rituelle Treuepflicht oder durch Institutionen wie die der ostafrikanischen joking-relationships – appelliert, und die Art des Kampfes, die nach Krieg aussieht, wird geächtet. Nicht-Verwandte dagegen, seien sie räumlich nah oder fern, werden ungeachtet der sozialen und kulturellen Ähnlichkeiten der Parteien sehr häufig als außerhalb des Geltungsbereichs des präskriptiven Altruismus stehend betrachtet und gelten deshalb als heiratbar, aber auch als potentielle Feinde – bis zu ernsthaftem Kampf (heute bis zum Gerichtsprozeß). Es ist, als ob Heirat und Krieg als zwei Aspekte einer einzigen Konstellation gedacht würden, deren direkter Gegensatz Verwandtschaft und Amity wären.

Das Tallensi-Sprichwort »wir heiraten die, mit denen wir kämpfen« exemplifiziert die Verbindung und faßt ein Schema von Werten und Bräuchen zusammen, das weit verbreitet ist.[12] Wie die meisten Völker der Erde unterscheiden sie Schweregrade im Kampf, teils nach seiner Art, teils nach dem strukturalen Abstand zwischen den Streitenden. Wie peinlich genau dies bei den Tiv ausgearbeitet ist, werden wir noch sehen. Für die Tallensi liegt am einen Ende der Skala Streit und Zank, die, wie sie großzügig zugeben, unter Verwandten und besonders unter den Angehörigen einer Familie unvermeidlich sind. Ein solcher Streit kann ernsthaft sein. Sogar Schläge können fallen; aber dies, so sagen sie, »verdirbt« die Verwandtschaft nicht notwendigerweise. Entfremdung in der einen Generation wird üblicherweise in der nächsten behoben, sei es auch nur aus Respekt vor dem Zorn der Ahnen. Verwandte können paradoxerweise ungestraft streiten. »Wir streiten, aber wir halten zusammen«, wird häufig gesagt. Es gibt jedoch auch das andere Ende der Skala: Pfeil und Bogen werden ergriffen, und der Kampf steigert sich zum Krieg. Kommt dies zwischen Verwandten irgendeines Grades, irgendeiner Zurechnung vor, so ist es eine ruchlose Sünde. Aber es kann und ist zwischen Lineages vorgekommen, die untereinander heiraten können. Auseinandersetzungen über den Brautpreis oder gar trivialere Angelegenheiten konnten solche Kämpfe hervorrufen – während heute Verwandte streiten, Schwiegerverwandte prozessieren.

Was also liegt hinter diesem strukturalen und normativen Gegensatz? Ein chinesisches Sprichwort drückt es treffend aus: Das Band zwischen Brüdern und Schwestern stammt vom Himmel, während das Band zwischen Ehemann und -frau von Menschen gemacht ist. Verwandtschaftsbeziehungen und soziale Beziehungen, die durch Extension der Amity-Regel der Verwandtschaft assimiliert sind, gelten als *a priori* zugeschrieben, wie Linton sagt, als verfügt, nicht als erworben, während Ehe- und Schwiegerschaftsbeziehungen bewußt durch Rechtshandlungen mit Vertragscharakter geschaffen sind; und dies setzt eine Divergenz primärer Loyalitäten voraus, die an Feindschaft grenzen kann. Ihre Überwindung fordert zumindest ein Minimum von moralischem und rechtlichem Konsens. Feinde, die heiraten, können dies letzten Endes nur tun, wenn sie einige gemeinsame Normen der Moral und Rechtlichkeit anerkennen, einschließlich der entsprechenden Verfahren und Sanktionen zu ihrer Durchsetzung. Ohne dies wäre es nicht möglich, die durch Heirat und Schwiegerschaft gesetzten Rechte und Pflichten zu erfüllen. Durch Verschwägerung werden Feinde zu legitimen Gegenspielern innerhalb einer gemeinsamen politisch-rechtlichen Ordnung. Gegen den Rest der Welt können sie jedoch Verbündete werden, für die dann die Normen der selbstverständlichen Freundschaft zwischen Verwandten gelten. Die Regulierung der Blutrache, wo immer sie institutionalisiert ist, belegt das: bei den Nuer, den Somali, den Beduinen der Cyrenaika und den kulturell und strukturell sehr verschiedenen Kalinga (vgl. Barton, 1949; Evans-Pritchard, 1940; Lewis, 1961; Peters, 1960). Denn in all diesen Fällen wären Schlichtungsverhandlungen nicht möglich, wenn eine der Parteien für die andere außerhalb des Gesetzes stünde. Die Normen, die die Tallensi für die Kriegführung zwischen Clans haben (Fortes, 1945: 238–39), und die Regulierung des Kampfes bei den Tiv zeigen das gleiche Prinzip in einer anderen Perspektive.

V.

Die Entgegensetzung von Verwandtschaft und Schwie(a)gerschaft fällt besonders in den strukturellen Anordnungen und in den moralischen und rechtlichen Normen von Gesellschaften mit exogamen unilinearen Abstammungsgruppen auf: bei den Tallensi in der Entgegensetzung von *dogham,* Verwandtschaft, und *deen,* Schwie(a)gerschaft (vgl. Fortes, 1949: 16–17); die Gisu-Maxime »in der Schwie(a)gerschaft ist keine Verwandtschaft« – selbst wenn die Parteien zu entfernt verbundenen patrilinearen Abstammungsgruppen gehören – faßt einen Standpunkt zusammen, der in Afrika weit verbreitet ist (vgl. La Fontaine, 1962: 94 und Grace Harris, 1962).

Wo die Heirat zwischen Kognaten (Cousin/Cousinen-Heirat) die Regel ist, mag die Entgegensetzung von Werten und Normen, die in dem Gisu-Sprichwort zum Ausdruck kommt, oberflächlich verschleiert sein; sie wird bekanntlich dennoch in vielen Bräuchen sichtbar gemacht. Sie drückt sich in der residentiellen Trennung von verheirateten Geschwistern bei den Iban aus[13] und wird durch die berühmten Bräuche der Raubehe und Schwiegermeidung symbolisiert, die uns aus vielen Gesellschaften, nicht nur aus Australien, bekannt sind.

Häufig kommt die Entgegensetzung in Tischsitten zum Ausdruck. Wie in vielen anderen afrikanischen Gesellschaften essen Mann und Frau bei den Tallensi und anderen voltaischen Völkern niemals zusammen. Wenn Schwiegerverwandte zu Besuch kommen, sei es aus einem gewöhnlichen oder zeremoniellen Anlaß, so werden sie in einem eigenen Bereich (oder jedenfalls streng von der Gastgeberfamilie oder -lineage getrennt) festlich bewirtet.[14] Evans-Pritchard (1951: 55) bemerkt, daß Nuer-Männer und -Frauen »einander beim Essen meiden, wenn sie nicht nahe Verwandte sind ... Ein Mann darf in Gegenwart von verwandten Frauen über Essen, aber nicht über sexuelle Dinge sprechen, und er darf über sexuelle Dinge, aber nicht über Essen sprechen, wenn nicht-verwandte Mädchen anwesend sind«, um die er werben darf. Für Ozeanien liefern die Siuai ein schönes Beispiel. Oliver (1955: 363) berichtet: »Tägliche Mahlzeiten ... werden fast immer in der Zurückgezogenheit des Haushalts eingenommen«, und Essen spielt eine zentrale Rolle »in Ritualen, die Verwandtschaftsbeziehungen und *passages* formalisieren«. Hier geht es um die Beobachtung, daß »die Meidung zwischen einem Mann und seiner Schwiegermutter dargestellt wird in dem Verbot, gemeinsam zu essen«.

Gemeinsam essen verweist auf Amity; es ablehnen oder durch Verbot davon ausgeschlossen sein bedeutet, daß sie nicht besteht. Studien über Kastensysteme stellen dies heraus, und das Prinzip wird weithin in der

Institution des Opfers zum Ausdruck gebracht, wie Robertson Smith vor langer Zeit gezeigt hat. Eine charakteristische Norm des Ahnenkults der Tallensi ist, daß Verwandte gemeinsam opfern (Fortes, 1945: Kap. VII), und das entscheidende Moment liegt dabei darin, daß alle Beteiligten an dem Opferfleisch und -trank teilhaben können und müssen. Schwiegerverwandte aber dürfen nicht gemeinsam opfern. Man fordert die Ahnen heraus, wenn man einem Schwiegerverwandten auch nur ein Stück von dem ungekochten Fleisch des Opfertiers gibt. Noch bedeutsamer ist aber, daß sogar Personen, die zu gemeinsamen Opfern berechtigt sind, bei offener Verfeindung diese nicht durchführen dürfen. Verwandte, die sich unversöhnlich in den Haaren liegen, dürfen gemeinsamen Ahnen nicht gemeinsam opfern. Es wäre Frevel; und die Strafe dafür ist der Zorn der Ahnen und möglicherweise der Tod. Nicht-Verwandte haben, mit Ausnahme derer, die in der Quasi-Verwandtschaft durch gemeinsame Treuepflicht zu einem Externen Boghar verbunden sind, überhaupt keine Grundlage zu gemeinsamen Opfern im Sinne eines gemeinsamen Aufbringens der Opfergaben und noch weniger im Sinne einer gleichen Teilhabe an der Einnahme der Sakramente.

Diese Hinweise müssen genügen, uns daran zu erinnern, wie allumfassend die Entgegensetzung von Verwandtschaft und Schwiegerschaft in der Stammesgesellschaft ist. Ich führe sie nur an, um unsere zentrale Frage hervorzuheben; denn ich möchte diese Erörterung mit einem Blick auf die Tiv abschließen, auf die ich mich mehrmals bezogen habe. Die Verbindung zwischen Heirat und Kampf auf der einen Seite und die strukturelle Entgegensetzung von Verwandtschaft und Schwiegerschaft auf der anderen ist bei ihnen explizit ausgebildet (Bohannan und Bohannan 1953: 25–27). Grundlage ist eine abgestufte Skala der im Kampf erlaubten Bewaffnung und Gewalt. Nahe Bruder-Segmente einer *minimal lineage* dürfen in einem Kampf nur Prügel und Steine verwenden; entfernter verbundene Segmente dürfen Pfeil und Bogen verwenden, aber nicht töten; sehr entfernt verbundene Lineages kämpfen mit Giftpfeilen und Schrotflinten, mit der Absicht zu töten. Kampf mit Nicht-Tiv ist Krieg ohne Waffenrestriktion, und er hat, so fügen die Bohannans hinzu, »keine magischen Konsequenzen« (1953: 26), einen Nicht-Tiv (d. h. einen Fremden) zu töten, während die Tötung eines Tiv solche Konsequenzen hat, da er der großen Lineage angehört, zu der alle Tiv gerechnet werden; und unter diesem Zeichen ist jeder Tiv eine Art Verwandter. Hier ist wichtig, daß diese Skala der Skala der Exogamiewerte, die bei Heiraten beachtet werden, entspricht. Das größte Prestige haben die Heiraten, die zwischen Angehörigen exogamer *major lineages* geschlossen werden – zwischen solchen Gruppen also, die in genealogischer Projektion so weit voneinander entfernt sind, daß sie mit Wahrscheinlichkeit irgendwann Krieg führen werden. Die äußerste Grenze, die Tiv von Fremden trennt, wird durch die Heiratsregeln bekräftigt. Auf Tiv-Frauen, die Nicht-Tiv heiraten, liegt ein Bann. So ist beides, Heirat und regulierter Kampf zwischen Clans, zur Verteidigung von Verbandsrechten in der politisch-rechtlichen und ideologischen Gemeinschaft des ganzen Tiv-Systems enthalten.

VI.

Obwohl die strukturale Konnotation, die an den Begriff der Verwandtschaft gebunden ist, stark variiert, ist die darauf bezogene zentrale Wertsetzung gleichförmig. Verwandtschaft prädiziert das Axiom der Amity, den präskriptiven Altruismus, dargestellt in der Ethik der Großzügigkeit. Besonders eindrucksvolle Beispiele finden sich in Studien über Stammesrecht. Gluckman beschreibt, wie Lozi-Richter explizit zwischen legalem Recht, das durch die Gerichte erzwungen werden kann, und moralischem Recht unterscheiden, dessen Durchsetzung dem Druck der öffentlichen Meinung, des individuellen Bewußtseins und der sozialen Gegenseitigkeit überlassen ist. Lozi-Richter appellieren an letztere, wenn Personen in ihrer Eigenschaft als Verwandte und Schwiegerverwandte streiten. Streiten sie als Dorfgenossen oder Bürger des Königtums, sind die legalen Sanktionen des politisch-rechtlichen Bereichs anwendbar. Von Verwandten wird erwartet, daß sie liebevoll, gerecht und großzügig zueinander sind und voneinander keine streng äquivalenten Gegengaben fordern. Da Dorfgenossen meistens zugleich Verwandte sind, kollidieren auf politisch-rechtliche Beziehungen gegründete, legale Ansprüche oft mit der Ethik der Großzügigkeit, wie sie für den familiären Bereich vorgeschrieben ist (Gluckman, 1955: 46–48 und *passim*).
Wir dürfen jedoch das Ideal, daß Verwandte einander lieben sollen, nicht mißverstehen. Viele enge Verwandtschaftsbindungen (vor allem Geschwisterschaften) schließen, wie wir uns erinnern müssen, Rivalitäten und latente Feindseligkeiten ein, die ebenso wesentlich sind wie die nach außen gerichtete Amity und Solidarität.[15] Dies zeigt sich beim Wettbewerb um erbliche Ämter[16] und in dem inzwischen gut belegten, durch Verleihung oder Herkommen regulierten Antagonismus zwischen dem »Inhaber« eines Rangs und seinem designierten Nachfolger (vgl. Goody, 1966: 1–56). Art und Häufigkeit von Hexerei- und Zaubereiverdächtigungen und -anklagen verraten diese unterschwelligen Konflikte in den Kerneinheiten der Verwandtschaftsstruktur besonders dra-

matisch gerade da, wo das Dogma der Amity besonders stringent gelten soll.[17]
Die Regel schreibt vor, daß »Verwandte« im Gegensatz zu »Nicht-Verwandten« unwiderstehliche Ansprüche auf gegenseitige Unterstützung und Rücksichtnahme haben, einfach aufgrund dessen, daß sie Verwandte sind. Das Ideal verlangt, daß Verwandte teilen – daher der häufige Appell an Brüderlichkeit als Modell verallgemeinerter Verwandtschaft –, und sie müssen das dem Ideal nach tun, ohne den Wert ihrer Gaben zu kalkulieren. Es wird erwartet, daß reziproke Gaben zwischen Verwandten freiwillig gemacht werden und nicht infolge zwingender Sanktionen oder in Erfüllung vertraglicher Verpflichtungen. Dies betrachten die Tallensi als Ideal angemessenen Verhaltens zwischen Verwandten. Ein neueres ethnographisches Beispiel liefern die Plateau-Tonga. In Hungerjahren, berichtet Colson, »laufen sie immer noch meilenweit, um etwas von Verwandten zu erbitten... Diese mögen zwar murren, aber solange noch irgend etwas in ihren Speichern ist..., werden sie es wohl mit ihren bedürftigen Verwandten teilen.«[18]
Verwandte müssen sich umeinander kümmern und sich deshalb davor hüten, einander mutwillig zu verletzen oder unbedacht eines anderen Rechte einzuengen. Und vor allem darf man einen unschuldigen Verwandten nicht töten, wohl aber einen Fremden. Es braucht kaum hinzugefügt werden, daß keine Gesellschaft der Erde erwartet, daß diese allgemeinen diffusen moralischen Vorschriften immer befolgt werden. Tallensi wiesen mich immer darauf hin, daß es Kriminelle gibt, die nicht davor zurückschrecken, Normen zu verletzen, Sünder, die Verwandtschaftspflichten nicht nachkommen, selbstsüchtige, dumme, unehrliche, heuchlerische Leute und schwache Charaktere, die die Ideale verhöhnen und dafür vielleicht sogar bestraft werden sollten. Aber dies, so versichern sie, sind Ausnahmen. Im großen und ganzen passen sich die Leute an; Eltern, Älteste und Amtsträger bekräftigen ständig das Axiom der Amity; und bei rituellen Gelegenheiten, wie Begräbnissen und Ahnenopfern, wird deutlich gemacht, daß mystische Vergeltung früher oder später jeden Missetäter einholt.
Diese Betrachtungen gelten überall. Die bereits angeführten Beschreibungen Gluckmans bieten zahlreiche Illustrationen. Turners »*social dramas*« (1957: 116–30) demonstrieren, wie die Normen, die das Verhalten bei den Ndembu steuern, letzten Endes immer aufrechterhalten werden, wie stark die unterschwelligen Konflikte und Spannungen auch immer erscheinen mögen.
Die Art dieser Normen ergibt sich daraus, daß
»Menschen zusammenleben, weil sie matrilinear verwandt sind ... das Verwandtschaftsdogma sichert, daß matrilinear Verwandte Anteil aneinander nehmen ... die Verwandt-

schaftsnormen setzen fest, daß matrilinear Verwandte einander jederzeit helfen müssen, und so kommt es selten zwischen ihnen zu offener physischer Gewalt.« (Turner, 1957: 129).

Turners Studie zeigt ausgezeichnet die Art und den Verlauf von Ritualen und anderen Handlungen, die Gleichgewicht und Freundschaft zwischen nahen Verwandten nach dem Ausbruch unterschwelliger Konflikte wiederherstellen. Der überzeugendste Beweis liegt für den Feldforscher jedoch nicht in Verhalten und Gefühlen, die unter nahen Verwandten zur Schau gestellt werden, sondern eher in der Anerkennung von Verwandtschaftsamity in Situationen, in denen die Verwandtschaft anscheinend sehr entfernt, geradezu nur nominal ist, in denen man aber dennoch entfernte Clangenossen und klassifikatorische Kognaten aufsucht und ohne weitere Umstände Gastfreundschaft und Schutz beansprucht und erhält.

VII.

Griechen und Römer hatten zweifellos Ausdrücke für das moralische Prinzip, um das es hier geht. Der Begriff christlicher Caritas kommt dem in seinem früheren, eher etymologischen Sinn vermutlich nah.[19] Aber auf den lebendigsten mir bekannten Ausdruck brachte mich vor einem Dutzend Jahren Peter Lawrence.[20] Er fand ihn im Laufe seiner Feldforschung bei den Garia, einer kleinen Gruppe von ungefähr 2500 Menschen, die in der Gebirgsregion West/Südwest von Madang in Neu Guinea leben, in einem Gebiet, in dem Dörfer, die eine Sprachgruppe bilden, politisch akephal sind und keine institutionalisierten Ämter oder andere Formen politischer Autorität mit Macht zu sozialer Kontrolle haben. Die Garia sind nur insofern eine Einheit, als sie an ein gemeinsames Territorium gebunden sind, die gleiche Sprache sprechen und gewisse Gottheiten teilen. Verwandtschafts- und Schwiegerschaftsverbindungen sind bilateral verzweigt und werden durch Verbindungen gestützt, die zwischen Individuen und Gruppen durch den zeremoniellen Austausch von Schweinen geschaffen werden. Die Vorstellung von der Bürgerschaft als einem Status in einer politisch-rechtlichen Gemeinschaft fehlt völlig. Was die Rechte einer Person garantiert, ist die Unterstützung durch einen »Sicherheits-Kreis«. Dieser umfaßt eine Personengruppe, die ihr Zentrum in einer Patrilinie hat, die sich aus den Nachfahren eines gemeinsamen Großvaters väterlicherseits zusammensetzt und nahe Verwandte mütterlicherseits und Schwiegerverwandte ebenfalls einschließt. Jede Person, zu der jemand eine nahe genealogische Verbindung herstellen kann, gehört zu diesem »Sicherheits-Kreis«. Heirat zwischen Mitgliedern des »Sicherheits-Kreises« ist verboten; desgleichen das Essen von Schweinen, Hunden und Geflügel, die von einem seiner Mitglieder aufgezogen wurden; und ebenso physische Gewalt und Zauberei. Das Schenken von Schweinen schafft zwischen nahen Matriverwandten ein besonderes Band moralischer Verpflichtung, und durch die Übergabe von Schweinen gewinnt ein Mann eine Ehefrau und zieht ihre Verwandten in seinen »Sicherheits-Kreis«. Zeremonieller Austausch von Schweinen fügt eine weitere Dimension hinzu, indem Nicht-Verwandte oder entfernt Verwandte durch ein Netz von quasi-vertraglichen Beziehungen politischer Zweckdienlichkeit und ökonomischer Gegenseitigkeit verbunden werden; dieses Netz reicht über Stammesgrenzen hinaus und ahmt in gewisser Beziehung Verwandtschaft nach. In der Vergangenheit konnte ein schweres Unrecht leicht zu gewaltsamen Vergeltungen führen, obwohl die Anhänger – eigentlich die »Sicherheits-Kreise« – der Parteien meist eine Schlichtung durch Verhandlungen versucht haben mögen.

Was sind nun die Sanktionen, die Solidarität, Zusammenhalt und gegenseitige Unterstützung innerhalb des »Sicherheits-Kreises« durchsetzen? Ihr Wesen ist aus dem Garia-Begriff *nanunanu* zu erhellen. Nach Lawrence (1965: 381–82) bedeutet er »denken an«, »sich kümmern um«, »eine richtige Haltung jemand gegenüber einnehmen« und »alle Verpflichtungen ihm gegenüber erfüllen«. Ein schlechter Mann hat kein oder nur ein schlechtes *nanunanu*. Bezeichnend ist, daß sich *nanunanu* im strengen und idealen Sinn nur auf Verhalten gegenüber anderen Mitgliedern des eigenen Sicherheits-Kreises bezieht; es kann allerdings so ausgedehnt werden, daß es Verbündete oder Gartennachbarn einschließt, denen man aufgrund von Verwandtschaftszurechnung nicht moralisch verpflichtet wäre, mit denen man aber aufgrund gemeinsamer Interessen und Nachbarschaft verbunden ist.

Hier finden wir nun das Dogma der Amity zwischen Verwandten lebhaft vorgestellt. Pedersen bemerkt (1926: 59) in bezug auf die Familiensituationen und -vorstellungen der biblischen Israeliten: »Wo soziale Einheit ist, ist Brüderlichkeit. Durch Freundschaftspakt wurde David der Bruder Jonathans ... der Pakt kann über die Grenzen der jeweiligen Gemeinschaft hinausgehen.« Wir hatten bereits einige Zeugnisse dafür, daß die Modellbeziehung für Freundschaft zwischen Verwandten Brüderlichkeit ist, d. h. Einheit, Gleichheit und Solidarität von Geschwistern, aber hier haben wir es mit einem Fall von künstlicher Bruderschaft zu tun, die nicht, wie die Chinesen gesagt haben würden, im Himmel gemacht ist.

Künstlich geschaffene Verwandtschaftsbande erhellen das Wesen der Amity zwischen Verwandten. Ein Freundschafts-*Pakt* ist eine künstliche Beziehung. Er ist eine Beziehung, die willentlich durch gegenseitige Übereinkunft der Parteien geschaffen wurde, nicht eine solche, die durch den Zufall der Geburt auferlegt ist. Er erinnert an die institutionelle Blutsbrüderschaft, der Robertson Smith (1903) so viel Bedeutung als Beweis für seine Behauptung beigemessen hat, daß in frühen arabischen Gesellschaften »Verwandtschaft ursprünglich nicht durch Zählen der Abstammungsgrade von einem gemeinsamen Vorfahren berechnet werden konnte, sondern etwas einer ganzen Gruppe Gemeinsames war« (S. 71) – wobei die Gruppe durch Blutsbande, »die einzig wirksamen Bande«, vereint war (S. 69). Diese These und die Ansichten anderer, die das Problem behandelt haben, hat Evans-Pritchard in seinem klassischen Aufsatz (1933) über Zande-Blutsbrüderschaft erörtert.
Neuere Untersuchungen, besonders die umfassende und gelehrte Monographie von Harry Tegnaeus (1952), haben im allgemeinen Evans-Pritchards Schlußfolgerung bestätigt, daß Blutsbrüderschaft den Status der Parteien nicht in den von Clangenossen oder Verwandten im strengen Sinn verwandelt. Azande können die Schwestern oder Töchter ihrer Blutsbrüder heiraten; anders als echte Verwandte verrichten sie füreinander Begräbnisdienste; ihre gegenseitigen Verpflichtungen sind nicht »den zwingenden Familien- und Verwandtschaftsgefühlen« unterworfen (Evans-Pritchard, 1933: 399). »Blutsbrüderschaft«, so schließt Evans-Pritchard, »ist ein Rechtsvertrag, den zwei Männer aus freiem Willen eingehen. Leibliche Brüderschaft ist ein Verhältnis, in das Männer ohne eigenes Zutun geboren werden« (1933: 400). Eine Eigentümlichkeit fällt jedoch in seiner Beschreibung und in dem von Tegnaeus gesammelten Material auf: Blutsbrüderschaft imitiert leibliche Brüderschaft, um die, die in den Pakt eintreten, an unbedingte Amity, an reziproken Schutz und guten Willen – an *nanunanu* – zu binden. Strenger als eigentliche Verwandtschaft verbietet sie unterdrückte Eifersucht und Konkurrenzverhalten, die den vertrautesten und deshalb unentrinnbar bindenden Graden wirklicher Blutsverwandtschaft innezuwohnen scheint, wie wir bereits bemerkt haben.
Es hat keinen Sinn, mehr Belege zu diesem Thema anzuhäufen; man kann ebensogut daran erinnern, daß die euro-amerikanischen Verwandtschaftsinstitutionen und -werte angelsächsischen Ursprungs mit der gleichen Vorstellung von der bindenden Kraft der Verwandtschaftsamity erfüllt sind. Nehmen wir zum Beispiel das folgende Zeugnis aus der zu Recht berühmten Bethnal-Green-Studie von Young und Willmott (1957). Sie betont die ausgeprägte und lebens-

lange Zuneigung der Frauen zu ihren Müttern, die sich bei der Untersuchung zeigte:

»Obwohl sie (Mutter und Tochter) beide aus der Beziehung Nutzen ziehen, ist sie weit mehr als nur ein Überinkommen zur gegenseitigen Bequemlichkeit. Die Zuneigung zwischen ihnen wird durch einen mächtigen Moral-Code gestützt... in den meisten dieser Familien... scheinen Pflicht und Zuneigung nebeneinander zu bestehen und sich sogar gegenseitig zu verstärken... Eltern wählen ihre Kinder nicht aus, noch Kinder ihre Eltern; die Beziehung besteht, ob einer von ihnen Eigenschaften hat, die Zuneigung hervorrufen, oder nicht. Beide werden gewöhnlich akzeptiert... und was für Eltern und Kinder gilt, gilt in gewisser Weise für andere Verwandte auch. Sicher in dem Wissen, daß sie wertgeschätzt werden, weil sie Mitglieder der Familie sind, nicht weil sie diese oder jene Eigenschaften besitzen oder verdienstvolle Leistungen erbracht haben, antworten sie mit Zuneigung, die dann so reziprok wird wie eine Pflicht. Die Zuneigung trägt ihrerseits dazu bei, die Pflicht weniger zur wohlausgewogenen Wechselbeziehung von Rechten zu machen, als vielmehr zu einer mehr oder weniger unbegrenzten Verbindlichkeit über die Schranken von Selbstinteresse und rationaler Kalkulation hinaus« (S. 161–62).

Ich habe von Haltungen berichtet, die identisch sind bei den Tallensi und den Ashanti; in jeder der klassischen Monographien über Verwandtschaft in Stammesgesellschaften kann man dazu Entsprechungen finden.

VIII.

Die hier dargestellten Verhältnisse sind seit langem bekannt und wurden im allgemeinen mit Ausdrücken wie Verwandtschaftssolidarität (vgl. Phillpotts, 1913: 2–3) bezeichnet. Ich möchte den Grundsatz betonen: Verwandtschaft ist bindend; sie schafft unentrinnbare moralische Ansprüche und Verpflichtungen. Obwohl diese Ansprüche und Verpflichtungen diffus zu sein scheinen, sind sie doch auf morphologische und institutionelle Unterscheidungen bezogen, welche die eigentliche Verwandtschaft von den komplementären oder zugehörigen Sphären trennen, besonders von denen der Schwiegerschaft, Lokalität und politischen Ordnung.

Das »Übergreifen«, auf das ich beiläufig hingewiesen habe, liefert ein interessantes Modell, indem es oft zu einer Überlagerung von Verwandtschaft und Lokalität in Nachbarschaftsbeziehungen führt. Obwohl sie oft ununterscheidbar überlagert scheinen, ist es immer möglich, sie analytisch zu trennen. In einem Ashanti-*brono* (Stadtviertel) kondolieren und trauern Nachbarn, die weder Lineage-Verwandte noch Schwiegerverwandte sind, sondern lediglich Mitbürger des Verstorbenen, mit den Betroffenen, sind aber nicht verpflichtet, zu den Bestattungskosten beizutragen, und haben auch weder Recht noch Stimme bei der Wahl eines Erben. Tallensi geben viele Clanschaftsbande zwischen genealo-

gisch unabhängigen Lineages an, besonders Bande ritueller Zusammenarbeit, indem sie an die lange Verbindung durch »Zusammenwohnen an einem Ort« appellieren und an die daraus folgenden gemeinsamen Interessen am Frieden und an der Erhaltung der sozialen und rituellen Handlungen, von denen man das Gemeinwohl abhängig glaubt (vgl. Fortes, 1945: *passim*). Treuepflicht gegenüber gemeinsamen Erdschreinen, Heiraten, das aus ihren resultierende Netz kollateraler Verwandtschaftsbande und das Teilen von Freud und Leid tragen dazu bei, Verwandtschafts-, Clanschafts- und Nachbarschaftsbeziehungen zu einer Einheit zu verknüpfen. Dennoch sind die Unterscheidungen genau. Nachbar-Lineages anderer Abstammung beachten ihre eigenen Totems und Bestattungsbräuche; sie werden untereinander heiraten, und da sie deshalb verschwägert sind, können sie ihre häuslichen Ahnenopfer nicht einfach kraft Nachbarschaft wechselseitig teilen; sie können deshalb auch nicht irgendeines der Rechte ausüben oder irgendeine der Pflichten erfüllen, die Clangenossen, Lineage-Angehörigen oder Kognaten gewöhnlich zufallen. Wenn es zwischen benachbarten unabhängigen Lineages einen Streit über Brautpreiszahlungen gab, so konnte dies zu einem bewaffneten Konflikt führen; heute werden solche Streitigkeiten meist vor den Hof des Häuptlings gebracht. Gibt es dagegen eine Auseinandersetzung zwischen Lineage-Angehörigen, so wird diese gewöhnlich den Ältesten der betroffenen Lineage zur Schlichtung übertragen. Das gleiche Muster findet sich mit noch größerer Klarheit bei den Lo Dagaba, wie Goody (1957) gezeigt hat. Lange Nachbarschaftsverbindungen schließen dort zwar die Entstehung von Amity ein – als seien die Nachbarn Verwandte –, aber dies ist nicht notwendig so.
Die Tswana-Dorfsektion ist eine Nachbarschaftseinheit, die in gewisser Hinsicht einem Lozi-Dorf sehr ähnlich ist. Eine Dorfsektion stellt in ihren externen Beziehungen zu anderen Dorfsektionen des Stammes und zum Häuptlingstum im ganzen eine Verwaltungseinheit unter einem erblichen Oberhaupt dar, dem Rechtsprechung und Exekutivgewalt übertragen sind und über dem nur die höhere Autorität des Häuptlings steht. Aber von innen gesehen ist in einer Dorfsektion eine Gruppe von Familien zuhause, von denen die meisten, wenn nicht alle, durch Verwandtschafts- und Heiratsbande in gleicher Weise verbunden sind wie die Einwohner eines Lozi-Dorfes. Wie die Lozi haben auch die meisten Bewohner einer Dorfsektion Verwandte und Schwiegerverwandte in anderen Dorfsektionen und sogar in anderen Stämmen. Die nächsten Verwandten, besonders die auf der rechtlich dominanten väterlichen Seite – »von denen man«, wie Schapera schreibt (1950: 143), »unmittelbare Unterstützung und Schutz erwartet« und an die man durch solch grundlegende Rechte und Pflichten wie Erbnachfolge, Geschwister-

schaft und ökonomische Zusammenarbeit gebunden ist – leben gewöhnlich in der eigenen Dorfsektion (vgl. auch S. 19–24, 118–19 und *passim*).
Schapera betont jedoch, daß die Zugehörigkeit zur Dorfsektion kein Verwandtschaftsstatus ist. Eine Dorfsektion kann Leute fremdstämmiger Herkunft einschließen, denn Bürgerschaft in einem Häuptlingstum »wird nicht durch Geburt bestimmt, sondern durch die Treuepflicht zu einem Häuptling« (1950: 118), und so können Fremde in ein Häuptlingstum eingegliedert werden. Zugehörigkeit zur Dorfsektion ist im Grunde ein Aspekt des politisch-rechtlichen Status des Bürgers, den jeder erwachsene Mann aus eigenem Recht und jede Frau durch ihren Vater und ihren Ehemann hat. Die zu öffentlichen Diensten rekrutierten Altersgruppen reflektieren dies; und die Möglichkeit, am Hof des Häuptlings Berufung gegen zuvor am Hof der Dorfsektion gefällte Urteile einzulegen, ist ein weiteres Zeugnis.
Wir können einen Schritt weitergehen und die Nyakyusa (Wilson, 1950, 1951) und andere zentralafrikanische Völker wie die Ndembu betrachten (Turner, 1957: 67–68). Das »altersspezifische Dorf« zeigt uns Nachbarschaften, die physisch ausgesondert und zugleich nach genealogischer Zurechnung abgegrenzt sind. In diesen Fällen scheinen die beiden Weisen sozialer und politischer Verbündung – die durch Verwandtschaft und die durch Residenz – in einer komplementären Beziehung zueinander zu stehen. In einem Nyakyusa-Dorf wohnen letztlich Männer einer Altersgruppe mit ihren Ehefrauen und Kleinkindern. So sind die einzigen Familienbande, die zwischen den Bewohnern eines Dorfes auftreten können, die zwischen Halbbrüdern und Verschwägerten; Verwandtschaft durch patrilineare Abstammung oder matrilaterale Verbindung verläuft im wesentlichen zwischen verschiedenen Dörfern und ist weit über ein Häuptlingstum hinaus verbreitet. Gleichwohl ist das Dorf keine zufällige Vereinigung von Personen, die nur durch Koresidenz an einem Ort zusammengezogen und -gehalten würden. Die Dörfer sind drei sukzessiven Generationsebenen zugeordnet. Das Dorf ist eine politische Einheit unter einem Oberhaupt in einer stammesweiten Vereinigung von »gleichaltrigen« Dörfern. Aber noch wichtiger ist, daß es nach innen eine quasi-brüderliche Unterabteilung einer Generationseinheit ist, nach einem Auswahlkriterium gebildet, das unfreiwillig und zufällig ist und das wesentlich zum Bereich der Verwandtschaft gehört, da es die obligatorische Stratifikation und die Meidung zwischen sukzessiven Generationen reflektiert. In ihm sind moralische Normen einer Art bestimmend, die in vielen Gesellschaften eher zum Bereich der Verwandtschaft und der Familienbeziehungen gehören als zu dem territorialer Beziehungen im politischen Sinn – d. h. Normen, die mit dem all-

gemeinen Prinzip der Ethik der Großzügigkeit übereinstimmen. Dies erscheint in dem Nyakyusa-Ideal von »guter Gesellschaft«, die als »gegenseitige Hilfe und Wohlwollen« verstanden und bezeichnenderweise als »gemeinsam essen und trinken« bezeichnet wird; und es stimmt mit dem allgemeinen Muster der strukturellen Allokation von Hexerei- und Zaubereispannungen überein, daß das Dorf und nicht die verstreute Lineage oder Verwandtschaft der soziale Rahmen ist, in dem sie erwartet werden.

Ich habe den Begriff der Nachbarschaft eingeführt, um eine eigenartige Verzahnung der Normen und Muster der Residenzzuweisung anzuzeigen: einerseits durch Verwandtschaft und Schwiegerschaft, durch anscheinend territoriale Angrenzung andererseits. Die angeführten Beispiele zeigen, wie verschieden diese Verzahnung in verschiedenen Zusammenhängen gefaßt werden kann. Weitere Beispiele könnten aus Ostafrika angeführt werden. (Das klassische Beispiel ist die Lokalgemeinschaft der Nuer, wie sie Evans-Pritchard beschrieben hat, 1940: 210–11 und 1951: Kap. I. Vgl. auch die Lugbara, wie sie Middleton beschrieben hat, 1958: 203–29), Westafrika (Gibbs, 1963), Melanesien (Burridge, 1960), Ceylon usw.) Die fraglichen Prinzipien aber sind schon jetzt sichtbar. Als zwingenden Beweisgrund führe ich noch ein besonders schlagendes Beispiel an. Ich nehme es aus R. Abrahams Studie (1967) über das politische System der Nyamwezi in Tanganjika, dem heutigen Tanzania.[21] In diesem System sind Nachbarschaftsbeziehungen, Verwandtschaft und Schwiegerschaft, Haushaltsgruppierungen (d. h. Tischgemeinschaften), Häuptlingstum, Bürgerschaft und Mitgliedschaft in Geheimgesellschaften explizit terminologisch und institutionell voneinander unterschieden. Die Nymawezi ziehen viel herum. Sie leben in verstreuten Gehöften, die zu Gruppen gebündelt locker gruppierte Dörfer bilden. Verwandte, sogar Geschwister, sind tendenziell weit verstreut, und die eigentlichen Nachbarschafts-Bündel sind heterogen; sie schließen Leute ein, von denen mehr als die Hälfte gewöhnlich keine Verwandten oder Schwiegerverwandten in der Nähe haben. Oft schließen solche Nachbarschaften auch Angehörige von Nicht-Nyamwezi-Stämmen ein. Nun ist jeder Erwachsene ein Bürger seines Häuptlingstums, wo immer er auch innerhalb seiner Grenzen wohnen mag. Die Beziehungen zu seinen Nachbarn als Nachbarn sind ganz verschieden von denen, die er zu ihnen entweder als Verwandten, wenn sie Verwandte sind, oder als Mitbürgern hat. Der Unterschied zu echten Verwandten wird folgendermaßen ausgedrückt: zwischen Nachbarn ist Verschuldung möglich – d. h. Güter oder Dienstleistungen müssen äquivalent erwidert werden –, Verwandte dagegen helfen einander ohne weiteres, wo sie können. Es sind vor allem Verwandte, deren Hilfe in rituellen Dingen, die mit Geburten, Heiraten und Todesfällen verbunden sind, oder in Zeiten der Nahrungsknappheit oder bei anderen persönlichen Unglücksfällen gesucht wird. Theoretisch dürfen Verwandte, wie entfernt sie auch immer sein mögen, einander nicht heiraten und keine sexuellen Beziehungen unterhalten, obschon Verwandte, die einander nicht leicht erreichen können, zur Trennung ihrer Beziehung neigen. Nachbarn dürfen einander heiraten, wenn sie nicht verwandt sind. Auch sie helfen einander in zeremoniellen und rituellen Angelegenheiten, viel mehr aber betonen sie gegenseitige Hilfe in praktischen Dingen, besonders in den Dreschgruppen in der Zeit der Hirseernte. Diese schließen gewöhnlich nur enge Nachbarn ein, aber der Begriff der Nachbarschaft bezieht sich allgemein auf das Ganze des Dorfes und kann sogar angrenzende Dörfer umfassen.

Die Nyamwezi-Situation ist besonders interessant, weil die Nachbarschaftsbeziehungen von Häuptlingstumsbeziehungen in politisch-rechtlicher Hinsicht genau abgegrenzt sind. Die erwachsenen Männer einer Nachbarschaft bilden ein informelles Tribunal, das *ad hoc* zusammentritt, um jeden zurechtzuweisen, der gegen die vorgeschriebenen Normen guter Nachbarschaftlichkeit verstößt. Ihre einzige Sanktion ist, einen hartnäckigen Sünder zu verbannen; und es ist bezeichnend, daß ein Dorf-Oberhaupt, das sein Amt im Rahmen des Häuptlingstums ausübt, als Dorfangehöriger an der Entscheidung, einen Sünder zu verbannen, teilhaben, in seiner offiziellen Eigenschaft aber auch den Sünder *qua* Bürger besuchen kann. Die Verstöße, für die ein Nachbarschaftsgericht zuständig ist, sind von den Verfehlungen, über die das Häuptlingsgericht entscheiden muß, genau unterschieden. Die ersteren schließen etwa folgende Vergehen ein: Versäumnis der Nachbarschaftshilfe bei Gemeinschaftsaufgaben, Respektlosigkeit gegenüber einem trauernden Nachbarn, unschickliches Verhalten bei einem feierlichen Gemeinschaftsritual, Beschimpfung oder Beleidigung eines Nachbarn. Die Strafe ist immer eine Bußzahlung in Naturalien, die von der ganzen Nachbarschaftsgruppe, den Sünder eingeschlossen, verzehrt wird und so gegenseitiges Vertrauen und Harmonie wiederherstellt. Die Gerichte des Häuptlingstums dagegen verhandeln Klagen, die wegen Verfehlungen gegen Staatsgesetze (z. B. Steuerangelegenheiten) erhoben werden, ernsthafte Angriffe gegen Personen und Zivilklagen, etwa in Sachen Erbschaft, Nachfolge, Scheidung, Beschädigungen usw. Die Trennung erinnert an die Unterscheidung der Ashanti zwischen »*efiesem*«, d. h. Auseinandersetzungen in der Rechtssphäre von Lineage und Haushalt, und »*mansosem*«, d. h. Streit in der Sphäre der öffentlichen Staatsrechts. Dies bestätigt die Schlußfolgerung, die in meiner Bemerkung über die

Verzahnung von Verwandtschafts- und Residenznormen und -mustern enthalten war.

Der Begriff der Nachbarschaft bezeichnet oberflächlich betrachtet Beziehungen, die durch territoriale Nähe entstehen. Eigentlich hat er jedoch eine engere Bedeutung. Er steckt ein Feld sozialer Beziehungen ab, in dem eine territoriale Assoziation mit der Ideologie und den Werten der Verwandtschaft überflutet und so in den familiären Bereich gezogen wird. Dies liegt zum Teil an der Überschneidung von Nachbarschafts- und Verwandtschaftsbeziehungen, ist aber nicht nur und ausschließlich Ergebnis dieser strukturellen Konvergenz. Im Grunde ist es eine Frage der Ethik der Großzügigkeit, des Amity-Axioms, da es sich letzten Endes um eine Ableitung aus dem Bereich der Verwandtschafts- und Familienstruktur handelt, die hier in das Gebiet der Nachbarschaft übergreift. Unsere Beispiele lassen indes ein Moment deutlich hervortreten: Das Ineinandergreifen von Verwandtschaft und Residenz in Nachbarschaftsbeziehungen und die Extension des Axioms der Amity sind Eigenschaften der internen Struktur. Nach außen, in bezug auf das externe System des Staates, des Häuptlingstums, des Systems der politisch-rechtlichen und politisch-rituellen Beziehungen zwischen Clans und zwischen Lineages, ist jeder Mensch seinem Nachbarn gegenüber ein Bürger – entweder unmittelbar, wie bei den Lozi und Nyamwezi, oder mittelbar, wie bei Tallensi und Ashanti. Residenz wird wie Verwandtschaft in bezug auf das externe politisch-rechtliche System umdefiniert, um Statuselemente zu verleihen, die von denen, die im internen System an sie gebunden sind, unterschieden und ihnen in mancher Hinsicht entgegengesetzt sind.

IX.

Das Gegenstück zu dem präskriptiven Altruismus, der der Verwandtschaft innewohnt, ist beiläufig erwähnt worden. Es ist oft im Begriff der Verschuldung beschlossen. Verwandte können als Verwandte keine Schuldverträge miteinander abschließen, denn dem Ideal nach sind sie verpflichtet, frei zu teilen. Eine der Entgegensetzungen, die oft von Tallensi betont werden, ist, daß Verwandte untereinander keine »Schulden« haben können, während Schwiegerverwandte als Frauen-Nehmer und Tochter-Geber durch fortwährende Verschuldung aneinander gebunden sind. Wenn man Land, Werkzeuge, lebendes Inventar oder sogar Nahrung an Verwandte ausleiht oder ihnen Dienste leistet, so sollten sie diese Gaben gerecht, wenn nicht äquivalent erwidern; aber es gibt keine Sanktionen, dies zu erzwingen. Man erwartet, daß die Gegenleistungen aus gegenseitiger Amity gemacht werden. Für wirkliche oder

potentielle Schwiegerverwandte dagegen führt man so etwas wie das, was ich als eine Art Buchhaltung beschrieben habe. In den Gegenseitigkeiten zwischen Schwiegerverwandten ist ein Moment vorsichtiger Kalkulation enthalten (vgl. Fortes, 1949: 122, 214–15).
Die Ashanti haben offensichtlich die gleiche Ethik. In den 40er Jahren beklagten sich Angestellte, besonders solche, die bei der Regierung oder einer Ortsbehörde angestellt waren, wiederholt über die Ansprüche, die ihre Verwandten an sie stellten. Lehrer und Büroangestellte zogen Stellen vor, die von ihren Geburtsorten weit entfernt waren, um diesen unwiderstehlichen Ansprüchen zu entgehen. Vermögende Männer hielten es für unratsam, an einen Angehörigen der eigenen Lineage Geld gegen Pfand zu leihen, da die Rückzahlung zweifelhaft war. Der Empfänger könnte sich auf das Prinzip der korporativen Identität der Lineage berufen, um ein Darlehen als rechtmäßigen Anteil zu interpretieren, und obwohl dies vor dem Gericht des Häuptlings nicht unbedingt anerkannt werden muß, wird es doch mit Antipathien sanktioniert. Bei Patriverwandten war gegenseitige Hilfe in Notlagen nicht obligatorisch, aber dem Ideal der freien Gabe angeglichen. Von Nicht-Verwandten konnte für nicht zurückgezahlte Darlehen legale Genugtuung gefordert werden, was oft geschah. Da ein Ehepartner zur Kategorie der Nicht-Verwandten gehört, brachten Darlehen, die ein Ehepartner dem anderen gab, den Empfänger in Schulden; und dies war häufig Prozeßgegenstand vor Gericht, besonders bei Scheidungsfällen.
Die Tikopia haben offenbar ähnliche Vorstellungen. So bemerkt Firth (1963), daß Tikopia es vorziehen, wenn der Gabentausch bei der Initiation der Knaben statt zwischen nahen Nachbarn zwischen Angehörigen verschiedener Dörfer – oder besser noch Distrikte – arrangiert wird. Tausch zwischen den Angehörigen einer Familie wird als Zeichen von Geiz besonders scharf verurteilt. Nahe Verwandte teilen freigiebig und gern; Nicht-Verwandte, Schwiegerverwandte eingeschlossen, oft nur unter dem Druck von Bitten (Firth, 1936: 460–61; 1939: 316).[22] Dieser Fall ist, wie bereits angemerkt, von besonderem Interesse, weil alle Tikopia über viele Generationen durch ein dichtes Netz von Heiratsverbindungen in ihrer Gemeinschaft, die *de facto* endogam ist, auf die eine oder andere Weise als miteinander verwandt betrachtet werden können. Wie bereits angedeutet, zeigt Firths Analyse (Firth 1930), wie Personen, die in einer Hinsicht verwandt sind, als heiratbare Nicht-Verwandte umdefiniert werden. In unserem Zusammenhang sehen wir, wie der Gegensatz explizit wird: Teilung zwischen Verwandten *versus* Verschuldung zwischen Verschwägerten.
Das Prinzip, das diesem Typ struktureller Unterscheidungen zugrunde liegt, ist so weit verbreitet, daß sich weitere Beispiele erübrigen. Man

findet es überall da, wo präskriptive *cross-cousin*-Heirat die Regel ist. Aber ich kann mir nicht versagen, ein afrikanisches Beispiel anzuführen, das mit dem aus Tikopia viel gemein hat. Bei den Taita von Kenia ist die Heirat zwischen entfernt verbundenen Angehörigen von großen territorialen patrilinearen Lineages erlaubt. Das eigentlich exogame Lineage-Segment hat eine Tiefe von vier Generationen, und dies ist die Lineage, in der Land und lebendes Inventar vererbt wird. Über ihre Grenzen hinaus brauchen exakte genealogische Verbindungen nicht genau bekannt zu sein. Alfred und Grace Harris bemerken dazu:

»Die Beobachtung bestätigt, daß die kleine Lineage für die meisten Taita die Grenze genauer genealogischer Kenntnis (oder des Konsens darüber) bildet. Sie bildet auch die Grenze für die streng angewiesene gegenseitige Hilfe: Es wird als geschmacklos betrachtet, in diesem Kreis die Rückzahlung einer ›Gabe‹ zu verfolgen (d. h. sie in eine Schuld zu verwandeln) (1964: 122).

Bei Übertragungen zwischen Freunden verschmilzt der Begriff der Schuld mit dem von Kauf und Verkauf. Der »Markt«-Begriff der Tiv spiegelt dies wider. »Markt« bedeutet kaufen und verkaufen. Er steht im Gegensatz zum Gabentausch, der »eine Beziehung ... von Beständigkeit und Wärme« impliziert, »die es auf einem Markt nicht gibt« (Bohannan, 1955: 60).

Die Tallensi haben ähnliche Vorstellungen, die in ihren Einstellungen zur Entlohnung von Arbeit oder besonderen Diensten auf überraschende Weise zum Ausdruck kommen. In den 30er Jahren kamen gelegentlich Jugendliche aus den benachbarten Gorni-Gemeinden, um in der Hauptsaison der Landarbeit ihre Arbeitskraft anzubieten. Für kranke Familienoberhäupter war dies oft der letzte Ausweg. Wenn sie beschäftigt wurden, bezahlte man sie mit Geld – 3–6 Pence pro Tag – und mit Nahrungsmitteln. Wenn aber ein Tallensi dieselbe Arbeit für einen kranken Clangenossen, einen Verwandten mütterlicherseits, einen Schwiegerverwandten oder Nachbarn übernähme und man ihn dafür mit Geld entlohnen wollte, so würde er sich verletzt fühlen.[23]

Letzten Endes rechtfertigt Verschuldung Vergeltungs- oder Entschädigungsaktionen, die Krieg provozieren können und deshalb die Negation von Verwandtschaftsmoral sind. Früher wurden die Beutezüge irgendeiner Lineage bei den Tallensi allgemein als »Tilgung einer Schuld« beschrieben, und sie wurden tatsächlich oft durch die Unterlassung einer Brautpreiszahlung heraufbeschworen. Sogar die Kalinga, die bei der geringsten Provokation bereit sind, zu verwunden oder zu töten, sind, wie Barton (1949: 218 ff.) berichtet, gegen Verwandte nachsichtiger als gegen Nicht-Verwandte.

Schließlich gibt es noch eine weitere Extension der Ideologie und Moral

der Amity zwischen Verwandten, die erwähnt zu werden verdient, und sei es auch nur flüchtig. Der wahrhaft revolutionäre Wandel in der sozialen Landschaft Afrikas, von Kairo bis zum Kap und von Senegal bis Äthiopien, bestand in der Bildung von expansiven urbanen Ballungszentren, die sich auf Institutionen, Handlungsweisen, Interessen und Werte primär westeuropäischer Provenienz gründen. Hier geht es nicht darum, wie diese administrativen, industriellen, kommerziellen, missionarischen und anderen urbanen Zentren, deren einige bis ins 16. und 17. Jahrhundert zurückreichen, unter der Kolonialherrschaft europäischer Staaten entstanden. Wichtig ist hier, daß die meisten von ihnen in den letzten 50 Jahren explosionsartig gewachsen sind und eine große Anzahl von Einwanderern aus weit verstreuten Stammesgebieten aufgesogen haben. So setzt sich die Einwohnerschaft aller modernen Städte Afrikas aus einer multiracialen, polyglotten Population sehr verschiedener geographischer, kultureller und politischer Herkunft zusammen und schließt Europäer und Asiaten ebenso ein wie Angehörige vieler indigener Stammesgruppen; und in den Fällen, in denen die Zuwanderer wie in Nigeria hauptsächlich aus dem eigenen Land, dem Nachfolgestaat eines Kolonialterritoriums, stammen, kann die Vielfalt der Zusammensetzung ebenso groß sein wie in den Fällen, in denen viele Zuwanderer ausländischer Herkunft hinzukommen, wie in Ghana oder der Südafrikanischen Republik.
J. S. Furnivall (1948) hat die heterogenen urbanen Ballungszentren des Fernen Ostens, eine langjährige Forschung zusammenfassend, »*plural societies*« genannt, Gesellschaften, die nur geographisch, durch die Unterordnung unter eine mächtige politische Gewalt und vor allem durch die konvergenten, aber gewöhnlich in äußerster Konkurrenz stehenden Wirtschaftsinteressen der ethnischen und sozialen Teilgruppen eine Einheit bilden. Furnivalls These ist kritisiert und in Frage gestellt worden, im wesentlichen bleibt sie jedoch gültig. In afrikanischen Städten zeigt sich das an der Tendenz von Einwanderergruppen, für sich selbst – meist auf Stammes- oder Regionalbasis, seltener auf Berufs- oder Statusbasis – freiwillige Assoziationen zur gegenseitigen Hilfe, zum Schutz und zu kultureller Selbstbehauptung in der fremden und konkurrenzorientierten urbanen Umwelt zu schaffen. Die Reichweite dieser Assoziationen und ihrer verschiedenen Funktionen ist bemerkenswert. Sie reicht von der Freizeitgestaltung bis zur Versicherung gegen Krankheit oder Arbeitslosigkeit und zur Vorsorge für angemessene und rituell richtige Bestattungen. Dank der maßgeblichen Untersuchungen von Kenneth Little (1965) und seinen Mitarbeitern verfügen wir heute über eine umfangreiche Kenntnis dieser Assoziationen, ihrer Entstehung und Funktionsweise in westafrikanischen Städten. Wir sehen, daß die Hoffnung

auf wirtschaftliche Vorteile und Unterstützungen, das Bedürfnis nach materiellem Schutz in einer harten und oft ausbeuterischen sozialen Umwelt, manchmal politischer Parteigeist und oft nur der Wunsch nach Zusammensein mit den »eigenen« Leuten bei der Entstehung dieser Assoziationen wichtige Rollen spielen. Was aber die Mitglieder solcher Assoziationen in gegenseitiger Loyalität wesentlich zusammenhält, ist – so interpretiere ich die Literatur im Licht meiner eigenen Beobachtungen solcher Assoziationen in Ghana – nicht der Eigennutz. Es ist ein verallgemeinertes Gefühl von Amity, das sie selbst gern mit den Gefühlen identifizieren, die Verwandte füreinander haben sollen. Ich habe dies bei Tallensi in Kumasi und Accra beobachtet. In diesen Städten sind die Unterscheidungen von Lineage, Residenz, Totem und Kult aufgehoben. Dort werden alle Tallensi von der übrigen Welt unterschieden und als miteinander verwandt betrachtet, und die Assoziationen, die sie bilden, schließen oft sogar Angehörige anderer Stammesgemeinschaften aus dem Norden Ghanas ein. »Zu Hause«, habe ich sagen hören, »mögen wir Feinde sein; in Accra sind wir alle Verwandte.« Beispiele ähnlicher Haltungen in anderen westafrikanischen Städten werden in Littles Untersuchung gegeben; und ähnliche Reaktionen auf das Stadtleben sind für eingewanderte Stammesgruppen in Südafrika berichtet worden.[24]

X.

Oliver faßt die Grundsätze der Verwandtschaftsnormen bei den Siuai folgendermaßen zusammen:

»Die Menschheit besteht aus Verwandten und Fremden. Verwandte sind gewöhnlich durch Bluts- und Ehebande aneinander gebunden; die meisten von ihnen leben in der Nähe, und alle Personen, die in der Nähe sind, sind Verwandte. Verwandte sollen recht oft miteinander zu tun habe, zumindest in Krisenzeiten und anläßlich ihrer *rites de passage*. Alle Transaktionen zwischen ihnen sollen in einem Geist durchgeführt werden, der frei von Kommerzialität ist – von nahen Verwandten wird Teilen, nichtreziprokes Geben und Erbübertragung gefordert, von entfernteren Verwandten erwartet man Leihgaben. Unter sich sollen Verwandte Gefühle der Zuneigung oder zumindest der Amity hegen und ausdrücken – nach den Umständen mit dem Ausdruck der Hochachtung oder der höflichen Zurückhaltung und der sexuellen Meidung gefärbt« (1955: 454–55).

Das Argument, das ich entwickelt habe, könnte nicht prägnanter dargelegt werden. Und es hebt ein Moment hervor, das leicht übersehen werden könnte: Amity enthält ein Moment des Vertrauens. Wir brauchen unsere Verwandten nicht zu lieben, aber wir erwarten, ihnen auf eine Weise vertrauen zu können, die wir bei Nicht-Verwandten nicht ohne weiteres voraussetzen können. Das ist es, weshalb Vereinbarungen in

Form von Verträgen nötig sind, um Beziehungen moralischer und rechtlicher Gültigkeit mit Leuten, die als Fremde definiert sind, einzugehen und aufrechtzuerhalten. Tallensi jedenfalls würden so argumentieren und vermutlich auch die meisten der Stammesvölker, die ich im Laufe dieser Erörterung angeführt habe.

Anmerkungen

[1] Als ich die Tallensi 1963 noch einmal besuchte, war ich sehr überrascht von der offensichtlichen Stabilität und Kontinuität ihrer Lineage-, Familien- und Residenzmuster, die sich seit 1937 kaum merklich verändert hatten. Meine früheren Karten und Genealogien waren immer noch voll gültig. Die demographischen, ökonomischen, politischen und kulturellen Veränderungen der vergangenen 30 Jahre hatten zwar offenkundige und einschneidende Einflüsse ausgeübt, aber keine radikalen Veränderungen in der Sozialstruktur und dem Religionssystem zur Folge gehabt (vgl. Fortes und Mayer 1966). Bis jetzt also sind die von Worsley riskierten Vorhersagen über strukturellen Wandel, der nach seiner Auffassung aus dem von ihm vorhergesehenen ökonomischen Wandel hätte folgen müssen, falsifiziert worden.

[2] Seit dies geschrieben wurde, hat S. J. Tambiah (1965) eine wichtige Ergänzung zur ökonomischen Ethnographie der Dörfer der Trockenzone Ceylons vorgelegt. Tambiah stellt sich großsprecherisch mit der folgenden prinzipiellen Erklärung mit Leach in eine Reihe (S. 133): »Anthropologen, die die Verwandtschaftserscheinungen untersuchen, lassen sich allgemein in solche einteilen, die Verwandtschaft als ›Ding an sich‹ ansehen, das nur in bezug zu anderen Verwandtschaftserscheinungen ›erklärt‹ werden kann, und in solche, die Verwandtschaft als eine Art Begleiterscheinung der praktischen Erfordernisse des Landbaus und der Eigentumsverteilung ansehen«; und er beschreibt seine Studie als zur letzteren Art gehörig. Tambiah ist indes ein zu guter Wissenschaftler, um sich an seiner eigenen Rhetorik zu berauschen. So berichtet er (S. 157): »Verwandtschaftsbeziehungen und -gruppierungen ... enthalten den Kern der Sozialstruktur in einem Kandya-Dorf«; und er stellt uns (S. 158) den Begriff »urumai« vor, den jeder, der die Daten unvoreingenommen prüft, mit »Verwandtschaftsrecht« richtig übersetzt findet, z. B. das »Recht« eines ältesten Sohnes, mehr zu erhalten als seine Brüder, die reziproken »Rechte« von Mutterbruder und Schwestersohn. Er merkt an, daß es die Beziehungen zwischen älterem Bruder und jüngerem Bruder auf der einen Seite und die zwischen *cross-cousins* auf der anderen sind, die »die entscheidenden Muster konstituieren« (S. 159), und er untersucht eben die Feststellung Leachs, die ich oben zitiert habe. Er scheint dieser Feststellung zuzustimmen, fügt aber vorsichtig hinzu (S. 160): »Aber ich würde gern bestimmte Nuancen vorstellen, die Ausdruck grundlegender Veränderungen im ökonomischen Kontext sind und bestimmte Einstellungen, die *Ausdruck von Verwandtschafts*-Beziehungen *per se* sind [meine Hervorhebung – als »Dinge an sich«?], die eine Neuuntersuchung und Umformulierung von Leachs These erfordern könnten.« Diese Aufgabe stellt er sich. Und das Ergebnis ist eine durch und durch orthodoxe Beschreibung der Beziehungen zwischen Brüdern, ohne Berücksichtigung des ökonomischen Moments – z. B. (S. 160): »Brüder sollten einander auf ihren Feldern helfen. Wenn das Kind eines Bruders heiratet, muß der andere Bruder einspringen und Geld ausgeben«. Ebenso sagt er über *cross-cousins*, nachdem er einige seiner Daten überprüft hat (S. 161): »Dies stellt die allgemeine Anwendbarkeit von Leachs Hypothese in Frage und erschwert so die Frage, wie diese *massinā* kooperieren können, trotz des konkurrierenden Landinteresses«, das er nachgewiesen hat.

³ Es gibt keinen Grund, ein Aufgebot ethnographischer Zeugen zu dieser viel zu offensichtlichen Verallgemeinerung anzuführen, aber ich möchte gern eine neuere Arbeit erwähnen, in der dies gut dargestellt ist. Dies ist die von Gray und Gulliver (1964) herausgegebene Aufsatzsammlung. Die Herausgeber schließen, daß die Familie bei den in dem Buch repräsentierten Völkern »als Nexus verschiedener Prozesse hervortritt – der ökologischen, ökonomischen und rituellen Prozesse sowie der Prozesse menschlicher Paarung, Reproduktion und Abstammung« (S. 32). Doch vorher betonen sie die Notwendigkeit, die in allen Studien des Buches dargelegt ist, daß z. B. eine Person erst Mitglied der Lineage sein muß, um Zugang zum Land der Lineage zu haben. Außenseiter, betonen sie, können nur Land bekommen, wenn sie durch irgendeinen anerkannten Status in das Lineage-System assimiliert sind (S. 25).
⁴ Die meisterhafte Studie von Raymond Firth (1959) demonstriert dies *in extenso*.
⁵ Es ist besonders interessant, daß Seite an Seite mit den Lineages der Akan, die an der von Hill beschriebenen Bewegung teilnahmen, auf Lokalität gegründete und nicht durch Abstammung vereinigte Nicht-Akan-Gesellschaften ebenfalls partizipierten und doch ihre eigenen Formen der Verwandtschaftsorganisation dabei beibehielten.
⁶ Schneider und Gough, 1961. Gough (Teil II und III des Bandes, S. 443–652) widmet ein besonderes Kapitel (Kap. 16, S. 631–52) »Der modernen Desintegration matrilinearer Abstammungsgruppen«, in dem sie die Datenmenge, die für die ganze Studie zusammengetragen wurde, überprüft. Das von ihr zitierte Extrembeispiel »Der Zusammenbruch der Abstammungsgruppe« (S. 645) handelt von den ärmsten, landlosen Tiyyar, bei denen allerdings klar ist, daß sogar vor dem Auftreten moderner Ökonomie die Abstammungsgruppe nur rudimentär entwickelt war und im allgemeinen nicht mehr als zwei oder drei Generationen tief war. Aber ihre Schlußfolgerung ist: »Die Tiyyar- und auch die Mappilla-Abstammungsgruppe von niederer Kaste wurde so in den meisten Fällen nicht zu mehr als einer verstreuten exogamen Einheit (Reste?), deren Angehörige sich zu *rites de passage* versammeln können« (S. 646). Ihre ganze Analyse hindurch bemüht sie sich jedoch, die Aufmerksamkeit auf die begleitenden Auswirkungen politischer und anderer sozialer Veränderungen im Gesamtbild zu lenken. Für die Nayar vgl. auch die interessante kurze Studie von Nakane (1962): »The Nayar Family in a Disintegrating Matrilineal System«. In dem *tarwad*, das sie untersuchte, waren alle Männer professionelle Lohnarbeiter, die persönliche väterliche Verantwortung etwa für die Erziehung ihrer Kinder übernahmen. Dennoch konnte sie feststellen: »Trotz der endgültigen Teilung des *tarwad*-Eigentums und der Einrichtung von Kernfamilien-Haushalten, die das *tarwad* funktionslos machten, besteht die Ideologie des *tarwad* (des matrilinearen Systems) immer noch« (S. 25).
⁷ Vgl. Spiro, 1958. Die grundlegenden Analysen der Probleme, die ich hier berühre, finden sich in den Studien, die Yonina Talmon in den letzten Jahren in verschiedenen Zeitschriften veröffentlicht hat. Siehe z. B. ihre Arbeit von 1965.
⁸ Einzelheiten bei Talmon, 1965. Eine der erstaunlichsten Entwicklungen, die alle, die diese Gemeinschaften untersucht haben, zu Erörterungen und Spekulationen anregte, ist das Auftreten von spontaner Kibbuz-Exogamie bei den im Kibbuz aufgewachsenen jungen Leuten (vgl. Spiro, 1958: 347–48, und Talmon, 1965: 281–82).
⁹ Vgl. Leach, 1961. Die strukturelle Elastizität der *pavula* wird besonders von Nur Yalman (1962) hervorgehoben, der in Übereinstimmung mit Leach anmerkt, daß »diejenigen, die sich zu einer gegebenen Zeit als Verwandte betrachten, aus unvorhergesehenen Gründen Feinde werden können« (S. 560). Er macht auch auf die Bedeutung der Gepflogenheit aufmerksam, nach der Nicht-Verwandte in das Verwandtschaftsschema eingegliedert werden – durch Zuweisung eines Verwandtschaftsstatus, den er als Verwandtschaftsfiktion vorstellt. Unter der Vielzahl von Parallelen, die angeführt werden könnten, gibt Marshall Sahlins in seiner brillanten Studie (1962) ein besonders interessantes Beispiel,

das graphisch zeigt, wie Wirtschafts-, Residenz- und Zeremonial-Variablen den Kreis der Verwandtschaftsbeziehungen beeinflussen, die unter bestimmten Umständen anerkannt werden.

[10] Z. B. durch Auswahl einer Verwandtschaftsbeziehung, die Heirat erlaubt, wenn alternative Identifikationen genealogisch oder klassifikatorisch zulässig sind. Firths Analyse (1930), die zeigt, wie Verwandtschaftsrechnung auf Tikopia zu diesem Zweck manipuliert wird, wurde durch viele spätere Studien bestätigt (z. B. Yalman, 1962). Ein neueres Beispiel gibt Sahlins (1962: 160–62), der zeigt, wie die Moala einen »Pfad der Verwandtschaft« »wiederbeleben«, auf dem Paare, die nicht Geschwisterkinder sind, zu *cross-cousins* werden und deshalb heiraten können.

[11] Beattie schreibt: »Clanzugehörigkeit spaltet also das ganze Universum von Personen, denen ein Munyoro im Laufe seines Lebens wahrscheinlich begegnet (oder in traditionalen Zeiten begegnen). Jeder, den er trifft, ist entweder ein Angehöriger seines eigenen patrilinearen Clans, oder er ist es nicht«. Im Anschluß bemerkt er, daß Clanmitgliedschaft »im weiten Sinne ... bestimmt ..., wen eine Person nicht heiraten darf«; und weiter: »Es gibt starke Verpflichtungen zu Gastfreundschaft und gegenseitiger Hilfe zwischen den Angehörigen eines Clans, selbst wenn sie einander fremd und sich keiner Art von genealogischer Verbindung bewußt sind. Clangenossen sind ›Brüder‹, ›Väter‹ oder ›Söhne‹«; »Banyoro glauben, daß ein Mann zu seinen Clangenossen freundlich sein und mit ihnen kooperieren sollte, so wie er es mit seinen ›wirklichen‹ Brüdern, Vätern und Söhnen tun würde« (S. 321). Vgl. auch Southall, 1956, S. 63.

[12] Diesem Sentiment begegnet man in Stammesgesellschaften auf der ganzen Erde. Aus Neu Guinea wurde es von den Siane (Salisbury, 1962) und den Mae Enga (Meggit, 1958) berichtet, die beide sagen, daß sie die heiraten, mit denen sie kämpfen. Oft spiegelt sich dieses Postulat in Werbung, Verlobung und Hochzeitsbräuchen. Ein schlagendes Beispiel liefert der Gusii-Brauch der »privilegierten Obstruktion« bei Heiratszeremonien (Mayer, 1950). Die Gusii haben ebenfalls das Sprichwort »Die, die wir heiraten, sind die, mit denen wir kämpfen« (S. 123), und Mayer interpretiert diese Bräuche als Mittel zur emotionalen Entlastung in explosiven, ambivalenten Situationen. Vgl. auch Beattie, 1958. Beattie beschreibt das Verhalten eines Freiers: »Der Freier fühlt sich gleichsam auf feindlichem Boden« (S. 13).

[13] Es braucht kaum gesagt zu werden, daß diese Dichotomie und die Entgegensetzung zwischen Verwandtschaft und Schwiegerschaft nicht auf Afrika beschränkt ist. Sie spielt z. B. eine entscheidende Rolle in südindischen Heirats- und Verwandtschaftssystemen, wie Dumont es in seiner bedeutenden theoretischen Studie (1957) dargestellt hat. Ihre umfassende Bedeutung wird in Lévi-Strauss' Theorie der *cross-cousin*-Heirat (1949) herausgestellt. Es handelt sich jedoch um ein so grundlegendes Thema der Verwandtschaftstheorie, daß es wirklich überflüssig ist, die Literatur anzuführen. In diesem Zusammenhang ist die begriffliche Fassung der Welt der Verwandtschaft bei den Iban besonders aufschlußreich. Sie unterscheiden zwischen Kognaten, Schwiegerverwandten und anderen. Es ist aber bezeichnend, daß sie Kognaten und Schwiegerverwandte als Arten von Verwandten im Gegensatz zur übrigen Welt zusammenfassen. Das ist genau das, was man von einem kognatischen System, das vielfältige Querverbindungen zuläßt, erwarten sollte. Vgl. aber Barton (1949: 81): »Heirat steht in Antithese zu Verwandtschaftssolidarität, zum Teil deshalb, weil sie eine andere Art von Verbindung in die Gruppe einführt; Cousins/Cousinen zweiten Grades dürfen heiraten, so daß in dieser Hinsicht die Gruppe auf Cousins/Cousinen ersten Grades eingeschränkt wird.«

[14] Vgl. Fortes (1949: 122). Die Implikationen der Muster von Nahrungsverteilung und -konsumtion in Familien- und Verwandtschaftsbeziehungen sind für die voltaischen Völker ausgezeichnet in Jack Goodys Studie (1958) herausgearbeitet.

[15] Wie die moderne ethnographische Forschung wiederholt gezeigt hat, kann man mit gu-

tem Recht verallgemeinern: Wo immer Verwandte hinsichtlich gemeinsamer Interessen, Rechte und Pflichten gegenüber Außenseitern miteinander vereint und identifiziert, aber *inter se* durch genealogische und strukturelle Kriterien wie Geschlecht, Alter, Generation usw. differenziert sind und daher partikulare Rechte, Pflichten usw. bestehen, wird ihre nach außen gerichtete Solidarität durch interne, aktuelle oder potentielle Rivalitäten ausgeglichen werden. Daher die Rivalitäten zwischen Geschwistern und zwischen Personen aufeinander folgender genealogischer Generationen.

[16] Dies ist so gut bekannt, daß es kaum einer näheren Ausführung bedarf. Ich möchte allerdings betonen, daß ich mich nicht auf Fälle beziehe, in denen die Konkurrenz um vakante Ämter offen und organisiert ist, wie bei den Ankole (vgl. Oberg, 1940), sondern auf solche, in denen sie anscheinend durch Rechtsvorschriften ausgeschlossen ist, wie bei den Tswana (vgl. Schapera, 1938: 62; 1957).

[17] Gluckman (1955: 154) zitiert ein Lozi-Lied, das schmerzlich darauf hinweist: »Er, der mich tötet, wer wird es sein, wenn nicht mein Verwandter / Er, der mir beisteht, wer wird es sein, wenn nicht mein Verwandter.« Man wird an die »Sünde Kains« erinnert.

[18] Colson (1958: 21). Eine der interessantesten von vielen ähnlichen Nachrichten über Stammesvölker, die primär von irgendeiner Form der Subsistenzwirtschaft abhängig sind, ist die über die Institution des *kerekere* bei den Moala von Fidji: »Verwandtschaft zwischen Geber und Empfänger ist ein aufschlußreiches Charakteristikum des *kerekere*. Die meisten Bitten werden an Verwandte innerhalb der Heimatgemeinschaft gerichtet, aber in jedem Fall sollten Bittsteller und potentieller Geber Verwandte sein. Dies schränkt die Sphäre des *kerekere* eigentlich auf keine Weise ein, denn Verwandtschaft kann mit klassifikatorischen Mitteln fast immer hergestellt werden . . . Verwandtschaft bedeutet für *kerekere*, daß die Verwandtschaftsethik, Verpflichtung, Unterstützung, Hilfe und Trost zu gewähren, die Handlung dominiert« (Sahlins, 1962: 203–204). Es ist vielleicht überflüssig, an die eingehenden Erörterungen der Verpflichtung, insbesondere Nahrung mit Verwandten zu teilen, zu erinnern, die in der Literatur über die australischen und andere Jäger- und Sammlergesellschaften zu finden sind. Das Thema erscheint ständig in klassischen Studien über Verwandtschaft und Sozialorganisation, z. B. in denen von Evans-Pritchard, Firth, Richards, Eggan u. a.

[19] Es liegt weder in meiner Kompetenz noch gehört es zu meinem eigentlichen Gegenstand, dies weiter zu verfolgen, aber ich mag nicht darauf verzichten, auf einen Text hinzuweisen, der mir im Laufe einer flüchtigen Studie untergekommen ist. Die folgenden Sätze stehen in der *Ethicorum Aristotelis ad Nicomachum Expositio* des Hl. Thomas von Aquin (lib. VIII, cap. vii): ». . . amicitia est quaedam unio sive societas amicorum, quae non potest esse inter multum distantes, sed oportet quod ad aequalitatem accedant. Unde ad amicitiam pertinet aequalitate iam constituta aequaliter uti; sed ad justitiam pertinet inaequalia ad aequalitatem reducere. Aequalitate autem existente, stat justitiae opus. Et ideo aequalitas est ultimum in justitia, sed principium in amicitia.« Litzinger übersetzt dies wie folgt: ». . . Freundschaft ist eine Art von Einheit oder Verbindung von Freunden, die nicht zwischen weit entfernten Personen bestehen kann; vielmehr müssen sie sich der Gleichheit annähern. Deshalb gehört es zur Freundschaft, eine schon gleichförmig bestehende Gleichheit zu nützen. Aber es gehört zur Gerechtigkeit, Ungleiches auf Gleichheit zu reduzieren. Wenn Gleichheit besteht, ist das Werk der Gerechtigkeit getan. Und aus diesem Grund ist Gleichheit das Ziel in der Gerechtigkeit und der Anfang in der Freundschaft.« Der Begriff von »amicitia«, hier mit »Freundschaft« übersetzt, entspricht nahezu dem, was ich im Kontext der Verwandtschaft mit *amity* meine. Dies ist durch das Gewicht angezeigt, das auf der Forderung liegt, daß »Freunde« nah und gleich sein sollen. Hierher gehört, daß im feudalen Frankreich vom 13. bis 15. Jahrhundert die Formel »Verwandte und Freunde« (»*parens et amis*«) regelmäßig in Dokumenten auftritt, die sich auf Wergeld beziehen (vgl. Phillpotts, 1913: 188–89).

[20] In seiner unveröffentlichten Dissertation, Cambridge. Er hat seitdem einige seiner Feldforschungen veröffentlicht (1955; 1965–66). Die Garia scheinen repräsentativ für eine Anzahl von »Kleinstämmen« im Madang-Gebiet zu sein. Zu den von Lawrence berichteten Moralvorstellungen gibt es enge Parallelen bei einigen von ihnen. In diesem Gebiet haben z. B. die Tangu (vgl. Burridge, 1960) eine Reihe aufeinander bezogener Moralvorstellungen, die sich um das gruppieren, was Burridge als »den Begriff der Amity« bezeichnet (S. 81). Er stellt fest: »Amity besteht in ihrem eigenen moralischen Recht: Es ist die entscheidende Norm, nach der alle Beziehungen beurteilt werden und mit der alle Beziehungen übereinstimmen oder der sie sich annähern sollten . . . Jede Verletzung von Freundschaft löst unmittelbar Prozesse aus, die die Wiederherstellung der Freundschaft sichern sollen.« Burridge erklärt dazu weiter: »Amity selbst findet ihren bedeutendsten Ausdruck in der Idee der Gleichheit«, wie sie vor allem im Austausch von Nahrung deutlich wird, der vollkommen äquivalent sein muß. Der Zustand vollkommener moralischer Äquivalenz zwischen Haushalten wird durch einen besonderen Ausdruck bezeichnet und zeigt sich daran, daß sie weder tauschen noch kooperieren. Der strukturale Hintergrund dieses Begriffs der Amity, der seltsam genug an die in Anm. 19 zitierte Definition des Thomas von Aquin erinnert, wird von der wechselseitigen Verbindung aller Haushalte in einer Gemeinschaft durch wirkliche oder angenommene Verwandtschaft oder durch institutionalisierte Freundschaft gebildet (Burridge, 1960: 58 *et passim*). Weiter scheint es, daß die Modellbeziehung, in der Tausch die Norm ist, die von verschwägerten Haushalten ist – d. h. der Ehemann in dem einen ist (wirklicher oder klassifikatorischer) Bruder der Ehefrau in dem anderen; wo dagegen Kooperation die Norm ist, sind die Haushalte durch gleichgeschlechtliche Geschwisterschaft aufeinander bezogen – d. h. die Ehefrauen sind Schwestern oder die Ehemänner sind Brüder. Die Wiederherstellung gestörter Freundschaft erweist sich so als Wiederherstellung von kooperativen Beziehungen der Brüderlichkeit oder reziproken Beziehungen zwischen Geschwistern verschiedenen Geschlechts (Burridge, 1960: 105 ff.). Und der Mechanismus dafür ist der bemerkenswerte Brauch der *br'ngun'guni*, Rednerwettstreite und -disputationen, in denen Klagen und Ansprüchen freier Lauf gelassen wird (Burridge, 1960: 75–76 *et passim*).
[21] Eine enge Parallele findet sich bei den Taita; vgl. Harris und Harris 1964.
[22] Ähnliche Vorstellungen sind den Moala von Fidji (Sahlins, 1962), den Siuai (Oliver, 1955) und den Tangu (Burridge, 1960) geläufig.
[23] Als ich 1963 die Tallensi wieder besuchte, habe ich festgestellt, daß einige Leute es neuerdings bevorzugen, rechteckige statt runde Räume zu bauen. Dies erfordert spezielle Fähigkeiten, über die nur wenige Männer verfügen. Zu dieser Zeit war die traditionale Wirtschaft bereits stark von der nationalen Geldwirtschaft überlagert. Dennoch nahm der beste Spezialist des neuen Stils in Tongo, der, wenn er für Außenseiter arbeitete, Tagelohn bekam, von Nachbarn und Verwandten, die seine Dienste suchten, nur die traditionelle Form der Entschädigung mit Essen und Trinken an.
[24] Vgl. z. B. die interessante Beschreibung der *amakhaya*-Gruppen von Xhosa-Einwanderern im Osten Londons bei Mayer (1961: 99–100). Amakhaya sind Leute »eines Hauses«, d. h. eines bestimmten ländlichen Gebiets und bilden, wie Mayer sagt, in der Stadt eine »moralische Gemeinschaft«.

Literatur

Abrahams, R. G. (1967), *The Political Organization of Unyamwezi*, Cambridge Studies in Social Anthropology, Nr. 1, Cambridge

Barton, Roy Franklin (1949), *The Kalingas: Their Institutions and Customary Law*, Chicago
Beattie, J. H. M. (1957), »Nyoro Kinship«, *Africa*, 27: 317–40
– (1958), »Nyoro Marriage and Affinity«, *Africa*, 28: 1–22
Bohannan, Laura und Paul Bohannan (1953) *The Tiv of Central Nigeria*. Ethnographic Survey of Africa, Band 3, Teil 8, London
Bohannan, Paul (1955), »Some Principles of Exchange and Investment among the Tiv«, *American Anthropologist*, 57: 60–70
Burridge, Kenelm (1960), *Mambu: a Melanesian Millennium*, London
Cohn, Bernhard S. (1962), Rezension von *Pul Eliya* von E. R. Leach, *Journal of the American Oriental Society*, 82: 104–106
Colson, Elizabeth (1958), *Marriage and the Family among the Plateau Tonga of Northern Rhodesia*, Manchester
Dumont, Louis (1957), *Hierarchy and Marriage Alliance in South Indian Kinship*, Occasional Papers of the Royal Anthropological Institute, Nr. 12, London
Dunning, R. W. (1959), *Social and Economic Change among the Northern Ojibwa*, Toronto
Evans-Pritchard, E. E. (1933), »Zande Blood-Brotherhood«, *Africa*, 6: 369–401
– (1940), *The Nuer: a Description of the Modes of Livelihood and Political Institutions of a Nilotic People*, Oxford
– (1951), *Kinship and Marriage among the Nuer*, Oxford
Firth, Raymond (1929), *Primitive Economics of the New Zealand Maori*, London
– (1930), »Marriage and the Classificatory System of Relationship«, *Journal of the Royal Anthropological Institute*, 60: 235–268
– (1936), *We, the Tikopia: a Sociological Study of Kinship in Primitive Polynesia*, London
– (1939), *Primitive Polynesian Economy*, 2. Aufl. 1965, London
– (1959), *Social Change in Tikopia: re-study of a Polynesian community after a generation*, London
Fortes, Meyer (1945), *The Dynamics of Clanship among the Tallensi*, London
– (1949), *The Web of Kinship among the Tallensi*, London
– (1959), »Descent, Filiation and Affinity: a Rejoinder to Dr. Leach«, *Man*, 59: 193–197, 206–212
– (1962), Introduction zu *Marriage in Tribal Society*, hg. v. M. Fortes, Cambridge Papers in Social Anthropology, Nr. 3, Cambridge, S. 1–13
Fortes, Meyer und Doris Y. Mayer (1966), »Psychosis and Social Change among the Tallensi of Northern Ghana«, *Cahiers d'Etudes Africaines*, 6: 5–40
Furnivall, John Sydenham (1948), *Colonial Policy and Practice: a Comparative Study of Burma and Netherlands India*, Cambridge
Gibbs, James L., Jr. (1963), »The Kpelle Moot: a Therapeutic Model for the Informal Settlement of Disputes«, *Africa*, 33: 1–11
Gluckman, Max (1955), *The Judicial Process among the Barotse of Northern Rhodesia*, Manchester
Goody, Jack (1957), »Fields of social control among the LoDagaba«, *Journal of the Royal Anthropological Institute*, 87: 75–104
– (1958), »The Fission of Domestic Groups among the LoDagaba, in: *The Developmental Cycle in Domestic Groups*, hg. v. J. Goody, Cambridge Papers in Social Anthropology, 1: 53–91, Cambridge
Goody, Jack (Hg.) (1966), *Succession to High Office*, Cambridge Papers in Social Anthropology, Nr. 4, Cambridge
Gray, Robert F. und P. H. Gulliver (Hg.) (1964), *The Family Estate in Africa: Studies in the Role of Property in Family Structure and Lineage Continuity*, London

Harris, Grace (1962), »Taita Bridewealth and Affinal Relationships«, in: Meyer Fortes (Hg.), *Marriage in tribal societies*, Cambridge Papers in Social Anthropology, Nr. 3, Cambridge

Harris, Alfred und Grace Harris (1964), »Property and the Cycle of Domestic Groups in Taita«, in: Robert F. Gray und P. H. Gulliver (Hgg.), *The Family Estate in Africa*, London

Herskovits, Melville J. (1940), *The Economic Life of Primitive Peoples*, New York

Hill, Polly (1963), *The Migrant Cocoa-Farmers of Southern Ghana: a Study in Rural Capitalism*, Cambridge

La Fontaine, Jean (1962), »Gisu Marriage and Affinal Relations«, in: Meyer Fortes (Hg.), *Marriage in tribal societies*, Cambridge Papers in Social Anthropology, Nr. 3, Cambridge

Lawrence, Peter (1955), *Land Tenure among the Garia: the Traditional System of a New Guinea People*, A.N.U. Social Science Monographs, Nr. 4, Canberra

– (1965–66), »The Garia of the Mdang District«, *Anthropological Forum*, I: 373–392

Leach, E. R. (1961a), *Pul Eliya, a Village in Ceylon: a Study of Land Tenure and Kinship*, Cambridge

– (1961b), *Rethinking Anthropology*, London

Lévi-Strauss, Claude (1949), *Les structures élémentaires de la parenté*, Paris

Lewis, I. M. (1961), *A Pastoral Democracy: a Study of Pastoralism and Politics among the Northern Somali of the Horn of Africa*, London

Little, Kenneth (1965), *West African Urbanization: a Study of Voluntary Associations in Social Change*, Cambridge

Mayer, Philip (1950), »Privileged Obstruction of Marriage Rites among the Gusii«, *Africa*, 20: 113–125

– (1961), *Townsmen or Tribesmen: Conservatism and the Process of Urbanization in a South African City*, Cape Town

Meggitt, Mervyn J. (1958), »The Enga of the New Guinea Highlands: Some Preliminary Observations«, *Oceania*, 28: 253–330

Middleton, John (1958), »The Political System of the Lugbara of the Nile-Congo Divide«, in: John Middleton and David Tait (Hgg.), *Tribes Without Rulers*, London

Morgan, Lewis H. (1877), *Ancient Society*, New York. Endgültige Ausgabe 1964, hg. von Leslie A. White für die John Harvard Bibliothek, Cambridge, Mass.

Nakane, Chie (1962), »The Nayar Family in a Disintegrating Matrilineal System«, *International Journal of Comparative Sociology*, 3: 17–28

Oberg, K. (1940), »The Kingdom of Ankole in Uganda«, in: Meyer Fortes und E. E. Evans-Pritchard (Hg.), *African political systems*, London

Oliver, Douglas L. (1955), *A Solomon Island Society: Kinship and Leadership among the Siuai of Bougainville*, Cambridge, Mass.

– (1962), Rezension von *Pul Eliya* von E. R. Leach, *American Anthropologist*, 64: 621–22

Pedersen, Johannes (1920), *Israel: Its Life and Culture*, Übers. London 1926, neue Auflage 1959

Peters, Emrys (1960), »The Proliferation of Segments in the Lineage of the Bedouin in Cyrenaica«, *Journal of the Royal Anthropological Institute*, 90: 29–53

Phillpotts, Bertha S. (1913), *Kindred and Clan in the Middle Ages and after: a Study of the Sociology of the Teutonic Races*, Cambridge

Richards, Audrey I. (1939), *Land, Labour and Diet in Northern Rhodesia: an Economic Study of the Bemba Tribe*, London

Robertson Smith, William (1885), *Kinship and Marriage in Early Arabia*, Cambridge

Sahlins, Marshall D. (1962), *Moala: Culture and Nature on a Fijian Island*, Ann Arbor

Salisbury, Richard Frank (1962), *From Stone to Steel: Economic Consequences of a Technological Change in New Guinea*, Melbourne
Schapera, I. (1938), *A Handbook of Tswana Law and Custom*, London
– (1950), »Kinship and Marriage among the Tswana«, in: A. R. Radcliffe-Brown und Daryll Forde (Hgg.), *African Systems of Kinship and Marriage*, London
Schneider, David M. und E. Kathleen Gough (Hgg.) (1961), *Matrilineal Kinship*, Berkeley
Southall, Aidan W. (1956), *Alur Society: a Study in Processes and Types of Domination*, Cambridge
Spiro, Melford E. (1958), *Children of the Kibbuz*. Cambridge, Mass.
Talmon, Yonina (1965), »The Family in a Revolutionary Movement – the Case of the Kibbutz in Israel«, in: Meyer F. Nimkoff (Hg.), *Comparative family systems*, Boston
Tambiah, S. J. (1965), »Kinship Fact and Fiction in Relation to the Kandyan Sinhalese«, *Journal of the Royal Anthropological Institute*, 95: 131–173
Tegnaeus, Harry (1952), *Blood-Brothers: an Ethno-sociological Study of the Institution of Blood-Brotherhood, with Reference to Africa*, New York
Turner, Victor W. (1957), *Schism and Continuity in an African Society: a Study of Ndembu Village Life*, Manchester
Wilson, Monica (1950), »Nyakyusa Kinship«, in: A. R. Radcliffe-Brown und Daryll Forde (Hgg.), *African Systems of Kinship and Marriage*, London
– (1951), *Good Company: a Study of Nyakyusa Age-Villages*, London
Worsley, P. M. (1956), »The Kinship System of the Tallensi: a Revaluation«, *Journal of the Royal Anthropological Institute, 86: 37–75*
Yalman, Nur (1962), »The Structure of the Sinhalese Kindred: a Re-examination of the Dravidian Terminology«, *American Anthropologist*, 64: 548–575
Young, Michael und Peter Willmott (1957), *Family and Kinship in East London*, London

III. Transfiguration der genealogischen Beziehung

Godfrey Lienhardt
Die Gottheit *Fleisch*

Die Vorstellung, welche die Dinka von ihren Clan-Gottheiten haben, wird durch das, was sie von diesen Gottheiten sagen, eng mit den Werten agnatischer Verwandtschaft verbunden und mit den Beziehungen zwischen Agnaten, wie Dinka sie erfahren. Die Clan-Gottheit ist die reine Form des agnatischen Ahnen; ihre Embleme repräsentieren die reine Form des Clan-Genossen. Reale menschliche Clan-Genossen sind in der Wirklichkeit durch Generation, Persönlichkeit, Familie und Lineage voneinander verschieden. Die Embleme der Clan-Gottheit aber, die außermenschlich sind, kann man sich so vorstellen, als bildeten sie eine einzige, undifferenzierte Gruppe. Menschen sehen jede Giraffe z. B. als jeder anderen Giraffe in Zeit und Raum äquivalent, und alle Angehörigen eines Clans, die *Giraffe* als Gottheit achten, müssen sie alle auf ein und dieselbe Weise behandeln. In ausschließlich menschlichen Beziehungen wird das Ideal der Äquivalenz von menschlichen Clan-Genossen nicht vollständig verwirklicht; denn bei ihnen handelt es sich um Individuen, um Angehörige von bestimmten Familien und Lineages, die deshalb deutlich voneinander verschieden sind. Der Clan ist – wie die gesamte Welt der Dinka – eine unterteilte Einheit; aber in bezug auf die Clan-Gottheit und ihr Emblem transzendieren die Dinka die Unterteilungen und Oppositionen zwischen Clan-Genossen. Nicht schlicht als Menschen, aber als Clan-Genossen sind sie ohne Unterschied Kinder eines gemeinsamen Ahnen und klassifikatorische Halbbrüder eines Tieres oder einer Spezies, die zu ihnen allen in derselben Beziehung steht. Deshalb werden alle »Ahnen« des Clans in der Clan-Gottheit zu einem einzigen Ahnen, und alle Clan-Genossen werden in bezug auf die Embleme der Gottheit gleichermaßen zu »Halbbrüdern«, die sozial untereinander äquivalent sind. Reale agnatische Ahnen ordnen sich zur Genealogie, sie verändern und differenzieren die Struktur des Clans; reale Clan-Genossen werden durch den genealogischen Raum und die genealogische Zeit notwendig getrennt. Aber dieser Raum, diese Zeit und ihr Produkt, die Trennungen zwischen den Clan-Genossen, werden für die Dinka transzendiert – von der Clan-Gottheit und ihren Emblemen.
Wenn also Clan-Gottheiten für die Dinka die idealen und beständigen Werte agnatischer Verwandtschaft darstellen[1], so ist zu erwarten, daß eine bestimmte Gruppe von Clans, die »Fischspeermeister«-Clans, de-

nen gemeinsam bestimmte Gaben und Eigenschaften zu eigen sind, die keiner der anderen, der »Krieger«-Clans besitzt, auch als Kollektiv eine Clan-Gottheit anerkennt, die keinem der anderen Clans zukommt. Dies ist *ring*, die Gottheit *Fleisch*.

Ring ist das gewöhnliche Wort für Fleisch, aber Dinka meinen damit meist das Fleisch eines Lebewesens, bei dessen Sterben sie anwesend sind; wenn ein geopfertes Tier gehäutet wird, so erweckt das Zucken des Fleisches den Eindruck, als habe es ein Leben in sich selbst. Dieses »Leben« im Fleisch wird von den Dinka beachtet.

Wer *ring* als seine Gottheit hat, steht in Beziehung zu *Fleisch*; und in den Mythen über den ersten Meister des Fischspeers wird erzählt, wie dieser das rohe Fleisch seiner Opfertiere an die Gründer der Fischspeermeister-Clans verteilte; wie der Gründer eines bestimmten Clans unter einem Vorwand versuchte, einen größeren Anteil zu erhalten – eine Spiegelung des bis heute von seinen Nachkommen erhobenen Anspruchs, ihr Clan sei stärker als andere von der Gottheit *Fleisch* inspiriert. Und in einem Mythos der Bor Dinka wird erzählt, die Gottheit *Fleisch* sei mit der Gottheit *Feuer* identisch, welche der erste Meister des Fischspeers, als er fortging, in einem Kürbis für seine Nachkommen hinterließ. Auch im Lande der westlichen Dinka, die diesen Mythos nicht kennen, wird *Fleisch* mit dem roten Licht des Feuers in Verbindung gebracht. Wie es in einem Hymnus zum Ausdruck kommt, manifestiert sich die Gottheit *Fleisch* in einem roten Licht:

»Das *Fleisch* lodert auf wie Feuer«

Es versteht sich, daß eine solche Konzeption in eine europäische Sprache nicht leicht durch einen einzigen Ausdruck zu übersetzen ist.

Also beginne ich damit zu berichten, wie jemand, der die volle und komplizierte Reichweite der Assoziationen des Wortes *ring*, *Fleisch*, noch nicht kennt, bei einer Dinka-Zeremonie beobachten kann, wie das Wort *ring* gebraucht wird, wie er es gewissermaßen in Aktion sehen kann. Betrachten wir ein Opfer für die Genesung eines kranken Speermeisters. Nach dem gewöhnlichen Muster eines Dinka-Opfers wurden hier die Anrufungen über einem gelbbraunen *(mayan)* Kalb von Speermeistern durchgeführt, die in diesem Fall Angehörige der mächtigen Clans Pagong und Payi waren. Im Laufe der Anrufungen begannen die Beine einiger Speermeister zu zittern. Das Zittern ging von Zuckungen im Oberschenkel aus. Dies, so wurde gesagt, war die Gottheit *Fleisch*, die in ihren Körpern erwachte *(pac)*.

In diesem Zucken, das sich manchmal auf den ganzen Körper ausdehnt, in diesem Zucken der Beine und Schenkel wird die Gottheit *Fleisch* offenbart. Wenn Meister des Fischspeers von *Fleisch* sprechen, so berühren sie oft diese Teile des Körpers und die rechte Schulter als die Orte,

in denen die Gottheit *Fleisch* sich im besonderen manifestiert, obwohl sie mit dem ganzen Körper assoziiert wird.
Die Speermeister setzten die Anrufungen fort, in sich die steigende Kraft von *Fleisch*; sie waren nicht »hysterisch« besessen wie jene, die von Freien Gottheiten besessen sind. Zwei junge Männer, die zwar Speermeister-Clans angehörten, aber nicht selbst Meister des Fischspeers waren, begannen nun ebenfalls die Anzeichen für das »Erwachen« von *Fleisch* zu zeigen. Sie waren weit weniger kontrolliert, und ihre Arme und Beine verfielen bald in ein heftiges Zittern. Der eine saß, der andere stand, beide starrten mit geöffneten und etwas aufwärts gedrehten Augen ins Leere. Es war möglich, zu ihnen zu gehen und ihnen direkt ins Gesicht zu starren, sie registrierten nicht, ob sie überhaupt etwas sahen.
In diesem Stadium wurden sie nicht weiter beachtet; sie seien in Sicherheit, so wurde gesagt, wenn sie innerhalb des Gehöfts von *Fleisch* besessen seien; und sollte ihr Zustand zu lange andauern, so würden die Frauen ihn beenden: die Gottheit *Fleisch* würden sie in den Körpern verehren, indem sie den von ihr Besessenen ihre Armreifen darreichen und ihre Hände küssen würden. Später küßten tatsächlich Frauen diesen Besessenen die Hände, aber Armreifen boten sie ihnen nicht an.
Die Anrufungen wurden schneller und heftiger, und ein alter Mann wurde von der Gottheit *Fleisch* überwältigt; er taumelte zwischen die anrufenden Speermeister, stützte sich auf das Kalb, klopfte es und rempelte Leute an. Dies war das Benehmen eines sehr benommenen Mannes. Zu diesem Zeitpunkt waren auswärtige Speermeister damit beschäftigt, der Reihe nach Milch aus einem Kürbis mit kreisförmigen Verzierungen als Trankopfer über den Pflock zu gießen, an den das Kalb angebunden war. Dabei küßte jeder seine eigenen Hände vor und nach der Berührung mit dem Kürbis von *Fleisch*, dem Kürbis, der für Trankopfer an diese Gottheit bestimmt ist. Nach dieser Kulthandlung sagte mir ein Speermeister, daß nun sein eigenes *Fleisch* »erwache«, aber während der übrigen Zeremonie verlor er die Selbstbeherrschung nicht.
Wie die Gottheit *Fleisch* im Körper steigt oder erwacht, diese Empfindung scheint allen erwachsenen Männern, die Speermeister-Clans angehören, gut bekannt zu sein. Bei Frauen kommt sie nicht vor. Ein christlicher Dinka aus dem Pakwin-Clan hat mir erklärt, daß er es nicht wage, in die Nähe eines Tieropfers für seine Clan-Gottheit zu kommen, da in ihm das Erwachen von *Fleisch* ein Schwächegefühl bewirke, das sich zur Bewußtlosigkeit steigern könne. Interessant ist auch der weitere Bericht dieses aufgeschlossenen Mannes über das, was *ring, Fleisch*, sei. *Fleisch*, sagte er, ist die Gottheit aller Meister des Fischspeers und steht an der Spitze *(tueng)* aller anderen Clan-Gottheiten. In der Vergangenheit,

meinte er, gab es nicht all die Gottheiten, die es jetzt in Dinkaland gibt, Freie Gottheiten und Clan-Gottheiten. Es gab nur zwei große Dinge (»Prinzipien«, könnte man in unserer Sprache sagen) *Gottheit (nhialic)* und *Fleisch*. Sie waren es, die den Dinka in den frühesten Zeiten beistanden. »*Fleisch* ist *ein* Wort«, sagte er. Der Dinka Ausdruck »*ein* Wort« *(wet tok)* bezeichnet das Wort, das vielen Worten überlegen ist, das entscheidende Wort jenseits von Erörterung und Ausführung – und deshalb das wahre Wort. Dementsprechend ist ein Mann von wenigen Worten (eingestandenermaßen von allen Dinka bewundert) ein Mann, dem die Leute zuhören und gehorchen, während »ein Mann von vielen Worten« als unschlüssig, unfähig und unzuverlässig gilt. Viele Worte verbergen die Wahrheit, »*ein* Wort« verkündet sie. Also mit den Worten jenes Dinka:

»*Fleisch* ist *ein* Wort. Unsere Ahnen wußten davon, aber niemand wußte alles davon. Einige sagen, sie hätten es gesehen. Es ist ein einziges Wort, es ist von fernster Vergangenheit, das, was immer gewesen ist.«

Auch andere Dinka haben bemerkt, *Fleisch* sei eine Sache von wenigen Worten, über die sie entweder wenig wissen oder nicht freimütig sprechen wollen. Denn sie neigen dazu, von *Fleisch* in einem gedämpften Ton zu sprechen, in den sie nicht verfallen, wenn sie von *Gottheit* und anderen Gottheiten reden.

Die Verehrung der Gottheit *Fleisch* in den Körpern derer, die sie offenbaren, ist vom Standpunkt des Beobachters aus die feierlichste religiöse Handlung der Dinka. Bei einer Zeremonie, die ich gesehen habe, kamen der Reihe nach die Frauen, die zum Gehöft des zelebrierenden Speermeisters gehörten, und küßten *(cim)* seine Hände, seine Stirn und – in einer bei ihnen seltenen Haltung der Demut – kniend seine Füße. Nur einmal habe ich noch gesehen, daß jemand die Hände eines Mannes küßte: es war eine alte Frau, die einem Wohltäter Hochachtung und Dankbarkeit bezeugen wollte.

Dinka sagen, daß die Gottheit *Fleisch* die Zungen der Meister des Fischspeers »wirklich kalt« *(lirthwat)* macht. Eine »kalte Zunge« hat bei den Dinka etwa die Bedeutung einer »kühlenden« Zunge, die guten Rat gibt und Worte spricht, welche diejenigen, an die sie gerichtet sind, zum Frieden bringen. Das heißt, sie stellt die ruhige und eindringliche Rede dar, die Rede, die ohne Zorn oder Aggressivität unparteiisch und bündig wirkt. In Gebeten bitten Dinka oft, daß ihre Körper kühl sein mögen, daß die angenehmen kühlen Winde zu ihnen kommen mögen; denn Kühle bedeutet Frieden und Ruhe, Gesundheit, Zufriedenheit und Gleichmut, fern von Leidenschaft und Streit. Auch in Hymnen heißt es gelegentlich, daß die Gottheiten den Menschen und der Erde »Kühle

gebracht« haben, und es wird gesagt, daß in der ersten Kühle des Frühlings ein Mann wieder mit seiner Frau schläft und von dem Kind träumt, das sie gebären wird.
Ein kühler Mund und ein kühles Herz[2] sind also in moralischer Hinsicht der Gegensatz zu »vielen Worten« und einem »heißen Herzen« *(twic puou)*. Letzteres zeigt sich in Gereiztheit, Unvernünftigkeit, Gewalt, Unordnung, Aggression und Betrug; ein kühles Herz aber wird assoziiert mit Friedfertigkeit, Ordnung, Harmonie und Wahrheit. Ein Mann, dessen Zunge und Herz kühl sind, ist geeignet, die Differenzen zwischen Streitenden zu schlichten, Gut und Böse beider Parteien zu erkennen und auszugleichen. Dies ist der Charakter eines idealen Speermeisters, und alle Meister des Fischspeers streben danach, den Einfluß auszuüben, den man von einer kühlen Zunge und einem kühlen Herzen erwartet.
Die größte Bedeutung der Gottheit *Fleisch* liegt vielleicht darin, daß Dinka erwarten, sie gewährleiste, daß ein Mann, der kraft *Fleisch* spricht, vollkommen wahrhaftig spricht. Definitiv wird die reine Wahrheit, *wet yic alanden*, in jeder Rede gesagt, die von *Fleisch* inspiriert ist. Dinka sagen: Wenn ein Meister des Fischspeers im Amt spricht und später der Lüge überführt wird, dann kann *ring, Fleisch,* nicht in ihm gewesen sein und kann seine Rede nicht inspiriert haben. Das Wort *yic*, das als »Wahrheit« übersetzt wird, hat eigentlich eine etwas weitere Bedeutung als unser heutiges Wort »Wahrheit«. Es impliziert Ehrlichkeit, »Rechtschaffenheit« und Gerechtigkeit. Die Wahrheit, die unter Inspiration von *Fleisch* gesprochen wird, kann auch eine prophetische oder vorgreifende Wahrheit sein, die dem Volk den reinen Kern der Gebete und Anrufungen enthüllt. Der Inspirierte dringt durch zu dem, was wirklich und wahrhaftig *ist*, und so kann er die Wahrheit bestimmen. Wegen dieser Gabe sagen Dinka von Meistern des Fischspeers mit hohem Ansehen: »sie sind fähig« *(a leou)* oder besser »sie überwinden«; denn sie wissen, was wirklich den trügerischen Erscheinungen zugrunde liegt, welche die weniger Inspirierten irreleiten, und ihr Wissen sichert die Wirksamkeit ihres Umgangs mit der Realität. Dies Wissen wird als Erleuchtung dargestellt, und die Gottheit *Fleisch* ist es, die es verleiht.
In einem Mythos über die Trennung von *Gottheit* und Mensch bittet der Mensch um einen Lichtstrahl, um sehen zu können.[3] Die Menschen brauchen Licht. Schon auf der einfachsten Ebene der Erfahrung macht es in Dinkaland einen großen Unterschied, ob man etwas bei Tag oder bei Nacht tut; das Mondlicht ist ein wichtiges Moment in Entscheidungen über Dinge wie die Bewegungen von Herden. Es ist gefährlich, im Dunkeln zu gehen, denn es gibt Schlangen, Skorpione, Schlaglöcher, Dornen und abgebrochene Äste, die man nicht sehen kann, es gibt auch wilde Tiere, Hexerei und andere böse Mächte, welche die Dinka mehr

fühlen als vorstellen. Aber auch Träume kommen in der Nacht; einige von ihnen sollen Kenntnis von Dingen bringen, über die der Träumer sonst nichts wüßte, und durch Träume mag auch *Gottheit* zu den Menschen sprechen.

Einmal saßen einige Meister des Fischspeers in der Abenddämmerung nach dem Tee in meiner Hütte und sprachen über einen Gegenstand, der sie interessierte und den sie manchmal Europäern zu erklären versuchen – den Unterschied zwischen Meistern des Fischspeers und »Medizinmännern« oder kleineren Zauberern und Wahrsagern, die von Kolonialadministrationen zeitweise alle gleichermaßen als »*kujurs*« oder Hexenmeister geächtet wurden. Eine frisch gerichtete Sturmlampe brannte sehr klar und hell auf dem Tisch, um sie herum standen noch die Tassen und Teller vom Tee. Ein Mann, der Schwestersohn eines bekannten Speermeisters, bemerkte:

»Siehst du, die Meister des Fischspeers gleichen dieser Lampe. Schau, wie hell ihr Licht ist, wir sehen einander und wir sehen, was auf dem Tisch ist. Wenn die Lampe trüb wird, werden wir uns nicht mehr so gut sehen, und wir werden nicht sehen, was auf dem Tisch ist. Wenn sie erlischt, werden wir einander überhaupt nicht mehr sehen, weder die Dinge auf dem Tisch noch sonst etwas. *Gottheit* hat die Meister des Fischspeers zu den Lampen der Dinka gemacht.«

Er fügte hinzu:

»Meister des Fischspeers sind so, und *Gottheit* ist so (wie diese Lampe). Sieh, hier abseits steht eine zerbrochene Tasse. Sie ist nicht wie die heilen Tassen, aber sie ist dort abseits im Licht. So ist es im Tod.«

Er dachte dabei an einen anderen Gegenstand, den wir besprochen hatten – wie alternde Meister des Fischspeers vor ihrem physischen Tod ins Grab gelegt werden, eine Zeremonie, die jetzt offiziell verboten ist. Durch den Hinweis auf das Ermatten der Lampe wollte er anspielen auf das Alt- und Schwachwerden eines Fischspeermeisters.

Vielleicht ist diese Formulierung über die »Erleuchtung«, die man von Meistern des Fischspeers empfängt, ungewöhnlich deutlich und explizit, aber sie ist nicht einfach das exzentrische Produkt einer außerordentlich lebendigen Imagination, denn auch in den Hymnen tauchen Wendungen auf, in denen Speermeister und Propheten mit den Quellen des Lichts verglichen werden:

»Mein Vater Cyer Deng, erhalte das Land
– Ein Meister wie Sonne und Mond –«

An anderen Stellen heißt es »der leuchtende Meister« oder:

»Mein Vater Longar ist wie ein Komet
Umkreist die Erde wie ein Regenbogen...«

In P. Nebels Sammlung heißt es:

»*Gottheit*, mein Vater, wir beten zu dir
Du wirst zunehmen wie der Mond...«

In der schon angeführten Hymne, in der von *Fleisch* als »auflodernd wie Feuer« die Rede ist, ist nicht Hitze gemeint, sondern Licht. Wenn in einer dunklen Nacht ein Feuer angeblasen wird, dann sieht man für einen Augenblick im Flackern die Dinge des Gehöfts, die sonst im Dunkel verborgen sind; neben dem Mond ist das Feuer für die Dinka die einzige Lichtquelle in der Nacht.

Noch mehr spricht dafür, daß die Gottheit *Fleisch* nicht allein mit Wahrsagen, Wissen und Zukunftsvision assoziiert wird, sondern auch mit der Erleuchtung der Nacht, in der jene, die sie nicht besitzen, nicht »sehen« können: Zu den Hauptaufgaben eines Speermeisters gehört es, in der Gefahrenzeit der Nacht für den Schutz der Herden und Menschen im Lager zu beten *(long col wokou)*; und in ganz Dinkaland ist der Glaube verbreitet, daß die Gottheit *Fleisch* Speermeistern als ein Licht in der Nacht erscheint. Ein Speermeister sagte:

»*Fleisch* kommt zu mir in der Mitte der Nacht, wenn ich in meiner Hütte liege und die Hütte dunkel ist. *Fleisch* leuchtet für mich wie eine Lampe, wie ein Feuer. Ich kann meine Frau sehen und alles, was in der Hütte ist, so als sei dort eine Lampe. Andere sehen das Licht nicht so; es sind nur die, die die Gottheit *Fleisch* haben, sie sehen sie die Hütte in der Nacht erleuchten.«

Ein anderer sagte, dies Licht erscheine in der Nähe seines Kopfes, auf seiner linken Seite.

Tiere, die *Fleisch* geopfert werden, sollen von roter Farbe sein (d. h., von unserem Standpunkt aus: hell rötlich-braun, *malwal*), und zwar ausdrücklich deshalb, weil diese Farbe, soweit es bei Rindern möglich ist, am meisten der Farbe von Fleisch und Blut ähnelt. In einer Hymne aus der Sammlung P. Nebels tauchen sowohl die Farbassoziationen als auch die Gabe des Hellsehens auf:

»Der Gottheit *Fleisch* gebe ich meinen roten Bullen
Wenn ich (von ihr) verlassen bin, werde ich nicht mehr geben
Fleisch meines Vaters, wenn du hellsiehst *(tiet)*
Du wirst ihn erspähen *(car)*, den Mann, der haßt, und ihn, der liebt...«[4]

Bei den westlichen Twij Dinka ist eine kleine harmlose rote Schlange ein Emblem von *Fleisch*; und Rek Dinka haben mir mitgeteilt, daß *Fleisch* sich manchmal Speermeistern (im Traum?) als ein neugeborenes Kind von hellroter Farbe offenbart, heller als jedes Dinka-Kind bei der Geburt. Von einer kleinen roten Schlange oder einem roten neugeborenen Kind träumen, das gilt als ein gutes Omen. Jemand hat mir erzählt,

Fleisch habe sich ihm im Traum als rotes Baby offenbart, das aus einem Fluß stieg – eine deutliche Assoziation der Gottheit *Fleisch* mit dem Fluß-Ursprung des ersten Meisters des Fischspeers und mit jenem geläufigen Thema des Dinka-Denkens, der Befruchtung einer unfruchtbaren Frau durch die *Kraft,* als welche der Fluß gedacht wird.[5] Ich kann hier nur berichten, daß *Fleisch* mit dem Konzept der Geburt assoziiert wird und daß man von denen, die *Fleisch* als Gottheit haben, glaubt, sie hätten die Macht, zur Heilung von Unfruchtbarkeit zu opfern.

Reales Fleisch und Blut, besonders im Körper des Meisters des Fischspeers, sind Embleme der Gottheit *Fleisch.* Es gibt eine Zeremonie zur »Speisung« von *Fleisch* in ihren Körpern, aber ich habe sie nie gesehen. Meister des Fischspeers, so wird gesagt, nehmen bei gewissen Opfern an die Gottheit *Fleisch,* die im Gegensatz zu anderen Opfern bei Nacht stattfinden, kleine Stücke vom rohen Fleisch des Opfertiers und essen sie mit feierlichem Ernst, bevor der Tag anbricht.[6] Ein Speermeister des Paghol-Clans, der das Primat im Apuk Patuan-Stamm der Rek hat, berichtete, daß er ehrerbietig drei kleine rohe Stücke vom Schenkel[7] eines für *Fleisch* geopferten Ochsen esse, um das *Fleisch* zu nähren (zu vermehren). Auf die Frage, weshalb er *drei* Stücke esse, sagte er nur, für einen Mann seien es drei – wenn ein Mann stirbt, wird dann nicht die erste Zeremonie nach drei Tagen abgehalten, für eine Frau aber nach vier? Speermeister der *dhindyor* Clans, die ihre Abstammung letztlich von Frauen oder von einer Frau herrechnen, sagten, sie äßen *vier* Stücke. Viele andere meinten, es handele sich nicht um eine bestimmte Anzahl von Stücken, sondern um mehrere kleine Stücke von allen Teilen des Tiers.

Diese Beobachtungen – gleich welche Bedeutung den Details zukommt – beziehen sich ausschließlich auf Meister des Fischspeers, die durch ein gemeinsames Mysterium verbunden sind, das sie von anderen trennt. Die Ältesten der Gemeinschaft, so wird gesagt, sollen nach dem Opfer bei Nacht in einem Kuhstall die »roten« Tiere, die der Gottheit *Fleisch* geopfert wurden, gänzlich verzehren: Dies ist der einzige Fall, in dem die Clan-Gottheit feierlich gegessen wird. Diese Opferhandlung unterscheidet sich von den gewöhnlichen Opfern an *Gottheit* und Gottheiten, bei denen das Tier oft morgens getötet und das Fleisch zum Mitnehmen an die Teilnehmer verteilt wird. *Fleisch* aber wird oft auch bei Opfern angerufen, die sich nicht an es richten.

Die Angehörigen von Speermeister- und von Krieger-Clans erkennen *Fleisch* gleichermaßen als die mächtigste aller Clan-Gottheiten an; und ich führe dazu an, was Dinka glauben, obwohl ich das, was als die überzeugendsten Manifestationen von *Fleisch* bei Opfern beschrieben wird, nicht gesehen habe. Wenn in einem Fischspeermeister die Gottheit

Fleisch wirklich stark ist, dann, so wird gesagt, kann es geschehen, daß nicht nur *er* von ihr überwältigt schwer zu Boden fällt, auch das Opfertier selbst wird unter der Macht der Anrufung in die Knie sinken und sein »Leben« *(wei)* für die Menschen freigeben, noch bevor es physisch getötet wird. Wenn die Gottheit *Fleisch* in einem betenden Speermeister wirklich »läuft« *(kat epei)*, so glaubt man, dann werden die Hörner des Opfertiers sich senken und vorwärts fallen. Jemand erzählte mir, daß sein Vater es gesehen habe. Solche Berichte steigern für die Dinka zweifellos das, was sich bei vielen gewöhnlichen Opfern sicher vor ihren Augen abspielt, daß nämlich die anrufenden Speermeister und andere oft in einen Zustand geraten, der wie eine *partielle* Dissoziation wirkt, und daß das Opfertier, das während der rhythmischen Anrufungen lange – und oft in der Sonne – angebunden steht, schläfrig, still und wie betäubt wird, wie ich es gelegentlich beobachtet habe.

Die Ehrerbietung und Scheu, mit der Speermeister das rohe Fleisch in kleinen Stücken essen, ist, wie man den Beschreibungen entnehmen kann, eine extreme Form des *thek*, der Ehrerbietung für die Embleme der übrigen Clan-Gottheiten – und mit Sicherheit trifft dies für die Frauen zu, die das *Fleisch* in den Körpern der Männer verehren. Von den Speermeistern wird gesagt, sie seien »ängstlich« oder »scheu« *(guop ryoc)*, wenn sie es essen. Ich hatte den Eindruck, daß Dinka, die die Gottheit *Fleisch* haben, in bezug auf sie wirklich die inneren Erfahrungen machen, die andere äußerlich und formell im Umgang mit den übrigen Clan-Gottheiten und ihren Emblemen durch Vermeidungs- und Ehrerbietungshaltungen zum Ausdruck bringen. *Ring* ist *Fleisch* und auch *Blut*, denn Dinka sagen: »Fleisch und Blut sind eins«; sie sagen, daß der Anblick von fließendem Blut die Gottheit *Fleisch* im Körper eines Speermeisters schwächt und daß er deshalb versucht, das Fließen von menschlichem Blut nicht sehen zu müssen. Das ist einer der Gründe, weshalb man von Speermeistern nicht erwartet, daß sie sich an tatsächlichen Kämpfen beteiligen, sondern daß sie zuhause bleiben und für den Sieg beten. Daß diejenigen, die *Fleisch* (und Blut) haben, keine Verletzung von Fleisch und Blut sehen sollen, das entspricht natürlich der Formel, die allgemein für den Umgang mit den Emblemen der übrigen Clan-Gottheiten gilt. Ein Speermeister, der mich mitgenommen hatte, um der Kopfskarifizierung von Mädchen beizuwohnen – dies ist eine sehr blutige Operation –, sagte plötzlich, es werde ihm übel, er müsse woanders warten: »Es ist *Fleisch* in meinem Körper, es haßt, Blut zu sehen.« Diese Vorstellung ist der Stellung der Fischspeermeister als Vermittler und Friedensstifter angemessen.

(...)

Ring, Fleisch, die Gottheit aller Speermeister, ist in ihnen also inkarniert und ist wesentlich Teil von ihnen. Sie sind von ihr nicht »getrennt«, wie die Menschen von den übrigen Clan-Gottheiten getrennt sind, und so sind sie selbst zum Teil göttlich. Es ist eine Gottheit, die im Fleisch und Blut steckt, die von den Speermeistern von Generation zu Generation weitergegeben wird, die vollkommene Form agnatischer Erbfolge und physischer Regeneration. Wie es ein Dinka ausdrückte: »*Fleisch* ist im Körper eines Mannes, und es war im Körper seines Vaters und in den Körpern seiner Ahnen seit dem großen Longar, dem ersten Meister des Fischspeers, und seit *Gottheit,* die es am Anfang gab.« Es ist die Grundinspiration der Meister des Fischspeers, der Grund ihrer Fähigkeit, in einem idealen Sinn »den Weg zu erhellen«, die Wahrheit zu bestimmen und zu verkünden, in Gebeten zu »überwinden« und widerstreitende Gruppen und Interessen zu versöhnen.

Lebendig begraben

(Der folgende Text wurde von Lienhardt aufgezeichnet und ins Englische übersetzt. Der Name des Dinka, von dem er stammt, ist nicht bekannt. Der Brauch ist von der Regierung verboten.)

Zuerst sah ich, wie ein Meister des Fischspeers mit Namen Deng Deng lebendig begraben wurde im Land des Majok Stammes jenseits des Flusses. Ich war noch ein Junge. Der Meister war in Malek zuhause, im Unterstamm Magol, und er war der Fischspeermeister dieses Unterstammes. Pakedang war sein Clan. Jetzt gehören ihm wenige an, aber ihre Anrufungen sind sehr stark, so daß sie in meinem Land manchmal »Hexer des Fischspeers« heißen. In jenem Unterstamm gibt es auch andere Meister des Fischspeers, aber keine, die ihnen gleichkommen.
Der Speermeister Deng Deng war sehr alt geworden, und als seine Jahre zu Ende waren und er wirklich sehr alt war, so daß er nicht mehr gut sehen konnte und all seine Zähne ausgefallen waren, da sagte er seiner Lineage, er wünsche lebendig begraben zu werden; sie sollten hinausgehen und es den Leuten im Land mitteilen und hören, ob sie zustimmten.
An der Stelle eines sehr alten Weidelagers, Malwal genannt, bereiteten sie den Boden für seine Bestattung; es war zugleich in der Nähe von Deng Dengs Gehöft und nahe seinem Kuhstall. Es war also dort, wo er ursprünglich zuhause war. Der Clan, der den Boden reinigte und grub, war Padiangbar; dieser Clan ist es, der in meinem Land einen Meister des Fischspeers lebendig begräbt.
Sie gruben ein sehr großes Loch an der höchsten Stelle des Weidelagers, in der Mitte der Herde. Dem zunächst standen zwei Bullen, ein großer

weißer und ein roter. Dies waren die heilen Tiere der Clan-Gottheiten *Mon Gras* und *Fleisch*. Als das Loch fertig gegraben war, fertigten sie zwei Gestelle aus *akoc*-Holz an, das die jungen Männer von Padiangbar eine ganze Tagesreise weit aus dem Wald herbeigeholt hatten.
Sie arbeiteten drei Tage, und der alte Mann war noch über der Erde. Zwei Tage lang ehrten sie die Bullen mit Liedern, sie sprachen Anrufungen jeden Tag morgens und abends. Dann schlitzten die Speermeister von Pakedang zusammen mit denen von Paketoi und Pagong den Bullen den Hals auf, ungefähr um 10 Uhr. Deng Dengs Mutter war die Tochter einer Frau von Paketoi, und sein Muttervater gehörte zum Clan Pagong. So waren sie alle dort versammelt, um die Familien seines Vaters und seines Mutterbruders zu vereinen *(bi panerden mat kek pan e wun)*.
Deng Deng machte Anrufungen über den Bullen, und die Hörner des ersten Bullen, des weißen, sanken nach vorne zu Boden. Nachdem sie den Bullen getötet hatten, zogen sie seine Haut ab und schnitten sie in Streifen und machten daraus auf dem Gestell ein Bett. Und jeden Tag hatten sie ein Fest *(cam yai)*, und tanzten bei Tag im Kuhstall und bei Nacht draußen. Und Männer schliefen im Kuhstall mit den Frauen anderer Männer, und jedermann stimmte zu (und es gab kein böses Wort).
Dann legten sie einen Kriegsschild über das Bett, er war aus der Haut eines Bullen der Clan-Gottheit, den sie in der Vergangenheit getötet hatten. Es war ein Kriegsschild, den sie lange Zeit im Kuhstall aufbewahrt hatten und den die Leute in jedem Frühling und Herbst, in der Zeit der Wanderungen, mit Butter eingeschmiert hatten. Sie legten Deng Deng auf den Schild und ließen ihn in das Grab hinab.
Der rote Bulle blieb. Nachdem sie Deng Deng hinabgelassen hatten, errichteten sie über ihm ein Gestell und richteten es so ein, daß die Oberseite des Gestells mit dem Erdboden in einer Ebene lag. Sie sangen Hymnen, und als sie damit fertig waren, umzäunten sie das Grab mit *dhot*-Holz. Die Einfriedung umschloß eine Fläche, die etwa doppelt so groß war wie die Oberfläche des Grabes und so hoch, daß ein Mann eben noch hinüberschauen konnte, wenn er es versuchte. Dann nahmen sie Kuhdung und deckten das Grab damit teilweise ab, ließen aber einen Teil unbedeckt, so daß sie seine Stimme noch hören konnten. Aus seinem Grab rief Deng Deng die älteren Männer außerhalb der Einfriedung zusammen; alle Frauen und Kinder, auch seine Ehefrauen, wurden fortgeschickt.
(...)
Solange der Meister des Fischspeers noch spricht, bedecken sie das Grab nicht mit Dung. Wenn er aber nicht mehr anwortet, wenn sie ihn fragen, dann häufen sie Dung über ihn. Und wenn er ganz eingesunken ist, er-

richten sie einen Schrein. Einige sagen dann: »der Meister des Fischspeers ist gestorben«, aber die meisten werden sagen: »der Meister ist in die Erde genommen worden«. Und niemand wird sagen: »O weh! er ist tot!« Sie werden sagen: »Es ist sehr gut.«

Anmerkungen

[1] Es verdient erwähnt zu werden, daß sich in den wenigen Tagen, die ich bei den Cic Dinka verbrachte, herausgestellt hat, daß ein Wort, *mel*, sowohl im Sinne von »Clan-Gottheit« als auch im Sinne von »agnatischer Beziehung« gebraucht werden kann.
[2] Ich erinnere daran, daß der große Speer, der eine bedeutende Clan-Gottheit bei den Bor Dinka ist, *Lir piou*, »Kühles Herz«, heißt.
[3] Eine Verletzung der Clan-Gottheit verursacht in manchen Fällen Blindheit.
[4] *Fleisch* und *Feuer* werden ferner mit Wissen und Schutz verbunden in der Bor Dinka-Hymne bei Lienhardt, *Divinity and Experience*, London 1961, S. 188.
[5] C. G. Seligman hat die Verbindung der Themen von Geburt und Fluß bei den Dinka von Khor Atar erläutert: »Vor langer Zeit sind Männer und Frauen der ›Fluß-Leute‹ manchmal aus dem Fluß gekommen, haben geheiratet und in benachbarten Dörfern gesiedelt. Wie einer der ›Fluß-Leute‹ an Land kommt, das wird bei der Geburt eines Kindes merkwürdig ähnlich beschrieben...« (»Report on Totemism and Religion of the Dinka of the White Nile«, Ms., teilweise enthalten in Seligmans Aufsatz »Dinka«, in: Hastings, *Encyclopaedia of Religion and Ethics*, 1911.)
[6] Vgl. W. Robertson Smith, *Lectures on the Religion of the Semites*, S. 221 n der Ausgabe von 1907: »... gewisse sarazenische Opfer, dem Passahfest eng verwandt, die sogar roh gegessen wurden und vor Sonnenaufgang völlig verzehrt sein mußten. Die Vorstellung war in diesem Fall, daß die Wirksamkeit des Opfers in dem lebenden Fleisch und Blut des Opfertiers liege. Alles von der Art der Verwesung mußte deshalb vermieden werden...«
[7] *Schenkel* und *Schenkelknochen* ist die Hauptgottheit dieses Clans.

Edward E. Evans-Pritchard
Geist und Gesellschaftsordnung

Obwohl die Nuer eine Reihe ganz verschiedener Geistkonzeptionen haben, haben wir es doch mit einer einzigen Konzeption zu tun, denn alle Geister sind *kwoth*. Dies Problem der Einheit in der Verschiedenheit stellt sich bei der Untersuchung der Religionen vieler Völker.
Die große Vielfalt der Bedeutungen, die dem Wort *kwoth* in verschiedenen Kontexten zukommen, und die Weise, in der Nuer, sogar in einer einzigen Zeremonie, von der einen zur anderen übergehen, mag uns erstaunen. Nuer sind nicht verwirrt, denn die Widersprüche, die uns verblüffen, entstehen nicht auf der Ebene der Erfahrung, sondern nur bei dem Versuch, das religiöse Denken der Nuer zu analysieren und zu systematisieren. Nuer selbst haben dieses Bedürfnis nicht. Tatsächlich habe ich selbst, als ich bei den Nuer lebte und in ihren Worten und Kategorien dachte, nie irgendeine Schwierigkeit gehabt, die mit der vergleichbar wäre, der ich mich jetzt gegenübersehe, da ich sie übersetzen und interpretieren soll. Ich vermute, daß ich von Vorstellung zu Vorstellung ging, mich zwischen dem Allgemeinen und dem Besonderen hin und her bewegte, fast wie Nuer es tun, ohne das Gefühl, daß es meinen Gedanken an Koordination mangelte oder daß besondere Bemühungen um Verständnis erforderlich wären. Erst wenn man versucht, die religiösen Konzeptionen der Nuer durch abstrakte Analyse aufeinander zu beziehen, treten Schwierigkeiten auf.
Nuer verwenden das Wort *kwoth* entweder in der Bedeutung von Gott, oder in der Bedeutung des einen oder anderen Geistes der Höhe oder der Tiefe. Wenn Nuer zu Gott beten, reden sie ihn, wobei sie allerdings oft zum Himmel blicken, nur als *kwoth*, Geist, an; der Zusatz »der im Himmel ist« ist selbstverständlich oder wird in Gesten ausgedrückt. Andererseits kann das Wort für einen besonderen Geist benutzt werden – einen Luftgeist, einen Totemgeist usw. –, und ohne ihn ausdrücklich zu bezeichnen, geht aus dem Zusammenhang hervor, daß man diesen besonderen Geist meint. So sagen Nuer z. B., wenn sie in bezug auf eine bestimmte Lineage vom Löwengeist sprechen, *e kwothdien*, »es ist ihr Geist«. Ebenso sprechen sie von einem *gwan kwoth*, dem, der einen Geist hat, und von einer *yang kwoth*, der Kuh eines Geistes, ohne näher zu bestimmen, an welchen Geist sie denken. Wer die Umstände kennt,

wird wissen, auf welchen Geist man sich bezieht. Wer sie nicht kennt, weiß nur, daß der Mann irgendeinen Geist besitzt und daß die Kuh irgendeinem Geist gehört, ohne nun zu wissen, welchem.
Da Gott im Sinne allen Geistes und der Einheit des Geistes *kwoth* ist, stellt man sich die anderen Geister, obwohl sie in bezug aufeinander verschieden sind, alle, da sie auch *kwoth* sind, als wesensgleich mit Gott vor. Das heißt, jeder von ihnen ist Gott, in besonderer Weise betrachtet; und es mag uns behilflich sein, wenn wir uns die verschiedenen Geister als Gestalten oder Darstellungen oder Refraktionen Gottes in bezug auf bestimmte Handlungen, Ereignisse, Personen und Gruppen vorstellen.
Daß die verschiedenen Geist-Gestalten im Denken der Nuer als gesellschaftsbedingte Brechungen der Gottesidee anzusehen sind, wird besser verständlich, wenn wir an einigen Beispielen untersuchen, wie sich das Problem in der Praxis darstellt. Die Zeremonie, die im folgenden beschrieben wird, bezog sich auf einen *nin diet*, einen verzögerten Totschlag: Wenn ein Mann verwundet worden ist und wieder gesund wird, einige Monate oder sogar Jahre später jedoch stirbt, kann sein Tod auf diese Verwundung zurückgeführt und die für einen Totschlag übliche Entschädigung gefordert werden. Eine Blutfehde wird unter diesen Umständen kaum ausbrechen, denn der Totschlag wird im allgemeinen als Unfall betrachtet werden, und auf jeden Fall ist bereits eine längere Zeitspanne zwischen der Tat und ihren Folgen verstrichen; und es werden nur etwa 20 Rinder gefordert, also weniger als für einen vorsätzlichen Mord, wobei allerdings die Zahl in verschiedenen Gegenden des Nuerlandes zu schwanken scheint und wahrscheinlich überall von den Verhandlungen zwischen den Parteien abhängt, die beide bestrebt sind, möglichst schnell eine Einigung zu erreichen. In der Zeremonie, an der ich teilnahm und die im westlichen Nuerland stattfand, wurden die Anfangs- und Schlußriten, die bei einem gewöhnlichen Totschlag üblich sind, zusammengefaßt, indem der Mörder vom Blut gereinigt und gleichzeitig Friede zwischen den Parteien geschlossen wurde, obwohl erst wenige Rinder bezahlt worden waren.
Sie fand statt, weil ein Mann aus dem Jikul-Clan einige Jahre zuvor mit einem Fisch-Speer einen Mann aus der Lual-Lineage verwundet hatte und dieser gerade gestorben war. Die Tatsache, daß er mit einem Fisch-Speer verwundet worden war, war wichtig, weil bei den westlichen Nuer für einen Mord mit einem Fisch-Speer oder einer Keule weniger Entschädigung gezahlt wird als für einen Mord mit einem Kampfspeer, da weniger wahrscheinlich ist, daß er vorsätzlich verübt wurde. Außer dem Täter waren keine Jikul bei der Zeremonie anwesend, die für sie von ihren traditionellen Verbündeten, der Ngwol-Lineage in einem Ngwol-Dorf, durchgeführt wurde. Die Abwesenheit von Jikul und die Verle-

gung der Zeremonie in das Dorf einer dritten Partei erleichterten es den Lual, sich versöhnlich zu zeigen.

Nachdem man Bier getrunken hatte, ein sicheres Zeichen für eine bevorstehende Einigung, saß man in der Sonne, um die Verhandlungen zu beobachten. Die Hitze war so stark, daß man den Jungen von Zeit zu Zeit auftrug, frischen Kuhmist auszubreiten, in dem die Redner hin und wieder stehen konnten, um ihre Füße zu kühlen. Einer von ihnen unterbrach seine Erzählung und bat Gott, ihm zur Abkühlung einen Regenschauer zu senden, und der Platzregen, der die Verhandlungen beendete, wurde als Antwort auf seine Bitte betrachtet. Die Zeremonie begann mit der Kastration des jungen Bullen, der geopfert werden sollte. Ein Ngwol schlug dann einen Pflock in die Mitte des Kraals und band den Ochsen daran, und viele der anwesenden Männer warfen Asche über seinen Rücken. Es folgten ausgedehnte Ansprachen, die mehr als drei Stunden in Anspruch nahmen, von einem Lual-Mann, einem Ngwol-Mann, und einem Leopardenfellpriester aus der Keunyang-Lineage, der dominanten Lineage des Gebietes, in dem all diese Lineages ihre Dörfer haben. Ich gebe nur den Kern dessen wieder, was sie sagten, denn das meiste davon ist von geringem Interesse für die Frage, die uns hier beschäftigt. Jeder Redner begann seine Ansprache, indem er den Speernamen seines Clans ausrief. Während er seine Rede hielt, ging er seinen Speer schwingend im Kraal auf und ab. Der Großteil der Reden war an das Publikum gerichtet, das sich mit den Rednern auf langwierige Auseinandersetzungen über den Fall einließ und nebenbei die eigenen Gespräche fortsetzte. Aber mitten in ihren Ansprachen wandten sich die Redner häufig mit verschiedenen Titeln an *kwoth* und erklärten dem so angesprochenen Geist die Umstände, die die Leute zusammengeführt hatten.

Der Vertreter der Lual, der die erste Rede hielt, rief außer *kwoth*, Geist, und *kwoth a nhial*, Geist, der im Himmel ist, *kwoth wicda, kwoth ngoapna* an, den »Geist unseres Hauses oder unserer Gemeinschaft (wörtlich: unseres Weidelagers), Geist unseres Feigenbaums«, da der Feigenbaum das Totem seiner Lineage war. Er begann mit einem langen Bericht über die Geschichte der Lineage des für den Tod verantwortlichen Mannes, mit endlosen Rückgriffen auf frühere Streitigkeiten, wobei er drohte, die Lual würden die Jikul oder Ngwol ausrotten, sollten sie seine Leute jemals wieder angreifen, kam dann auf alle Ereignisse zu sprechen, die zu der Auseinandersetzung geführt hatten, in der der jetzt Verstorbene verwundet worden war, sowie auf die Tiere, die noch gefordert wurden. Im Zuge seiner Betrachtungen beschuldigte er die Ngwol, sie hätten einen lebenden Ochsen mit einigen Perlen und einem Speer begraben, um die Lual umzubringen, was eine heftige Auseinandersetzung hervorrief, in der die anwesende Ngwol-Gruppe erwiderte, die Lual hätten einen Hund lebend in einem Kuhstall vergraben, um sie zu töten (ich habe keine Ahnung, ob derartige Praktiken tatsächlich angewandt werden).

Dann hielt der Vertreter der Ngwol eine ausführliche Rede. Er erwähnte *kwoth* häufig, jedoch, soweit ich verstehen konnte, ohne eine nähere Bestimmung. Sein Hauptpunkt war, daß die Jikul bereits dabei seien, Rinder als Entschädigung für den Toten zu zahlen, und es nur zum Nachteil der Lual wäre, wenn sie mit dem Streit wieder anfingen, da die Jikul durchaus imstande seien, für sich selbst zu sorgen, wenn es wieder zum Kampf kommen sollte. Er wiederholte dann die ganze Geschichte des Falles aus der Sicht der Jikul, was wiederum eine verwickelte Kontroverse mit den anwesenden Lual entfachte. In diesen Anrufungen werden tatsächliche und eingebildete Klagen an die Öffentlichkeit gebracht, nicht mit der Absicht, die Sache zu komplizieren oder Leidenschaften zu schüren, sondern der Regel solcher Versammlungen folgend, die fordert, alle unguten Gefühle, die ein Mann gegen andere hegt, aufzudecken und keine Verbitterung zu verheimlichen.

Am Ende erhob sich der Leopardenfellpriester, dessen Funktion es ist, einen Mörder zu reinigen und Riten, mit denen eine Blutfehde beigelegt wird, durchzuführen, und wandte sich an die Versammlung. In seiner Ansprache rief er außer *kwoth* und *kwoth a nhial* häufig *kwoth riengda* an, ein Ausdruck, der wörtlich »Geist unseres Fleisches« bedeutet und sich auf die geistige Quelle der priesterlichen Kraft bezieht. Er erklärte dem Täter, er könne, da einige Rinder bereits bezahlt worden seien und man dabei sei, auch den Rest abzuzahlen, ohne Angst vor Rache seiner Wege ziehen. Den Verwandten des Toten erklärte er, daß, wenn sie eine Fehde begännen, ihre Speere ihr Ziel verfehlen würden und daß sie gut daran täten, die Rinder zu nehmen und den Streit für immer beizulegen. Die Verwandten des Täters warnte er, nicht zu versuchen, ihre Rinder zu verstecken, d. h. sie heimlich in den Kraal entfernter Verwandter zu treiben, um dann zu erklären, sie seien nicht imstande, ihren Verpflichtungen nachzukommen. Auch er rekapitulierte die ganze Geschichte des Streits – aus der Sicht eines unparteiischen Beobachters und Vermittlers.

Am Ende seiner Ansprache speerte er den Ochsen, und alle Anwesenden stürmten herbei, um, wie es bei dieser Gelegenheit der Brauch ist, mit Hacken und Schneiden, speerschwingend und durcheinanderschreiend so viel wie möglich von dem Fleisch zu bekommen. Es war ein großes Durcheinander. Nachdem sich alles wieder beruhigt hatte, schnitt der Leopardenfellpriester ein kleines Büschel Haare vom Kopf des Mannes, der den Tod verursacht hatte: »das Blut, das in seinen Körper eindrang,

ist gesühnt *(riem me ce wa pwonyde ba woc)*, andere Haare werden wachsen *(bi miem ti okien dony)*, das Blut ist zu Ende *(ce riem thuk)*«. Die Zeremonie, die ich geschildert habe, ist charakteristisch für religiöse Zeremonien der Nuer. Was ich hier hervorheben möchte, sind die verschiedenen Titel, die in den Anrufungen vorkommen: *kwoth*, Geist, ohne weitere Spezifizierung; *kwoth a nhial*, Geist, der im Himmel ist; *kwoth wic(da)*, Geist des Hauses; *kwoth ngoap(na)*, Geist des Feigenbaums; *kwoth rieng(da)*, Geist des Fleisches (die besondere Kraft der Leopardenfellpriester); und es mögen andere vorgekommen sein, die ich nicht gehört habe. Neben diesen Titeln wurden Ausdrücke wie *gwandong*, Großvater, und *kwoth gwara*, Geist unserer Väter, gebraucht. Bei anderen Zeremonien, an denen Leute aus anderen Familien und Lineages als den von dieser speziellen Zeremonie betroffenen teilnahmen, habe ich in den Anrufungen Bezugnahmen auf eine Vielzahl anderer Geister gehört – Totemgeister, *colwic*-Geister und Luftgeister. Wie müssen wir die Vorstellung der Nuer vom Wesen des Geistes interpretieren, wie sie sich in Zeremonien wie der eben beschriebenen ausdrückt?
In dieser besonderen Zeremonie standen sich mehrere Gruppen gegenüber, der Leopardenfellpriester fungierte in seiner priesterlichen Eigenschaft als Vermittler und schloß die Übereinkunft durch ein Opfer ab. Die Personen, die die Ansprachen hielten, wandten sich deshalb an Gott oder sprachen von Gott, nicht nur als Gott, sondern auch als Gott in seiner besonderen Beziehung zu den Gruppen, die sie repräsentierten, und im Fall des Leopardenfellpriesters als Gott in seiner speziellen Beziehung sowohl zu der priesterlichen Funktion als auch zu einer besonderen Priester-Lineage. Die Umstände können mit einem Krieg zwischen europäischen Mächten verglichen werden, in dem eine jede zu dem Gott ihrer Väter, dem Herrn ihres Heeres, um den Sieg betet. Die Kämpfenden glauben nicht, daß zwei verschiedene Gottheiten angerufen werden. Daß dies die korrekte Interpretation des Nuer-Materials ist, wird durch eine Reihe von Beobachtungen belegt, wobei eine der bedeutsamsten die Tatsache ist, daß die Anrufungen, obwohl sie sie sich an verschiedene Titel wandten, alle über dasselbe Opfertier gesprochen wurden und dieses Tier von allen betroffenen Parteien geopfert wurde. Dies scheint mir der Beweis dafür zu sein, daß das Opfer ein und demselben Wesen dargebracht wurde. Eine weitere wichtige Beobachtung betrifft die Tatsache, daß in Situationen, in denen keine sektionsspezifischen Interessen im Spiel sind, sondern Menschen sich als Menschen und im Zusammenhang ihres gemeinsamen Menschseins Gott nähern – wie z. B. während furchtbarer Stürme, in Zeiten extremer Trockenheit und schwerer Hungersnöte, oder wenn jemand gefährlich erkrankt ist –, Gott allein ange-

rufen wird oder unter gewissen Umständen eine seiner Hypostasen, unter der er in Verbindung mit einem besonderen Naturphänomen vorgestellt wird; und er wird dann nicht durch eine Vielfalt von Anreden der Sozialstruktur entsprechend aufgeteilt. Dies mag sogar dann weitgehend der Fall sein, wenn verschiedene soziale Gruppen beteiligt sind, solange sie sich nicht antagonistisch gegenüberstehen, sondern ein gemeinsames Interesse und Ziel haben. Dazu ein Beispiel.
Ein junger Mann aus einem Dorf, in dem ich mich aufhielt, wurde in einem Kampf mit einem Mann aus dem Nachbardorf mit einem Speer schwer an der Schulter verletzt. Sein Gegner hatte nicht beabsichtigt, ihn zu töten, und die beiden Dörfer standen auf gutem Fuß; deshalb sandten seine Verwandten sofort den Speer, mit dem die Wunde verursacht worden war, mit dem Ausdruck des Bedauerns und Wünschen für eine schnelle Genesung zum Haus des Verwundeten. Die Ältesten der Hausgemeinschaft des verletzten Jungen bogen die Speerspitze um und stellten den Speer mit der Spitze nach unten in einen Krug mit kaltem Wasser. Dies tat man, um die Schmerzen, besonders beim Reinigen der Wunde, zu lindern und die Entzündung zu kühlen. Am nächsten Morgen sandte uns das Dorf des für die Verletzung Verantwortlichen eine Abordnung, die eine Ziege als Opfertier mitführte. Durch diese weitere Bezeugung ihres Bedauerns und ihrer Bereitschaft, die Entschädigung sofort zu zahlen, wenn der Junge sterben sollte, kamen sie einer Blutfehde zuvor. Man hoffte auf jeden Fall, daß die Todesgefahr durch das Ziegenopfer abgewendet würde. Die Wunde würde, wie die Nuer sagen, »mit der Ziege beendet sein«.
Bevor das Tier geopfert wurde, weihten es die Besucher, indem sie Asche auf seinen Rücken rieben. Dann wurde es gegenüber der Hütte, die des Verwundeten Großmutter mütterlicherseits bewohnte, an einen Pfahl gebunden, und ein Mann namens Lel, ein Leopardenfellpriester und Prophet, sprach über dem Tier ein Gebet; man hatte ihn von weither zur Durchführung der Zeremonie gerufen, teils, denke ich, weil seine Gegenwart der Zeremonie größeres Gewicht und daher vielleicht Wirksamkeit verleihen sollte, und teils, weil er eine zusätzliche Sicherheit für einen friedlichen Ausgang des Vorfalls war. Seine Ansprache bestand zum großen Teil aus ständig wiederholten Bekräftigungen, daß der Junge nicht sterben werde, und aus einem ausführlichen und detaillierten Bericht, in dem er Gott und den Leuten schilderte, wie sich der Unfall ereignet hatte. Am Ende seiner Rede opferte er die Ziege. Die Gruppe aus unserem Dorf brachte nun einen Hammel herbei, der ebenfalls mit Asche geweiht wurde. Danach goß ein Mitglied der Familie Wasser als Trankopfer über den Pfahl, eine Vorbereitung für seine feierliche Rede. Er erzählte die Geschichte des Unfalls noch einmal von

Anfang an und erläuterte sie, indem er sich an Gott wandte, folgendermaßen: »Ah, Gott! Wir rufen zu dir wegen dieser Wunde. Es gibt keine Feindschaft zwischen uns (der Partei des verwundeten Jungen und der des Speerstechers). Diese Wunde kam von selbst (sie wird nicht dem Speerstecher zugeschrieben, da es ein Unfall war und der Junge nicht sterben würde und so keine *thung*, Mordschuld, zu erwarten war). Wirf mit dieser Kuh auch die Feindschaft weg (im Kontext eines Opfers wird ein Schaf oder eine Ziege »Kuh« genannt). Laß die Wunde heilen. Ah, Gott! Es ist nur Kopfweh (es ist keine Krankheit von Bedeutung – die gräßlichsten Wunden werden so bezeichnet), laß sie zu Ende sein, laß es schnell vorangehen (ohne Komplikationen heilen). Laß sie vom Körper des Mannes genommen sein. Laß uns in Frieden sein.« Ein anderer Mann der einheimischen Partei hielt eine sehr ähnliche Ansprache: »Freund *(maadh)*, Gott, der in diesem Dorf ist, da du sehr groß bist, erzählen wir dir von dieser Wunde, denn du bist wahrhaftig Gott unserer Gemeinschaft. Wir erzählen dir vom Kampf dieses Jungen. Laß die Wunde heilen. Laß sie (durch das Schaf) losgekauft sein«; und so fort. Ein Stellvertreter der Besucher sprach jetzt einige Worte in gleicher Absicht, und dann wurde das Schaf geopfert. Das Fleisch beider Opfer wurde von den Einheimischen verzehrt, nachdem die Abordnung der Besucher gegangen war; ebenso das Fleisch eines dritten Tieres, eines anderen Hammels, den die Einheimischen später opferten, nachdem drei von ihnen weitere Ansprachen ähnlicher Art über ihn gehalten hatten.

In dieser Zereominie wurde Geist einfach als *kwoth* angesprochen, und es wurden keine näher bezeichneten Refraktionen erwähnt; wenn Nuer bei solchen Anlässen zu oder von *kwoth* ohne differenzierende Beschreibung sprechen, so reden sie, wie ich bereits erklärt habe, zu oder von Geist in der umfassenden Konzeption Gottes, des Schöpfers und des Erhalters des Lebens. Dies ist oft in ihren Opfern der Fall, desgleichen, wenn sie um Frieden und Erlösung von Übel beten.

Die Refraktionen werden offensichtlich dann besonders hervorgehoben, wenn eine soziale Gruppe, die als solche handelt und sich von anderen abgrenzt, ein Opfer für sich selbst oder eines ihrer Mitglieder aufgrund seiner Zugehörigkeit zur Gruppe darbringt; sie müssen dann als verschiedene, ausschließliche Darstellungen Gottes betrachtet werden, in denen die betroffenen Gruppen sich Gott in besonderer Weise als ihren Beschützer vorstellen. Es ist klar, daß die Totemgeister der Lineages *Geist* sind, den man sich in einem Schutzverhältnis zu den Lineages vorstellt. Die *colwic*-Geister sind auch Geist in einer Schutzbeziehung zu den Familien und Lineages, denen sie leiblich angehört haben, bevor sie in Geist verwandelt wurden. Ebenso mögen die Luftgeister eine Schutzbeziehung zu Familien und Abstammungslinien haben, und wo sie mehr mit einem einzelnen Propheten verbunden sind, übt dieser öffentliche Funktionen aus, durch die der Geist zum Schutzherrn lokaler und politischer Gemeinschaften wird. Auch Totemgeister mögen, allerdings auf andere Weise, eine sekundäre Bedeutung für politische Gruppen durch die Verbindung dominanter Lineages mit Stammessektionen haben. Naturgeister sind gleichfalls, obwohl in geringerem Ausmaß, Geist in einem Schutzverhältnis zu Familien; und sogar Fetische stehen, allerdings auf andere Art, als Geist in einem Schutzverhältnis zu Individuen und manchmal zu lokalen Gemeinschaften, denen diese Individuen angehören. Die Bindung all dieser Geist-Gestalten an soziale Gruppen drückt sich in vielfacher Weise aus, am deutlichsten in Zeremonien und in der Widmung von Rindern bei Heiraten.

Daß diese Geistkonzeptionen keine Autonomie besitzen und zu Recht als soziale Brechungen Gottes betrachtet werden, zeigt sich weiterhin in der Tatsache, daß *kwoth* ohne unterscheidenden Namen mit jeder sozialen Gruppe oder jedem Amt assoziiert werden kann. So sprechen Nuer, wie wir gesehen haben, von dem *kwoth* eines Leopardenfellpriesters, dem »Geist des Fleisches«, und sie sprechen von *kwoth muonde,* dem »Geist seiner (des Priesters) Erde«. Dies ist kein besonderer *kwoth,* sondern ist Geist in bezug auf priesterliche Kräfte und Funktionen. Desgleichen sprechen sie von *kwoth cuekni,* dem Geist von Zwillingen, dem bei der Geburt von Zwillingen Opfer dargebracht werden, und dem eine Kuh aus dem Heiratsgut der Schwestern von Zwillingen gewidmet ist. Auch hier stellen sich Nuer nicht einen besonderen Geist vor, der eine selbständige Existenz und einen eigenen Namen besitzt, sondern Gott in einem speziellen Verhältnis zu Zwillingen oder, genauer gesagt, zu dem Ereignis einer Zwillingsgeburt. Ein anderes Beispiel liefert die Form, in der sie von dem *kwoth* einer Altersklasse sprechen, dem beschützenden, namenlosen Geist, der die Mitglieder der Klasse behütet und das Unrecht bestraft, das Menschen von ihren Altersgenossen zugefügt wird. Dies kann dann kein besonderer, eigenständiger Geist sein, schon allein deswegen nicht, weil eine Klasse nach der anderen in Vergessenheit gerät und andere an ihre Stelle treten. Es ist vielmehr Gott, den man sich in Verbindung mit einer bestimmten Klasse vorstellt, genauso wie er auch der unterschiedene, jedoch noch immer gleiche Schutzgeist der anderen Klassen ist. Er ist sowohl der Eine als auch die Vielen – der Eine in seinem Wesen, und die Vielen in seinen verschiedenen sozialen Darstellungen.

Überdies stellt man sich Gott, obwohl er Gott aller Menschen ist, in den verschiedenen totemistischen und anderen Darstellungen, die wir betrachtet haben, nicht nur als speziellen Schutzherrn von Abstammungs-

und manchmal Lokalgruppen vor, sondern jede Familie betrachtet ihn ohne spezifische Differenzierung der Anrede als in besonderem Verhältnis zu sich stehend; und es mag von ihm in bezug auf einen bestimmten Haushalt, ein Gehöft, eine Dorfgemeinschaft gesprochen werden. In Anrufungen, wie der eben geschilderten, hört man Nuer sagen: »Gott, der in diesem Dorf ist«, oder »Gott, der in diesem Haus ist«. Wenn ein Nuer einen Kuhstall baut, hält er eine kleine Zeremonie ab, bevor der Mittelpfeiler aufgerichtet wird. Bier wird zubereitet, und bevor die Leute es trinken, bringt der Zeremonienmeister oder der Eigentümer des Kuhstalls ein Trankopfer für Gott und die Geister am Eingang des Kuhstalls und in seiner Mitte dar, wo der Platz für den Herd und den Schrein sein wird, und bittet Gott, dem Haus, seinen Bewohnern und seinem Vieh Frieden und Wohlstand zu geben. Sie denken dann Gott als besonders um ihr Haus besorgt, als besonders an es gebunden, so daß er hier in einem besonderen Sinn der Gott der Familie, ein Haushalts-Gott wird. Der Schrein, ein gegabelter Pfosten, ist der Altar Gottes im Haus, des Herdgottes, und wird zugleich mit Ahnengeistern assoziiert und mit jeder der besonderen Repräsentationen Gottes – als *colwic*, Totem- oder Luftgeist etc. –, in denen Gott in einer Schutzbeziehung zur Lineage oder Familie des Eigentümers des Gehöftes stehen mag. In dieser häuslichen Gestalt spricht man von ihm als *kwoth rieka*, Gott des Pfostens (des Schreins). Ferner wird jedes Mitglied einer Nuer-Lineage, ob diese nun Totem- oder andere besonders gekennzeichnete Geister besitzt oder nicht, in Anrufungen von *kwoth gwara*, Geist unserer Väter, sprechen oder sich auf den Namen des Urahnen der Lineage oder des Clans beziehen, genauso wie das Alte Testament vom »Gott unserer Väter« oder vom »Gott Abrahams, Isaaks und Jakobs« spricht. Ähnlich hört man den Leopardenfellpriester zu Gott als *kwoth geaka* sprechen, dem »Geist von Gee«. Gee war der erste Leopardenfellpriester, von dem alle Leopardenfellpriester ihre Kräfte herleiten, und so bezieht sich der Ausdruck auf Gott als den Schutzherrn der Priester – obwohl er auch eine umfassendere nationale Bedeutung hat, da Gee auch der Urahn der bedeutendsten Nuer-Clans war.
Neben dem Gebrauch von Namen oder Anreden als unterscheidenden Zeichen zur Kennzeichnung einer einschließenden oder ausschließenden Beziehung zu Gott treffen Nuer die gleiche Unterscheidung grammatisch durch ihre einschließenden oder ausschließenden Pronominalsuffixe. Diese Partikel sind ziemlich kompliziert, wenn sie Familien- oder Verwandtschaftsbezeichnungen angefügt sind, wie in bezug auf Gott als »Vater«, und es genügt vielleicht zu sagen, daß sie den Sprecher in die Lage versetzen anzudeuten, ob er Geist als »Geist unserer Väter« im Sinne von Geist in bezug auf seine Lineage allein oder im Sinne von

Geist in bezug auf jedermann anredet. So kann er die Einheit aller Anwesenden in bezug auf Gott oder ihre Verschiedenheit als die verschiedener sozialer Gruppen hervorheben, die als solche in einem klar abgegrenzten Verhältnis zu ihm selbst stehen.

Die Zweideutigkeiten, die zunächst als so verwirrendes Merkmal der Nuer-Religion erscheinen, klären sich zumindest zu einem gewissen Grad, wenn man ihre religiösen Vorstellungen in Beziehung zu ihrer Gesellschaftsordnung betrachtet; denn in allen Gesellschaften trägt das religiöse Denken den Stempel der Gesellschaftsordnung. Auf der Grundlage der segmentären, der politischen und der Lineage-Struktur der Nuer wird verständlich, daß dieselben komplementären Tendenzen der Spaltung und Vereinigung und dieselbe Relativität, die wir in der Struktur finden, auch im Wirken des Geistes im gesellschaftlichen Leben zu finden sind. Ebenso wie z. B. zwei Lineages auf einer Ebene der Segmentation klar unterschiedene und in bezug aufeinander entgegengesetzte Gruppen sind, auf einer höheren Ebene der Segmentation aber eine Einheit bilden, so muß Geist in bezug auf diese Segmente begriffen auf der niedrigeren Ebene geteilt und auf der höheren Ebene ungeteilt sein. So wird es einsichtig, daß die Geistkonzeption in bezug auf die segmentäre Gesellschaftsordnung in verschiedene Refraktionen aufgebrochen wird, während in bezug auf die Natur und den Menschen im allgemeinen die Vielen wieder zu dem Einen werden.

Im Lichte des bisher Gesagten ist es nicht verwunderlich, daß jede beliebige Anzahl neuer Geister, die entweder von benachbarten Völkern entliehen oder aus einer ungewöhnlichen Erfahrung abgeleitet sind, von den Nuer akzeptiert werden kann, ohne sie in Verwirrung zu bringen. Wir haben guten Grund anzunehmen, daß die Luftgeister, die Fetische und (jedenfalls zum größten Teil) die Totemgeister teils in jüngster Vergangenheit in das Nuerland eingeführt wurden; und das trifft wahrscheinlich auch auf die Naturgeister zu.[1] Ich glaube, man kann annehmen – eine andere Erklärung halte ich für unwahrscheinlich –, daß es bei den Nuer immer schon verschiedene Gestalten von *kwoth* gegeben hat, und wenn dem so ist, muß die alte oder traditionelle Religion hinsichtlich der Geist-Vorstellung aus den Konzeptionen von Gott, von Gott, der mit spezifischen sozialen Gruppen durch grammatikalische Hinweise oder Bezugnahme auf deren Namen verbunden wurde, sowie aus *colwic*- und einigen Totemgeistern bestanden haben.

Die Übernahme neuer Geistkonzeptionen von benachbarten Völkern mag teilweise zufällig gewesen sein; ich würde jedoch vorschlagen, sie auch in Verbindung mit der neueren Geschichte der Nuer zu erklären. In den vergangenen hundert Jahren vermischte sich eine beträchtliche Anzahl Dinka mit den Nuer; ferner kamen sie direkt oder indirekt mit anderen Völkern des Südsudan in Kontakt, auch mit Arabern und uns selbst. Daraus ergaben sich Gelegenheiten, fremde Vorstellungen zu übernehmen. Ich möchte darauf hinweisen, daß nicht nur die Gelegenheit gegeben war, sondern auch das Bedürfnis. Aussagen von Nuer führten uns zu der Annahme, daß sich bestimmte gesellschaftliche Entwicklungsprozesse zur selben Zeit abspielten. Sie sagen, daß ihre Clans und Lineages durch Expansion aufgebrochen wurden und Dinka Abstammungslinien in ihre Reihen inkorporierten, während sie außerdem Dinka-Gemeinschaften politisch assimilierten – daher heute die Dinka-Totems im Nuerland; daß Propheten auftraten, die großangelegte Überfälle auf die Dinka und die Verteidigung gegen die »Türken« (die Araber und die Briten) anführten – daher Dinka- und andere fremde Luftgeister; und daß der Friede und die Verwaltung, die ihnen von der Regierung des anglo-ägyptischen Sudan aufgezwungen wurden, diejenigen begünstigt haben, die ihrem privaten Vorteil oder ihrer privaten Rache nachgehen wollten – daher die Einführung von Fetischen und deren Ausbreitung. Ihre Aussagen werden durch ethnologisches Material gestützt, und wir können hinzufügen, daß es in Einklang mit der Nuer-Konzeption von Geist ist, daß er auch durch Gestalten dargestellt werden muß, die diesen neuen sozialen Phänomenen entsprechen. Lienhardt sagt mir, daß die Anzahl der Geister zugenommen hat, seit ich das letzte Mal im Nuerland war, und daß sie sich weit und ungehindert ausgebreitet haben. Genau das würden wir als Folge weiterer sozialer Desintegration erwarten.

Gott kann so auf zahllose Weise gestaltet werden: in Beziehung zu sozialen Gruppen und Personen und im Verhältnis zu Ereignissen, die für sie bedeutsam sind; und in keiner Gestalt besitzt er eine klar definierte Individualität. Dies ist einigermaßen leicht zu verstehen, wenn wir es mit Brechungen zu tun haben, auf die einfach als *kwoth* einer Gruppe und ohne Unterscheidung von Name oder Anrede verwiesen wird; man kann jedoch berechtigterweise fragen, ob jene Geister, die mit Namen bezeichnet werden, wirklich als Refraktionen und nicht vielmehr als ganz unabhängige Konzeptionen zu betrachten sind. Wir müssen hier zwischen Bezeichnungen für Klassen und individuellen oder persönlichen Namen unterscheiden. Der Grund, aus dem Nuer die Geister in Klassen aufteilen, Geister der Höhe, Geister der Tiefe, *colwic*-Geister, *bieli* usw., ist, daß sie diese als verschiedene und unterschiedlich bedeutsame Arten der Manifestation von Geist betrachten.

Der Grund für die namentliche Unterscheidung bei einigen der Refraktionen liegt meiner Ansicht nach hauptsächlich in der Form des Besitzes. Geist kann in einem bestimmten Sinn von Personen besessen werden. Nun besitzt niemand in diesem Sinn Gott, aber all die verschiedenen

Geister können von Personen besessen werden; und vielleicht kann man sagen, daß sie am deutlichsten bezeichnet werden, wenn der individuelle Besitzanspruch am ausgeprägtesten ist, nämlich im Fall der Luftgeister und der Fetisch-Geister, die Eigennamen und Ochsen-Namen haben. Ein Prophet, der vom Geist durchdrungen ist, muß ihm der Logik der Situation folgend einen Namen geben, der ihn als seinen besonderen Geist von den Geistern anderer Propheten seiner Nachbarschaft unterscheidet, da diese seine Rivalen um Ansehen und Einfluß sind; denn hier geht es um die Bindung an ein Individuum, das eine persönliche Gefolgschaft aufbaut, und nicht (zumindest nicht überwiegend) um die Bindung an eine soziale Gruppe. Wenn ein Geist aus der Höhe fällt und in einen Mann eindringt, der dann sein Prophet wird, gewinnt er seine Individualität, indem er durch den Prophethen offenbart, wie er sich nennt – seinen Namen; und wenn jemand zum ersten Mal besessen wird, richten sich die unmittelbaren Bemühungen der Nachbarn während der Entrückung darauf, den Geist zur Enthüllung seines Namens zu bringen. Der Geist bekommt seinen Namen, das *numen* bekommt sein *nomen* durch die Person, die den Geist besitzt und die von ihm besessen ist, und der er dadurch, daß sie von ihm besessen ist, Macht und Prestige bringt. Auch Fetische sind im Besitz von Individuen, die, wenn auch anders als die Propheten, untereinander um Prestige und Macht konkurrieren, so daß man auch sie namentlich unterscheiden muß. So ist es der Name, durch den ein Besitzverhältnis festgelegt wird. In gewissem Sinn ist die Individualität die der Person und nicht die des Geistes, da der Geist seinen Namen durch jene bekommt.
Wir kommen zu dem Schluß, daß die Konzeption von *kwoth* eine strukturale Dimension hat. Am einen Ende wird Geist in bezug auf den Menschen und die Welt im allgemeinen als allgegenwärtiger Gott gedacht. Dann wird er in bezug auf eine Vielzahl sozialer Gruppen und Handlungen und in bezug auf Kategorien von Personen gedacht: in bezug auf politische Bewegungen in Verbindung mit Propheten und in besonderem Bezug zum Krieg als Luftgeister; in bezug auf Abstammungsgruppen als *colwic-* und Totemgeister; und in bezug auf eine Anzahl von Ritual-Spezialisten als Totemgeister oder als totemistische und ähnliche Geister. Am anderen Ende wird er in bezug auf Individuen mehr oder weniger in einer privaten Eigenschaft als Naturgeister oder Fetische begriffen. Gott in der Gestalt des gemeinsamen Vaters und Schöpfers ist Schutzherr aller Menschen; in der Gestalt von Luftgeistern ist er der Schutzherr von politischen Führern; in der Gestalt von *colwic-* und Totemgeistern sowie von namenlosen Refraktionen ist er Schutzherr von Lineages und Familien; und in der Gestalt von Naturgeistern und Fetischen ist er Schutzherr von Individuen. Ich gebe hier nur einen allgemeinen Hinweis

auf die Hauptlinien der sozialen Abgrenzung zwischen den verschiedenen Typen von Refraktionen und lasse Ausnahmen und Überschneidungen weg.

Der Abdruck der Sozialstruktur auf das religiöse Denken der Nuer ist hier auch in den natürlichen und moralischen Attributen der verschiedenen Typen geistiger Brechungen hervorzuheben. Mächtige Himmelsphänomene und große und schreckliche Ereignisse wie Epidemien und Hungersnöte und die moralische Ordnung, die alle Menschen betreffen, werden Gott zugeschrieben, während Prozesse und Ereignisse, die keinen so allgemeinen Wirkungsbereich haben, eher der jeweiligen besonderen Refraktion oder dem Refraktionstyp zugeordnet werden, den die Situation und der Kontext hervorrufen. In gleicher Weise tendieren die Brechungen dazu, im Grad der ihnen zugeschriebenen Universalität, Stabilität und Moralität abzunehmen, im Maße sukzessiver Einschränkungen des sozialen Bereichs, auf den sie sich beziehen. Ich will diese Tendenz anhand einiger Beispiele skizzieren.

Gott ist überall, er ist beständig und unveränderlich in seiner Beziehung zu den konstanten Elementen der natürlichen und moralischen Ordnungen; er ist der Eine und er ist allmächtig, gerecht und voller Mitleid. Die Luftgeister sind in bestimmten Personen und an bestimmten Orten, und selbst wenn ihre Propheten politisch bedeutende Personen sind, haben sie einen begrenzten Einflußbereich; sie sind vor nicht allzulanger Zeit aus den Wolken gefallen, und ihr Ansehen hängt an dem persönlichen Prestige ihrer Propheten und an politischen Umständen, also an unbeständigen und unter Umständen kurzlebigen Faktoren; sie sind mannigfaltig, wenn auch im Vergleich mit niedrigeren Geistern von geringer Anzahl; und sie sind unberechenbar, sogar launisch und bösartig. Die *colwic* und Totemgeister sind auf bestimmte Lineages und Familien beschränkt; sie wurden zu bestimmten Zeitpunkten zu Schutzgeistern dieser Gruppen, und viele werden früher oder später vergessen; sie sind zahlreich und im Vergleich zu den Luftgeistern unbedeutend. Die Anerkennung der Naturgeister und Fetische beschränkt sich weitgehend auf ihre Besitzer und deren nahe Verwandtschaft. Die Fetische sind mit Sicherheit erst in jüngster Zeit eingeführt worden, und wahrscheinlich gilt dies auch für Naturgeister; beide gehen Beziehungen mit Personen und Familien ein und sind schon deren Nachkommen nicht mehr bekannt. Die Naturgeister huschen umher, kommen in die Häuser und kehren dann in den Busch zurück. Die Fetische werden gekauft und wieder verkauft und wandern von Hand zu Hand. Ihr Ansehen nimmt mit dem ihrer Besitzer zu oder ab. Sie verlieren an Bedeutung und werden von anderen ersetzt. Beide sind in ihrer Zahl potentiell unerschöpflich. Obwohl einige Fetische gefürchtet werden, stehen weder sie noch die Naturgeister in hohem Ansehen, und die Fetische betrachtet man im allgemeinen mit Abneigung. Je tiefer andererseits wir auf der Stufenleiter des Geistes hinabsteigen und je deutlicher man davon sprechen kann, daß der Geist jemand zu eigen sei, desto deutlicher zeigen sich Merkmale des Kults. Einfache Gebete und Opfer bilden den Zugang zu Gott. Die Luftgeister werden mit komplizierteren Zeremonialdiensten bedacht, die Hymnen, Besessenheit und Weissagungen mit einschließen. Kultmerkmale treten auch deutlich auf der Ebene der *colwic*- und Totemgeister hervor. Die regelmäßigste rituelle Aufmerksamkeit scheint man den Fetischen entgegenzubringen, da sie ständig Gaben höchst materieller Art von ihren Besitzern empfangen.

Indem ich die Konfiguration des religiösen Denkens der Nuer auf die strukturelle Ordnung ihrer Gesellschaft beziehe, beziehe ich natürlich mit Hilfe einer soziologischen Analyse eine Abstraktion auf eine andere. Das soll nicht heißen, daß die Nuer selbst ihre Religion in dieser Weise sehen. Nichtsdestoweniger hat die strukturelle Konfiguration, die *wir* in diesem Prozeß abstrahieren, dasselbe Muster wie die symbolische Konfiguration, in der *sie* ihre verschiedenen *kuth* (Geister) denken. Die verschiedenen Geister stehen in ihren symbolischen Konfigurationen in derselben Beziehung zueinander wie in der strukturellen Konfiguration, die wir durch die soziologische Analyse erkennen.

In einer für Nuer eigentümlichen Art gelangen die Beziehungen unter den Geistern in einer genealogischen Metapher zur Darstellung. Gott ist der Vater der höheren Luftgeister, und die niedrigeren bezeichnet man als Kinder seiner Söhne, seiner Lineage. Die Totemgeister werden oft Kinder seiner Töchter genannt, d. h. sie gehören nicht seiner Lineage an – womit die Nuer sie noch tiefer in der Hierarchie des Geistes einstufen. Die Fetische (und wahrscheinlich auch die Naturgeister) rangieren an unterster Stelle, indem man sie als Kinder der Töchter des Luftgeistes *deng* darstellt. Eine andere Art, diese Geist-Hierarchie anzuzeigen, besteht darin, sie mit Hilfe der politischen Bewertung der Abstammung zum Ausdruck zu bringen. Die Luftgeister sind *diel*, wahre oder aristokratische Geister, die Totemgeister sind *jaang*, Dinka-ähnliche Geister, und die Fetische sind *jur*, verachtete Fremde. Eine ähnliche metaphorische Einstufung nach genealogischem und sozialem Status nehmen die Nuer auch bei der Klassifikation von Vögeln vor.

Die Beziehungen unter den Geistern kommen auch in der Symbolik der Höhe oder des Raums zum Ausdruck, genauer im Verhältnis von Himmel und Erde. Die Geister sind eingeteilt in die der Höhe und die der Tiefe. Gott wird durch den Himmel symbolisiert und die Luftgeister durch die Atmosphäre, die Wolken, die Winde, wobei die geringeren der Erde näher sind als die bedeutenderen. Die Totemgeister sind als Geister in der Höhe und als Kreaturen in der Tiefe. Die Naturgeister kann man sich auch in zweierlei Gestalt vorstellen. Die Fetische sind die erdgebundensten unter den Geistern; einige sprechen aus der Tiefe der Erde. Implizit enthält diese symbolische Konfiguration auch eine Einstufung nach Licht und Dunkelheit, die von himmlischem Glanz bis zu unterirdischer Finsternis reicht.

Wir – und in ihrer eigenen Betrachtungsweise auch die Nuer – sehen in dieser symbolischen Konfiguration Abstufungen der Immanenz. Die kosmologische Darstellung von Geist und im besonderen die Dichotomie von Himmel und Erde, den Geistern der Höhe und denen der Tiefe, zeigt sich weiterhin in der Art und Weise der Erscheinungen, in den Formen, in denen Geist sich den Menschen manifestiert. An einem Ende steht der reine Geist, das transzendentale Wesen, das überall und nirgendwo im besonderen ist, Geist, wie er in sich selbst ist, Gott. Gott wird nur in den Werken seiner Schöpfung erkannt, und er spricht nur in der Sprache der inneren geistigen Erfahrung. Die Luftgeister andererseits und manchmal auch die *colwic*-Geister erscheinen den Menschen in den Propheten, durch die sie bekannt sind und durch die sie sprechen. Ferner manifestiert sich Geist in den Totemgattungen, die meistens Kreaturen sind, und am entfernteren Ende in Dingen, den natürlichen Dingen, die mit Naturgeistern assoziiert werden, und in den magischen Substanzen, die die äußere Erscheinung von Fetischen bilden, die Geist in seiner niedrigsten und materiellsten Form sind, Geist, der Gaben »ißt« und gekauft und verkauft wird. Nuer selbst treffen diese Unterscheidungen, und aus ihren Äußerungen geht klar hervor, daß sie selbst wahrnehmen, daß sie es mit Geist auf verschiedenen Ebenen der Vorstellung und der Erfahrung zu tun haben, mit Geist an sich, Geist in Personen, Geist in Tieren und Geist in Dingen. Überdies können wir meiner Ansicht nach weiter schließen, daß sie diese verschiedenen Ebenen der Immanenz auch als Ebenen in der Zeit wahrnehmen. Dies ist in der genealogischen Darstellung von Geist impliziert, denn der Vater muß vor den Kindern kommen und die Kinder vor den Enkeln; und möglicherweise auch in seiner räumlichen Darstellung, nämlich in einem sukzessiven Herabfallen von Geistern zu bestimmten Zeitpunkten. Diese Unterscheidung findet man aber auch explizit in Aussagen der Nuer über die Reihenfolge, in der die verschiedenen Geister bei ihnen aufgetreten sind. Gott war immer da; dann traten zu unterschiedlichen Zeitpunkten *colwic*-Geister, Luftgeister, Totemgeister, Naturgeister und Fetischgeister in Erscheinung, wobei die Fetischgeister die jüngsten Ankömmlinge sind. Diese Refraktionen entsprechen, wie wir festgestellt haben, unterschiedlichen Ebenen der gesellschaftlichen Tätigkeit, aber jede Interpretation in der Perspektive der Sozialstruktur verdeutlicht uns lediglich, wie die Idee des Geistes den Bereichen des gesellschaftlichen Lebens gemäß verschiedene Formen annimmt. Sie befähigt uns nicht, das innere Wesen der Idee selbst besser zu verstehen. Die wechselnden Stufen der Immanenz, auf denen die Konzeption sich artikuliert, zeigen uns, daß den unterschiedlichen Gesellschaftsebenen, auf denen Geist sich manifestiert, auch unterschiedliche Ebenen der religiösen Wahrnehmung entsprechen. Geist wird manchmal intellektuell und intuitiv als der eine transzendentale, reine Geist wahrgenommen, ein anderes Mal in Verbindung mit menschlichen Angelegenheiten und Interessen als die eine oder andere aus der großen Anzahl der Gestalten, durch die der Geist auf verschiedenen Stufen der Vergegenständlichung für menschliche Intelligenz konkret erkennbar wird. Sogar bei strikter Beschränkung auf eine rein strukturale Interpretation der Geistkonzeption in der Gesellschaft handelt es sich nicht einfach um eine Frage der sozialen Ebenen, da Gott, wie wir gesehen haben, auch ungeteilt auf allen Ebenen erfahren wird, bis herab zu der des Individuums – so daß eine strukturale Interpretation nur gewisse Eigenschaften der Brechungen erklärt, nicht aber die Idee des Geistes selbst. Ich habe nur zu zeigen versucht, daß und wie diese Idee von den refraktierenden Oberflächen der Natur, der Gesellschaft, der Kultur und der historischen Erfahrung gebrochen wird.

Diese Art, die Geistkonzeption der Nuer zu betrachten, verschafft uns ein Modell, mit dessen Hilfe wir die verwirrende Vielzahl der Geister beschränken und für unser Verständnis einigermaßen ordnen können; und die Forschung könnte längs der angedeuteten Linien vertieft werden. Der Wert dieses Modells ist für unsere gegenwärtige Untersuchung jedoch beschränkt, da es uns nicht hilft, den spezifisch religiösen Bereich besser zu erfassen. Unsere Analyse setzt hier von außen ein und zeigt die Momente der Religion, die besonders zu betonen sind, wenn es um die Sozialstruktur der Nuer geht. In einer Studie über Religion müssen wir indes, um die eigentliche Natur des Untersuchungsgegenstands zu erfassen, auch versuchen, den Gegenstand von innen her zu erforschen, ihn so zu sehen, wie Nuer ihn sehen, zu untersuchen, wie sie auf jeder Ebene zwischen den verschiedenen Geistern differenzieren. Sie differenzieren natürlich nicht mit soziologischen Begriffen, sondern eher durch grammatikalische Unterscheidungen, durch Hinweise auf Abstammung und durch unterschiedliche Benennung. Wären freilich die Unterscheidungen rein verbaler Natur, so könnten wir als Ergebnis eine unausweichliche Verwirrung annehmen. Die Worte sind aber an sichtbare Gegenstände gebunden, die es dem Verstand ermöglichen, sie zu erfassen und somit auseinanderzuhalten. Wenn man an Gott denkt, besteht nicht das gleiche Bedürfnis nach sichtbaren Symbolen. Zeichen sind allerdings erforderlich, denn es wäre sonst schwierig, Gott überhaupt zu denken; aber das Eine, das nichts Gleiches neben sich hat, erfordert keine konkrete diakritische Differenzierung. Wo es im Gegensatz dazu eine Anzahl gleicher Darstellungen gibt, können diese nur durch konkrete Differenzierung auseinandergehalten werden, durch ein Ding, das den Namen und die Idee, für die es steht, vergegenwärtigt. Im Fall der Luftgeister wird diese Bedingung von den Propheten, die sie besitzen, erfüllt; im Fall der *colwic*-Geister von den Personen, die zu solchen geworden sind; im Fall der Totemgeister von den Geschöpfen, mit denen sie verbunden sind; im Fall der Naturgeister von leuchtenden Gegenständen; und im Fall der Fetische von den Substanzen, in denen sie enthalten oder an die sie gebunden sind. Diese Differenzierung geistiger Formen durch ihre Identifizierung mit materiellen Phänomenen stellt uns vor ein sehr schwieriges und heikles Problem des religiösen Denkens. Wenn es ein Gegenstand ist, der die eine geistige Form von der anderen unterscheidet, müssen wir überlegen, ob der Gegenstand die geistige Form ist, oder in welchem Sinn man sagen kann, er symbolisiere sie.

Anmerkung

[1] Viele dieser Geister sind wahrscheinlich nicht nur für die Nuer, sondern auch für die Dinka neu. Sogar von denjenigen, denen ein gewisses Alter in der Dinka-Kultur nachgewiesen werden kann, z. B. *deng*, kann man annehmen, daß sie, da sie unter den meisten oder allen anderen nilotischen Völkern nicht zu finden sind, erst nach der Trennung dieser Völker entstanden sind. Daraus ergeben sich komplizierte philologische Probleme.

Meyer Fortes
Pietas bei der Verehrung der Ahnen

I.

Die *Henry Myers Lecture* wendet sich an ein gemischtes Publikum von Anthropologen und Nicht-Anthropologen verschiedener Provenienz. Sie bietet damit eine willkommene Gelegenheit, den geraden schmalen Pfad der Fachwissenschaft zu verlassen und die grünen Auen der Spekulation aufzusuchen, vor denen wir normalerweise unsere Augen verschließen. Ich hoffe, daß es kein Akt der Pietätlosigkeit gegen den Gründer dieser *Lecture* ist, wenn ich so unbesonnen war, dieser Versuchung zu erliegen.

Die Kontroverse, die Malinowskis Angriff auf Freuds Theorie des Ödipuskomplexes ausgelöst hatte, erhitzte noch die Gemüter, als ich 1934 meine Feldforschung bei den Tallensi begann. Sowohl als Herausforderung der psychoanalytischen Theorie wie als Stimulus für anthropologische Feldforschung hatten Malinowskis frühere Ansichten ihren Einfluß behauptet, obwohl dieser selbst die behavioristische Abkehr von der Psychoanalyse vollzogen hatte. Welche Art von Felduntersuchung der in Frage stehenden Probleme möglich sei, das wurde lebhaft diskutiert. Die wichtigsten theoretischen Fragen hatte Seligman mit der ihm eigenen Unparteilichkeit und Klarheit in seiner *Huxley Lecture* von 1932 erläutert. Aber das einzig sichere war: Familie und Verwandtschaft sind der primäre soziale Bereich, in dem das Ödipusdrama sich möglicherweise in Tradition und Verhalten zu erkennen gibt. Die verzwickte Frage, wie aus dem sichtbaren Traditionsverhalten legitimerweise auf den Gegenstand der Psychoanalyse, die verborgenen Motive und Phantasien, zu schließen sei, blieb ungelöst, wie sie es in weitem Ausmaß noch ist.[1] Trotzdem bildete sich eine deutliche Orientierung sowohl in der Feldforschung als auch in der Theorie heraus, wie die ethnographischen Monographien und Studien der dreißiger und vierziger Jahre belegen. Erstens hatten wir von Malinowski gelernt, daß ein Brauch oder ein Komplex von Bräuchen unabhängig von seiner historischen Herkunft für das gegenwärtige soziale Leben eines Volkes bedeutsam ist und daß der Anthropologe wesentlich die Aufgabe hat, dies zu untersuchen. Zweitens hatten wir von Radcliffe-Brown gelernt, daß die Bräuche in die Sozialstruktur eingebettet und für soziale Beziehungen signifikant sind. Drittens hatten wir dem vorherrschenden Klima psychologischen Denkens entnommen, daß die Bräuche der sozial tolerierte Ausdruck von Motiven, Gefühlen und Dispositionen sind, die man nicht unbedingt eingestehen will und die potentiell sowohl auflösende als auch konstruktive Momente enthalten.

II.

Verwandtschaft und Ahnenkult sind bei den Tallensi in Haushalts- und Nachbarschaftsverhältnissen, im Wirtschaftsleben und in alltäglichen Sozialbeziehungen so wichtig, daß ich mich damit gleich zu Beginn meiner Feldforschung vertraut machen mußte. Meine Ankunft fiel in die Mitte der Trockenzeit. In dieser Zeit finden Bestattungsfeiern statt, weil das Wetter es erlaubt, und weil es Hirse zum Bierbrauen gibt und die Landarbeit ruht. Aus dem gleichen Grund ist dies auch die bevorzugte Jahreszeit für Gemeinschaftszeremonien und viele größere Rituale im häuslichen Bereich.

Unter diesen Umständen wäre es mir nicht möglich gewesen, über ein demonstratives Interesse an neutralen Gegenständen – etwa an Fadenfiguren (die ausschließlich zum Vergnügen der Kinder da sind), an der materiellen Kultur oder Getreide und Märkten – zunächst vertrauliche Beziehungen aufzunehmen; ich war unmittelbar konfrontiert mit Divination, Bestattungszeremonien, häuslichen Opfern und den Ernte- und Aussaatfesten. Und es wurde schnell klar, daß das Verständnis dieser Rituale und Zeremonien eine gründliche Kenntnis der Strukturen von Verwandtschaft, Familie und Abstammung voraussetzt. Denn die Tallensi fügen sich wie die meisten afrikanischen Völker, die ein hochentwickeltes System der Ahnenverehrung so überraschend an Abstammungsgruppen und -institutionen gebunden haben, sehr gut in das Paradigma, das W. Robertson Smith von der religiösen Gemeinschaft in ihren, wie er sagt, »frühen Stadien« so meisterhaft entworfen hat (in: *The Religion of the Semites*). Ich beziehe mich auf seine Bemerkung (S. 54), daß die Religion »nicht mit einer unbestimmten Furcht vor unbekannten Mächten beginnt, sondern mit liebevoller Ehrerbietung für bekannte Götter, die mit denen, die sie anbeten, durch starke Bande der Verwandtschaft vereinigt sind«. Die väterlichen Merkmale früher semitischer Gottheiten haben ihn überrascht, und er hat diese Beobachtung auf die Tatsache bezogen, daß die Gemeinschaft der Gläubigen sich immer aus einem »Kreis von Verwandten« zusammensetzte, deren bedeutendster der angebetete Gott selbst war. »Das unauflösliche Band, das die Menschen mit ihrem Gott vereinigte«, so schließt er, »ist das gleiche Band der Blutsgemeinschaft, die *das* Bindeglied zwischen Mensch und Mensch ist und das *eine* heilige Prinzip der moralischen Verpflichtung« (S. 53). Und in bezug auf mein Thema ist besonders wichtig, wie er (S. 58) erläutert, daß »die Gefühle, die aufgerufen wurden, wenn die Gottheit als Vater vorgestellt war, im wesentlichen von strengerer Art waren« als die, die sich an eine mütterliche Gottheit wandten, weil der Vater »die Ehrerbietung und den Dienst seines Sohnes« in Anspruch nahm.

Robertson Smith war nicht der einzige Gelehrte seiner Generation, der die Verbindung zwischen Verwandtschaftsinstitutionen auf der einen und religiösen Glaubensvorstellungen und Praktiken auf der anderen Seite bemerkte. Seine Ideen wurden tatsächlich ein Vierteljahrhundert früher von jenem berufenen Vorläufer unserer gegenwärtigen Konzepte, Fustel de Coulanges, dem ich besonders verpflichtet bin, vorweggenommen. Ihm stellte sich diese Verbindung jedoch in jeder Hinsicht umgekehrt dar. Während Robertson Smith annahm, daß bei den Semiten die Eltern- und Verwandtschaftsbeziehungen die Grundlage für den Kult ihrer Götter bildeten, behauptete Fustel, der Ahnenkult selbst habe bei den Römern die agnatische Verwandtschaft durchgesetzt. »Der Ursprung der Verwandtschaft«, sagt er, »war nicht die materielle Tatsache der Geburt, sondern der religiöse Kult.«[2] Und dann (Kap. VII) demonstriert er überzeugend, wie Nachfolge und Erbfolge mit dem häuslichen Ahnenkult verbunden sind. Ich zitiere: »Der Mensch stirbt, aber der Kult besteht weiter ... Wenn die häusliche Religion andauert, muß auch das Eigentumsgesetz andauern.« Und weiter im Hinblick auf das Gesetz der Nachfolge: »Da die häusliche Religion in männlicher Linie erblich ist, ist es auch das Eigentum ... Was den Sohn zum Erben macht, ist nicht der persönliche Wunsch des Vaters ... Der Sohn erbt nach vollem Recht ... Die Weiterführung des Eigentums wie die des Kultes ist nicht nur Recht, sondern auch Verpflichtung für ihn. Ob er es will oder nicht, er muß beides übernehmen.« Das entscheidende Argument ist: Im frühen griechischen und römischen Recht bestimmte ausschließlich die Abstammung in männlicher Linie das Recht, den Vater zu beerben und seine Nachfolge in bezug auf Eigentum und Status anzutreten. Aber das war primär eine religiöse Beziehung. Deshalb war ein Sohn, der durch Emanzipation vom väterlichen Kult ausgeschlossen wurde, auch von der Erbschaft ausgeschlossen, während ein Fremder, der durch Adoption zum Familienkult zugelassen war, damit zum Sohn wurde, der das Recht auf die Erbschaft sowohl des Kultes als auch des Eigentums hatte. Robertson Smith war nicht immun gegen die Trugschlüsse seiner Zeit, und er ist dafür zu Recht kritisiert worden.[3] Fustel wird offenbar von einigen Altertumswissenschaftlern als jemand betrachtet, der Konjekturen der Wissenschaftlichkeit ungebührlich vorgezogen hat. Aber wir müssen den Scharfblick bewundern, mit dem beide die Aufmerksamkeit auf die soziale Matrix der von ihnen studierten Art von religiösen Institutionen gelenkt haben. Denn zu ihrer Zeit war die Beschäftigung mit frühen Religionen auf das Studium der manifesten Glaubensinhalte beschränkt. Von der hohen Warte intellektueller Redlichkeit aus sahen die meisten Gelehrten nichts anderes als die falsche Logik, die mit Irrtümern beladene Kosmologie und den emotional verdrehten Aberglauben, den sie mit ihren vorgefaßten Theorien in den nicht-christlichen Religionen entdeckten. Diese Schule beschäftigte sich vor allem mit dem, was Robertson Smith »die Natur der Götter« nannte; und dem stellte er sein eigenes Vorgehen entgegen (vgl. S. 8). Es ist dies die Tradition von Tylor, Frazer, Marett und ihren zahllosen (heute meist obsoleten) Nachfolgern, Erweiterern und Auslegern. Und in ihren Grundlagen ist es, von den gröbsten Verzerrungen gereinigt, auch die Tradition Malinowskis und Lévy-Bruhls, ebenso wie die so berühmter Ethnographen Afrikas wie Rattrey und Junod, Westermann und Edwin Smith.

Ich behaupte nicht, daß mir die Relevanz der Theorien von Robertson Smith und Fustel für die religiösen Institutionen der Tallensi bewußt war, als ich diese im Feld studierte. Das kam erst viel später. Es war einfach so, daß der Ahnenkult zu auffällig war, um übersehen zu werden, und daß das Geflecht genealogischer Bindungen und Trennungen einen Aspekt des Rituals darstellte, auf den die Teilnehmer und Kommentatoren selbst aufmerksam machten. Auf dem allgemeinen Hintergrund der Theoriebildung, die ich beschrieben habe, veranlaßte mich jedoch eine beiläufige Mitteilung in dem Buch, das ursprünglich mein Interesse an den Tallensi geweckt hatte, über die grundlegenden Faktoren des Ahnenkults nachzudenken.

Im Jahre 1932 erschien der erste systematische Überblick über die Stämme Nord-Ghanas, R. S. Rattrays *Tribes of the Ashanti Hinterland*. Es ist eigentlich eine etwas zufällige Zusammenstellung von Rattrays eigenen Beobachtungen mit den Texten von Informanten. Mit seinem großen Geschick für Felduntersuchungen entdeckte Rattray jedoch unter den Verwandtschaftssitten der Nankanse, die Nachbarn der Tallensi sind und sich sprachlich und kulturell nur wenig von ihnen unterscheiden, eine Regel, die er mit folgenden Worten beschreibt:

»Bei den Nankanse ist es wie bei vielen anderen Stämmen den Erstgeborenen (männl. und weibl.) verboten, irgendeinen Gegenstand des persönlichen Eigentums der Eltern zu benutzen, z. B. des Vaters Waffen zu berühren, seine Mütze aufzusetzen, in seinen Getreidespeicher, sein *tapo* (Ledertasche) zu schauen, oder im Falle einer Frau, in das *kumpio* ihrer Mutter zu spähen. Eltern lieben ihre erstgeborenen Kinder nicht, und es ist kein leichtes Los, mit ihnen zu leben. Ich denke (kommentiert Rattray), die Vorstellung ist, daß sie darauf warten, in die Schuhe des toten Mannes zu steigen, wie wir sagen würden.«

Daß Eltern und Kinder sich oft feindlich gegenüberstehen und sich sogar bekämpfen, das wird weithin eingestanden. Es ist ein übliches Thema europäischer Romane und Theaterstücke. Anthropologen sind seit langem mit Parallelen in primitiven Gesellschaften vertraut. Aber die zentrale Bedeutung, die diesem Verhältnis im sozialen Leben zukommt, begann man 1932 allmählich erst zu verstehen – teilweise, weil sie in das Rampenlicht der Psychoanalyse geriet[4], besonders aber durch Malinowskis und Radcliffe-Browns Untersuchungen über Verwandtschaftsbeziehungen. Radcliffe-Browns revolutionärer Aufsatz über den Mutterbruder[5] hatte uns die Bedeutung der Ehrerbietungs- und Meidungsregeln als Ausdruck der Autorität gezeigt, die in einer patrilinearen Familienstruktur der Vater über seine Kinder ausübt, und Malinowski hatte die Konflikte aufgedeckt, die unter der Oberfläche matrilinearer Verwandtschaftsnormen fortbestehen.[6] Der Brauch der Nankanse schien eine direkte Feindschaft zwischen Vater und Sohn und zwischen Mutter und Tochter zu verraten, verbunden mit der offenen Zulassung des Wunsches nach dem Tod der Eltern. Ebenso fiel er durch die Auszeichnung des Erstgeborenen auf. Jeder Anthropologe, der die laufenden Auseinandersetzungen über Verwandtschafts- und Familienstrukturen verfolgte, mußte sofort aufmerksam werden.

III.

Die Meidungsregeln, die von Erstgeborenen gegenüber dem Elternteil gleichen Geschlechts beachtet werden, erregten sehr bald nach meiner Ankunft bei den Tallensi und dann sehr oft meine Aufmerksamkeit. Wie ich an anderer Stelle ausgeführt habe[7], sind sie nicht nur allgemein bekannt, sondern auch von entscheidender Bedeutung für die Sozialstruktur der Tallensi, sowohl innerhalb als auch jenseits des häuslichen Bereichs, in dem sie vor allem wirksam sind. Die persönlichen Meidungsregeln der Namoo-Erstgeborenen sind öffentlich-moralische Verpflichtungen, da ihre Befolgung eine Verbindung durch Clanschaft symbolisiert. Es überrascht daher nicht, daß Erstgeborene oft mit einem gewissen Stolz über ihre Situation sprechen, obwohl es für den Außenstehenden den Anschein hat, als sei sie unvernünftig beschwerlich und mit demütigenden Zurückweisungen belastet. Die Erstgeborenen sind selbstverständlich seit frühester Kindheit an die Nachteile ihres Status gewöhnt, und diese selbst sind als rituelle Gebote von vornherein mit dem Siegel absoluter Unantastbarkeit versehen. Allein dem Außenstehenden erscheint das, woran ein Erstgeborener gewöhnt ist, doch eher als eine gefahrvolle Deprivation. Von frühester Kindheit an ist ihm verboten, vom gleichen Teller zu essen wie sein Vater, aus Furcht, sein Finger könne dessen Hand streichen. Wenn das geschähe, so würde es, wie Tallensi sagen, dem Vater Unglück bringen, vielleicht sogar den Tod. Gleichzeitig jedoch sieht er, wie seine jüngeren Brüder ungestraft an des Vaters Mahlzeit teilnehmen. Und wenn *sie* des Vaters Hand zufällig berühren, so hat dies kein Unheil zur Folge. Und genauso verhält es sich mit anderen Vorschriften: das Verbot, des Vaters Kleidung zu tragen, seinen Bogen zu benutzen und in seinen Kornspeicher zu sehen. Dennoch sprechen erstgeborene Söhne über ihre Situation ohne Groll. Sie akzeptieren sie gutwillig, mit Gleichmut und, wie ich bereits sagte, oft mit einem gewissen Stolz. Von ihrem Standpunkt aus ist es ganz einfach eine Lebensregel, in ihrer Sprache: ein Tabu den Ahnen gegenüber *(kyiher)*; es ist weder willkürlich noch irrational.

Das ist von großer Bedeutung. Es kann im Sinne einer rationalen Interpretation der sozialen und psychologischen Beziehungen zwischen Vätern und Söhnen erklärt werden – im Sinne einer Interpretation, die in der Perspektive der Sozialstruktur der Tallensi und ihrer Werte und in der Perspektive der anthropologischen Verwandtschaftstheorie gleichermaßen sinnvoll ist. Um die Angemessenheit dieser Interpretation einzusehen, muß man sich ins Gedächtnis rufen, daß Tale-Väter ihre Kinder hingebungsvoll lieben und die Tradition ihnen nicht verbietet, Zutrauen und Vertrautheit im Umgang mit ihren Söhnen zu zeigen. Das Bild, das Carstairs von der Haltung von Vätern zu ihren Kindern und besonders von den Beziehungen zwischen Vätern und Söhnen bei den Hindus von Rajasthan zeichnet[8], würde die Tallensi mit Schrecken erfüllen; sie würden nicht einmal vorbehaltlos der Maxime zustimmen, daß »ein Mann sich ohne Zögern immer dem Wort seines Vaters beugen muß«, obwohl sie darauf bestehen, daß Vätern Ehrerbietung und Gehorsam gebührt. Carstairs unterstreicht besonders die Zurückhaltung, das Fehlen spontaner Wärme und Vertrautheit, in den Beziehungen zwischen Vater und Sohn, und er bezieht dies auf die strengen Verpflichtungen, die für beide Seiten bestehen. So streng sind die Tallensi nicht. Im Gegensatz zu diesen Hindus idealisieren sie den Vater nicht zu einem gefürchteten und überhöhten Leitbild der Strenge und Selbstzucht, dessen Gegenwart alles verbietet, was mit Freude, mit Leichtsinn oder gar mit dem Sexualleben zu assoziieren wäre. Auch für sie ist es das größte Unglück, neben dem selbst der Tod bedeutungslos wird, zu sterben, ohne einen Sohn zu hinterlassen, der die Bestattungsriten durchführt und die Abstammungslinie fortsetzt. Da sie aber keinen Begriff von einem Leben nach dem Tode haben, der den Begriffen »Hölle« und »Nirwana« entspräche, könnten sie die von Carstairs (S. 222) zitierte Sanskrit-Maxime, daß »ein Sohn derjenige ist, der einen Mann vor der Hölle bewahrt« und der garantiert, daß er das Nirwana erlangt, nicht richtig verstehen. Wie wir sehen werden, heißt für Tallensi, einen Sohn zu haben, sich seiner eigenen Stellung als Ahne zu versichern, und das ist die Unsterblichkeit, die man erwartet. Bei den nebulösen Vorstellungen, welche die Tallensi von der *Existenzweise* der Ahnen haben, glauben sie nicht an einen Einfluß, den das Verhalten der Nachkommen auf sie ausüben könnte.

Ich habe Carstairs Beobachtungen angeführt, um die verhältnismäßig vernünftige Haltung und den friedlichen Kompromiß zu betonen, den die Tradition der Tallensi jedenfalls in äußerlicher und öffentlicher Hinsicht hervorgebracht hat, um auf die auf den Erstgeborenen konzentrierten Spannungen in der Beziehung zwischen Vater und Sohn in den Griff zu bekommen. Wie ich an andrer Stelle gezeigt habe[9], steht dies im Einklang mit dem Lineage-System, der Haushaltsorganisation und dem weitverzweigten Gewebe der Verwandtschaftsbeziehungen, die zusammen die Grundlage der Sozialstruktur der Tallensi bilden. Wie in allen Gesellschaften, in denen patrilineare Abstammung das Schlüsselprinzip der Sozialstruktur ist, bildet die Beziehung zwischen Vätern und Söhnen das Kernstück des ganzen Sozialsystems. Opposition und Interdependenz, um ziemlich neutrale Begriffe zu benutzen, sind in ihrem sozialen Handeln miteinander verschränkt. Von besonderem Interesse für unser Thema ist aber, daß Tallensi ziemlich offen und manchmal sogar mit einiger Ironie erkennen, daß der Gegensatz zwischen Vätern und Söhnen aus ihrer Rivalität resultiert. Darüber hinaus betrachten sie diese Rivalität als der Natur dieser Beziehung inhärent. Sie würden sie instinktiv nennen, wenn sie dieses Wort besäßen. Insbesondere nehmen sie wahr, daß die Verbote, die von erstgeborenen Söhnen befolgt werden, dieser Tatsache nicht nur Ausdruck in der Tradition und damit Legitimität verleihen, sondern auch ein Mittel sind, die möglichen Gefahren, die sie in dieser Rivalität sehen, zu kanalisieren und mit ihnen umzugehen. Sie sind sich ebenfalls der ökonomischen, rechtlichen und moralischen Faktoren, die dabei ins Spiel kommen, wohl bewußt.[10]

Um diesem bescheidenen Überblick etwas mehr Wahrscheinlichkeit zu verleihen und um zum nächsten Schritt in meiner Argumentation überzuleiten, wird es nützlich sein, wenn ich kurz innehalte und Ihnen ein charakteristisches Beispiel aus meinen Feldnotizen vorlege. Saa aus Kpta'ar, ein etwa 42jähriger Mann, zeigte mir eines Tages seinen Hof und erklärte mir, bis vor fünf Jahren habe er mit seinem Vater zusammen gelebt und mit ihm die Felder bewirtschaftet.

»Dann«, sagte er, »forderte mein Vater mich auf, auf diesem Land, wo zuvor sein Großvater gelebt hatte, ein Haus für mich selbst und für meine Frauen und Kinder zu bauen, und für meine Frauen und Kinder und mich selbst zu wirtschaften und zu sorgen. Jetzt lebt er in seinem Haus, und mein jüngerer Bruder und sein eigener jüngerer Bruder leben und wirtschaften mit ihm.« Mit humorvoll leuchtenden Augen und halb lächelnd fuhr er dann fort: »Siehst du, ich bin der älteste Sohn meines Vaters. In unserem Land bedeutet das für alle, ob wir Talis oder Namoos sind, ein Tabu; wenn dein ältester Sohn das Mannesalter erreicht, macht er sich entweder selbständig oder schneidet seinen eigenen Eingang in das Haus des Vaters. Es wäre nicht gut, wenn mein Vater und ich zusammen wohnten. Es würde uns schaden. Es würde mir schaden, und wäre das nicht auch für meinen Vater schädlich?«

Nun kannte ich Saas alten Vater sehr gut, und ich hatte Saa oft gesehen, wenn er im Haus seines Vaters in Fragen der Familie und der Lineage mit Rat und Tat half. In der Öffentlichkeit schien ihr Umgang ebenso freundlich und ihre gegenseitige Loyalität ebenso unerschütterlich zu sein, wie es offensichtlich bei alten Vätern und ihren reifen Söhnen meist der Fall war. Ich ließ deshalb nicht locker und fragte Saa, wie es überhaupt denkbar wäre, daß er und sein Vater, wenn sie nur im gleichen Haushalt lebten und zusammen wirtschafteten, sich gegenseitig schaden könnten. Er antwortete mit der gleichen Sachlichkeit, mit der er mir vorher Details seiner landwirtschaftlichen Arbeit beschrieben hatte:

»Es ist so: Wenn wir zusammen wohnen, dann ringen unsre *Schicksale*. Mein *Schicksal* kämpft darum, daß er nicht leben soll, und sein *Schicksal* kämpft darum, daß ich nicht leben soll. Sieh doch, dort sitzt mein Vater, er hat seine Ahnenschreine; würde er heute sterben, so wäre *ich* ihr Besitzer. Deshalb will mein *Schicksal*, daß er stirbt, damit ich seine Schreine übernehmen und meinem *Schicksal* hinzufügen kann, und meines Vaters *Schicksal* will, daß ich sterbe, so daß er seine Schreine behalten und ihnen opfern kann.« (Er sprach, als ginge es um Handlungen externer Kräfte, die mit seinem eigenen Willen und seinen eigenen Wünschen nichts zu tun hätten. Ich wies darauf hin, daß dies auf eine dauernde Feindschaft zwischen ihm und seinem Vater schließen lasse. Er antwortete in einem persönlicheren, aber immer noch distanzierten Ton.) »So ist es«, fuhr er nachdenklich fort, »bei uns mag man den ältesten Sohn nicht, man kümmert sich um den jüngsten Sohn. Was meinen Vater betrifft, so bin ich ihm natürlich zugetan. Es wäre sehr hart für mich, wenn er heute stürbe. Seine jüngeren Brüder würden das Heim der Familie in Besitz nehmen. Ich bin nur eine untergeordnete Person. Nur weil mein Vater das Haupt der Familie ist und nur durch ihn besitze ich mein eigenes Haus und diesen Hof. Wenn er jetzt stirbt, erbt sein nächster Bruder das Eigentum der Familie, und das schließt auch meinen Besitz ein. Wenn heute ein großes Opfer veranstaltet wird, bekommt mein Vater seinen Anteil und er gibt auch mir etwas ab; sein Bruder würde das nicht tun. Heute vertrete ich meinen Vater in öffentlichen Angelegenheiten; wenn er stirbt, werde ich ein Niemand. Ich will, daß er lebt.« (Ich wies ihn darauf hin, daß er sich selbst zu widersprechen schien; darauf erwiderte er): »Als mein Vater und ich zusammenlebten, hörte er nie auf mich. Wenn es eine Auseinandersetzung gab, hörte er niemals auf mich, immer nur auf andere. Jetzt, da er mich nicht jeden Tag sieht und ich mein eigenes Haus habe und er das seine, wendet sich seine

Seele endlich mir zu. Stimmt, ich habe mich erst kürzlich von ihm getrennt. Zuvor war ich darauf nicht vorbereitet. Als ich mit ihm zusammenarbeitete, konnte ich von ihm den Brautpreis für jede Frau beanspruchen, die ich heiratete. Erst als er dafür gesorgt hatte, daß ich zu meiner Zufriedenheit heiraten konnte, war ich bereit, mich selbständig zu machen. Meine jüngeren Brüder sind geblieben, um mit ihm das Feld zu bestellen. Sie können seine Ahnenschreine nicht erben, wenn er stirbt; deshalb liegen ihre *Schicksale* nicht im Streit mit dem seinen.«

Dieses offene Bekenntnis faßt die normale und konventionelle Vorstellung der Tallensi von den Beziehungen zwischen Männern und ihren Söhnen zusammen. Seine Genauigkeit und Ernsthaftigkeit wird durch viele ähnliche Erklärungen und durch Beobachtungen über Einstellungen und Verhaltensweisen in wechselnden Situationen gesichert. Was Saa uns erzählt, zeigt, daß zwischen einem Mann und seinem ältesten Sohn das ganze Leben hindurch ein latenter Antagonismus besteht. Solange der Sohn jung ist, steht dieser Antagonismus ihrem täglichen Umgang und ihrer friedlichen Zusammenarbeit auf dem Feld und im Haushalt nicht im Wege. Wenn aber der Sohn heiratet und in angemessener Zeit selbst zum natürlichen Vater wird, der für den Unterhalt von Frau und Kindern verantwortlich ist, dann beginnt der Vater das weitere Heranwachsen und die soziale und persönliche Reife des Sohns als Bedrohung zu empfinden. Der unbewußte Gegensatz verwandelt sich in einen potentiellen Kampf.

Was auf dem Spiel steht, ist klar genug. Es ist der Status der Vaterschaft. Er wird entfaltet im Besitz der Verfügungsrechte über das Familieneigentum und wird, noch bezeichnender, durch die Aufsicht über die Ahnenschreine übertragen. Was aber das Wichtigste ist, dieser Status ist einzig. Unter der Voraussetzung des patrilinearen Lineage-Systems kann es zu einem bestimmten Zeitpunkt nur je einen Familienvater im Sinne der Person mit der höchsten Autorität in der Familie geben. Und es gibt nur einen Weg, auf dem dieser Status erlangt werden kann: den der Nachfolge. Diese jedoch setzt den Tod des Inhabers *(holder)* dieses Status voraus (um Goodys Begriff zu verwenden, der die natürliche Vergänglichkeit dieser Inhaberschaft herausstellt). Und das ist die Crux. Der rechtmäßige Inhaber muß vor den konkurrierenden Ansprüchen des rechtmäßigen Erben geschützt werden. Dies wird als eine eigenartig unpersönliche Angelegenheit hingestellt, als wäre es eine feststehende Eigenschaft der menschlichen Natur. Dem entspricht der quasi unpersönliche Imperativ des Tabu, der hier die Verhaltensweise bestimmt. Erreicht wird dadurch die Trennung der Protagonisten in bezug auf die beiden Hauptsphären der väterlichen Autorität, die Kontrolle über das Eigentum und die Angehörigen und das Monopol auf das Recht, im Kult der Ahnenschreine zu amtieren. Wie Saa im Sinne der allgemeinen Auffassung behauptet, werden dadurch wohlwollende Beziehungen und gegenseitige Zuneigung auf persönlicher Ebene nicht gestört. Diese gehen auf die hingebungsvolle Sorge zurück, die ein Vater für seine Kinder in früher Kindheit aufbringt. Jetzt können wir auch den Sinn der Meidungsregeln erkennen, die in diesem Stadium auferlegt werden. In der patrilinear und patrilokal strukturierten Großfamilie der Tallensi müssen Väter ihre Söhne unterstützen und erziehen, damit diese in ihre Fußstapfen treten und ihre Nachfolger werden können. Ein Sohn kann in seiner Kindheit nicht sozial und materiell ausgeschlossen werden.

Die Sozialstruktur und Ökonomie der Tallensi schließt die Möglichkeit aus, ein Kind wegzuschicken, um es bei der Verwandtschaft mütterlicherseits aufwachsen zu lassen, wie dies z. B. die Dagomba tun, und zur Trennung aufeinanderfolgender Generationen gibt es auch nicht die Möglichkeit der »Altersklassen«-Dörfer, wie die Nyakyusa sie benutzen.[11]

Wie kann man den Sohn, der durch rechtliche und rituelle Tradition dazu bestimmt ist, seines Vaters Nachfolger zu werden, in seiner Kindheit anders der väterlichen Autorität unterworfen halten als durch den Ausschluß von allgemeinen Handlungen und Beziehungen, die eine Teilhabe am Status des Vaters evozieren? Wie wird der Sohn dazu in die Lage versetzt, seine obligatorische Trennung vom Vater wahrzunehmen und zu fühlen; wie kann er pflichtbewußt klar machen, daß er dem Vater nicht gleichgestellt ist und nicht nach seiner Stellung trachtet? Da physische Trennung ausgeschlossen ist, liegt die Antwort in den schon beschriebenen Regeln der symbolischen Meidungen, die unter diesen Umständen expliziter und kategorischer sein müssen als die Etikette-Vorschriften, durch die in einigen afrikanischen Gesellschaften Ehrerbietung gegenüber Eltern und Ältesten zum Ausdruck kommt – mehr noch als sogar bei den Thonga[12], wo der älteste Sohn eine sehr ähnliche Stellung einnimmt wie bei den Tallensi. Denn gefordert ist mehr als Ehrerbietung, allerdings auch weniger als die extreme räumliche und politisch-rechtliche Isolierung der Eltern- von der Kindergeneration, wie man sie bei einigen zentralafrikanischen Gesellschaften findet. (Ich habe die Nyakyusa angeführt, aber der Brauch ist in Zentralafrika weit verbreitet.) Symbolisiert wird, daß der älteste Sohn sich nicht anmaßen darf, dem Vater gleich zu sein: weder als Oberhaupt des Haushalts in ökonomischer Hinsicht (deshalb das Tabu des Kornspeichers); noch im Hinblick auf die Rechte, die er über seine Frauen hat (daher das Tabu, mit dem Vater zu essen, da es eine der Hauptpflichten einer Frau ist, für ihren Ehemann zu kochen); auch nicht durch den Status reifer Mannhaftigkeit als rechtlich und rituell unabhängige Person, ein Status, der (wie ich gleich näher darlegen werde) nur beim Tod des Vaters erreicht werden kann (daher das Tabu auf Köcher und Bogen des Vaters); und endlich auch nicht in bezug auf des Vaters Eigenschaft als ein besonderes Individuum (daher das Verbot, des Vaters Kleider zu tragen). Und diese Meidungsregeln müssen beachtet werden – ich kann bestätigen, daß sie so beachtet werden –, ohne die persönliche Wärme und das Vertrauen zu zerstören, die ebenfalls eine wesentliche Komponente der Beziehung von Vater und Sohn bilden.

Das wird klarer, wenn ich zurückgreife und feststelle, daß das, was ich zunächst über Erb- und Nachfolge gesagt habe, in einer Hinsicht unvollständig war. Ich hätte hervorheben sollen, daß der Status des Familienvaters sich in zwei verschiedenen Momenten zeigt. Er ist der Vater seiner Kinder durch das Recht der Zeugung, wie Tallensi sagen, und durch diesen Umstand sind seine Söhne, solange er lebt, lediglich Extensionen oder Teile seiner selbst. Sie sind rechtlich nicht selbständig, selbst wenn sie ökonomisch unabhängig sind und für sich leben. Das ist eine grundlegende Norm der Sozialstruktur der Tallensi. Sie wurde mir lebhaft nahegebracht, als ein junger Mann, der bei mir angestellt war, sich halb verärgert, halb resigniert an mich wandte. Er hatte ein Mädchen entführt und geheiratet, und die Versöhnungsgeschenke waren akzeptiert worden. Aber sein Vater hatte sich geweigert, die Formalitäten zu Ende zu führen, da er die Rinder für den Brautpreis nicht aufbringen könne. Doch hatte mein junger Freund genug gespart, um zwei Kühe zu kaufen, die als erste Anzahlung auf den Brautpreis reichlich genügt hätten. Ich fragte ihn also, weshalb er denn die Kühe seinem Schwiegervater nicht selbst überreiche. Das wäre etwas Unerhörtes, erwiderte er, selbst wenn die Angehörigen der Lineage seiner Frau skrupellos genug wären, die Kühe anzunehmen. Man kann den Brautpreis für seine Frau nicht selbst bezahlen, wenn der eigene Vater noch lebt, nicht einmal, wenn einer der Brüder des Vaters noch lebt. Es würde bedeuten, daß »ich mich mit meinem Vater gleichstellte«, erwiderte er. »Wir würden streiten, er würde mich verfluchen und sich weigern, in meiner Sache zu opfern; übertrifft nicht ein Mann den anderen an Rang?«

Seine einzige Hoffnung war, ich könnte seinen Vater zum Nachgeben überreden. Aber achten Sie auf einen wichtigen Zusatz. Mein Informant wäre selbst dann rechtlich in keiner besseren Position gewesen, eine Frau zu nehmen, wenn er bereits eine Frau und Kinder gehabt hätte; denn ein Mann besitzt nicht die rechtliche Autonomie, unabhängig in eigner Sache zu handeln, solange sein Vater nicht gestorben ist, nicht einmal im Hinblick auf die Rechte über seine eigenen Kinder.

Die andre Seite des Status des Familienvaters ist seine Stellung als Oberhaupt des Lineage-Segments, das den Kern der Familie bildet. Er erlangt diesen Status, nicht weil er Kinder hat oder weil er seinem Vater kraft

Kindschaftsrecht nachfolgt, sondern durch Seniorität in der Lineage. Bei dieser Regelung folgen zuerst die Lineage-Brüder und dann die Söhne; und natürlich können alle überlebenden Brüder mit der Zeit Nachfolger werden. Es gibt nicht die Bestimmtheit der Vater-Sohn-Nachfolgeordnung. So stimmt also die Stellung des Vaters bei den Tallensi mit Maines Diktum überein[13], daß »patriarchalische Macht nicht nur häuslich, sondern auch politisch ist«. Wenn wir Vaterschaft als einen Status im politisch-rechtlichen Bereich auffassen, bei dem die Beziehungen zwischen Inhaber und künftigem Erben dem Modell der Geschwisterschaft folgen, so stellen wir fest, daß es weder rituelle noch säkulare Meidungsregeln zwischen einem Mann und seinem zukünftigen Nachfolger in der Lineage gibt. Brüder leihen sich gegenseitig Kleidungsstücke, und jeder kann des anderen Witwen erben. Als Oberhaupt der Lineage kann ein Mann in Fragen des Brautpreises seinen Bruder und seines Bruders Sohn nicht so willkürlich enttäuschen, wie er es als Vater kann, noch kann er sich ohne schwerwiegenden Grund weigern, einem gemeinsamen Ahnen zu opfern. Wir müssen daraus schließen, daß die Meidungsregeln für den Erstgeborenen sich ausschließlich auf den strikt väterlichen Status des Vaters und auf seinen eignen strikt kindschaftlichen Status im häuslichen Bereich zu Lebzeiten des Vaters beziehen. Dieser Zusammenhang ist unausweichlich, und das erklärt auch, weshalb Tallensi den Gegensatz zwischen Vater und erstgeborenem Sohn, den die Tradition vorschreibt, eher mit Hilfe spiritueller Konzepte als mit rechtlichen und ökonomischen Begriffen begründen. Ein Bruch der Tabus wäre eine Beleidigung für des Vaters Seele *(sii)* und *Schicksal (yin)*. Denn die Seele eines Mannes ist in seinem Kornspeicher, und seine Lebenskraft ist in seinen Kleidern und Waffen, denn sie sind bedeckt mit dem Schweiß und dem Schmutz seines Körpers. Noch lebhafter wird dies bei den Talis-Clans hervorgehoben, die die Meidungsregeln zwischen Vater und Erstgeborenem nicht als Tabus auferlegen, sie jedoch praktizieren, ihrer Meinung nach aus Schicklichkeitsgründen. Bei ihnen kann es vorkommen, daß ein Vater seinen erstgeborenen Sohn zu seinem Kornspeicher schickt, um Getreide zu holen. Wenn aber ein Vater stirbt, hängen die mit der Zeremonie betrauten Ältesten seinen Bogen, seinen Köcher und seine Ledertasche in seinem Kornspeicher auf. Von diesem Tage an bis zu den Totenfeiern, die manchmal erst zwei oder drei Jahre später stattfinden, ist es dem ältesten Sohn verboten, in den Kornspeicher hineinzusehen. Würde er es tun, so sähe er seinen toten Vater und müßte selbst sterben. Ein jüngerer Sohn kann den Kornspeicher ohne Gefahr betreten. Er würde den Toten niemals sehen. Bei den letzten Totenfeiern werden die verborgenen Gegenstände hervorgeholt und schließlich vom ältesten Sohn in der heiligen Höhle der Lineage-Ahnen

niedergelegt. Daraufhin kann er legitimerweise den Status einnehmen, der ihn in den Besitz des Kornspeichers und all dessen bringt, was daran gebunden ist.
Ich konzentriere mich hier auf den erstgeborenen Sohn, aber zwei Bestimmungen sollen hinzugefügt werden. Erstens: Tallensi sind sich völlig klar darüber, daß er aufgrund sozusagen seines Platzes innerhalb der Geschwistergruppe ausgesondert ist; er ist, sagen sie, der nächste in der Nachfolge. Zweitens: Erstgeborene Töchter beachten parallele Meidungsregeln in bezug auf ihre Mütter und in gewissem Umfang auch in bezug auf ihre Väter. Das zeigt, wie kritisch die Stellung der Erstgeborenen beiderlei Geschlechts ist. Wie die Tallensi betonen, ist es der Erstgeborene, der ein verheiratetes Paar ein für allemal in Eltern verwandelt.
Ich fürchte jedoch, ich könnte den Eindruck hervorrufen, als gäbe es eine ständige Spannung und einen dauernden Antagonismus in den Beziehungen der Eltern zu ihren erstgeborenen Kindern, den Kindern, deren Schicksal es ist, sie zu ihren Eltern gemacht zu haben, um nun darauf zu warten, ihre Nachfolge antreten zu können. Ich möchte hier noch einmal betonen: Nichts in ihren normalen Beziehungen und ihrem alltäglichen Umgang deutet darauf hin. Väter sprechen von ihren ältesten Söhnen mit Stolz, Zuneigung und Vertrauen; es ist ziemlich verwirrend, wenn ein Vater, wie es oft geschieht, in Gegenwart seines Sohnes eine Lobrede mit dem Zusatz beschließt: »natürlich, er ist mein Erstgeborener, und obwohl er noch ziemlich jung ist, würde es ihm nichts ausmachen, wenn ich heute stürbe. Er wartet nur darauf, meinen Platz einzunehmen.« Erstgeborene sind – wie gesagt – normalerweise ihren Vätern gegenüber loyal gestimmt. Tallensi sind sehr kritisch gegen Söhne, die ihren Geburtsort verlassen, um auf Jahre hinaus in der Fremde zu arbeiten. Sie wären entsetzt von der Vorstellung, ein Sohn könnte zur Gewalt greifen oder gar seinen Vater ermorden, um seine Ansprüche gegen ihn zu behaupten, wie es von den Bagisu berichtet wird.[14]
Im Gegenteil: die Tallensi werden es nicht müde, jene Pflicht hervorzuheben und zu betonen, die ich andern Orts als Kindespietät bezeichnet habe[15], und daß diese Pflicht gewissenhaft erfüllt wird, erweist sich ständig aufs neue. Als Beispiel dafür mag jener junge Mann stehen, dessen Vater den Brautpreis nicht bezahlen wollte. Ähnliche Fälle ereignen sich täglich. Zufällig traf ich zum Beispiel Toghalberigu unmittelbar nach einem heftigen Streit mit seinem Vater, der ihn beschuldigt hatte, das Familienland zu vernachlässigen, um mit dem Jäten seines *eigenen* Landstücks voranzukommen. Er schloß seine Klage mehr besorgt als ärgerlich: »Ist das richtig, wie er mich behandelt? Aber wie kann ich ihn verlassen, da er doch fast blind ist und das Feld nicht selbst bestellen

kann? Würde er nicht verhungern? Kann man denn seinen Vater einfach im Stich lassen?«

Hier liegt die Crux. Ein Vater hat das unbezweifelbare und unveräußerliche Recht auf Kindespietät, weil er dich gezeugt hat – oder, im Fall der Mutter, weil sie dich geboren hat. Charakter und Verhaltensweise spielen dabei keine Rolle. Schlechte Eltern haben das gleiche Recht auf die Pietät des Kindes wie gute Eltern. Das ist eine absolute moralische Regel. Und sie gilt nicht nur einseitig; denn es ist ebenfalls eine unerschütterliche moralische Regel, die nach meinen Beobachtungen streng befolgt wird, daß Eltern ein Kind trotz aller Fehltritte nicht verstoßen können. Pietät ist eine Beziehung der Gegenseitigkeit, die aus reziproken Neigungen, Bindungen und Pflichten gebildet wird. Und ihr Ursprung (wenn auch nicht ihre raison d'être) liegt in dem unverrückbaren Faktum der Zeugung, dem Faktum, das Elternschaft in jener elementaren Bedeutung meint, in der eine Person sie faktisch erlangt – unabhängig von der Zugehörigkeit zur Lineage.

Was ich Pietät nenne, ist also ein Komplex aus Verhalten und Empfindung, der par excellence in den Beziehungen eines Mannes zu seinem ältesten Sohn zum Ausdruck kommt und als absolute moralische Norm aufgefaßt wird. Im Leben durchdringt sie alle ihre Beziehungen mit einer höchst verschlungenen Teilhaberschaft in Wachstum und Entwicklung. Doch wenn Tallensi von dieser Beziehung sprechen, sagen sie, daß die höchste Handlung der Pietät von einem Mann verlangt wird, wenn sein Vater gestorben ist. Es ist dann die Pflicht des erstgeborenen Sohns bzw. des ältesten lebenden Sohns, die Verantwortung für die Todes- und Bestattungsriten für den Vater zu übernehmen. Damit übersetze ich nur den Tale-Satz *maal u ba koor*, denn in Wirklichkeit wird die komplizierte Ritenfolge von Mitangehörigen der Lineage des Toten überwacht und ausgeführt, wobei ihnen Vertreter von verbündeten Lineages und andere Verwandte helfen. Die Kinder, Witwen und Enkel müssen sich einem Ritual unterziehen und rituelle Tabus beachten. Sie zelebrieren nicht.

Die wesentlichen Riten indes sind ohne die Anwesenheit und die Führung des ältesten Sohns nicht eigentlich durchführbar. Und ob und wann er die dafür notwendigen Schritte unternimmt, das liegt in seiner Verantwortung allein. Rechtliche oder materielle Sanktionen, die ihn zwingen könnten, gibt es nicht. Er kann, wenn er will, sogar die öffentliche Meinung ignorieren, die ungeduldig wird, wenn der Verstorbene ein Amt innehatte, das solange nicht besetzt werden darf, bis die Totenfeiern abgeschlossen sind. Ein jüngerer Bruder kann hier nicht tätig werden. Das wäre Usurpation und gegen die Regel der Priorität des Alters und der Generation in der Geschwistergruppe und Lineage. Es wäre so-

gar ein Akt der Pietätlosigkeit gegen den Verstorbenen, selbst wenn er von einem Lieblingssohn des Vaters ausgeführt würde. Es handelt sich ausschließlich um das Gewissen des verantwortlichen Sohnes, oder wie Tallensi sagen, es liegt zwischen ihm und seinen Ahnen. Wenn er das Begräbnis ungebührlich lange verzögert, werden die Ahnen Anstoß nehmen, und er muß leiden. Bestattungsfeiern werden häufig verschoben, oft weil es an Schlachtvieh und Getreidevorräten mangelt, die zu ihrer Durchführung erforderlich sind, manchmal aber auch aus Motiven, die von den Tallensi als pervers oder selbstsüchtig interpretiert werden. Als Nindoghat über dem Begräbnis seines Vaters zauderte, warf man ihm neben anderen Motiven auch Arroganz und Böswilligkeit wegen der Feindschaft zwischen seinem Lineagesegment und dem des zukünftigen Nachfolgers im Amt seines Vaters vor. So ist es nicht ungewöhnlich, wenn Wahrsager Krankheit und Tod als Werk zorniger Ahnen entdecken, die durch die Verzögerung eines Begräbnisses verletzt wurden.
Die Todes- und Trauerriten der Tallensi sind entwickelt und von Ort zu Ort verschieden, aber hier geht es nur um die bedeutendsten, bei denen die Teilnahme des ältesten Sohns im Prinzip unabdingbar ist. (Ich sage »im Prinzip«, dann die Tallensi sind Leute der Praxis, und in außergewöhnlichen Umständen wird die Lineage ohne ihn handeln.) Da sind zunächst die Riten, durch die der Verstorbene in die Reihe der Ahnen aufgenommen wird, die also eine lebende Person in einen Ahnen verwandeln; und zweitens und folglich die, durch die der Sohn mit dem Status seines Vaters bekleidet oder dafür erwählbar wird. Bezeichnenderweise ist es der älteste Sohn, der all die Ahnenschreine, die unter der Obhut seines Vaters standen, abschreiten und unter dem traditionellen Trankopfer von seinem Tod benachrichtigen muß. Dann muß er der Wahrsagung beiwohnen, durch die der Ahne bestimmt wird, der das Agens beim Tod seines Vaters war; denn da er die Verantwortung für die Opfer zur Besänftigung der Ahnen und zu ihrer Versöhnung mit den Lebenden trägt, muß er dem Urteil zustimmen. Schließlich ist er (meist in Begleitung seiner erstgeborenen Schwester) die Hauptperson in Riten, die ihm die Freiheit geben, das zu tun, was ihm zu Lebzeiten seines Vaters verboten war oder – in Talis-Clans – in der Zeit seit dem Tod des Vaters, in der der Vaterstatus in der Schwebe lag. Der Ausdruck von Schmerz ist in diesen Riten nicht gestattet, und in den feierlichsten ist den Mitwirkenden striktes Schweigen auferlegt, weil man glaubt, daß der Tote an ihnen teilnimmt und jeden niederschlägt, der das rituelle Schweigen bricht.
Ich möchte hier einen Augenblick innehalten, um die Bedeutung dieser Riten zu betrachten. Erinnern wir uns daran, daß bei den Tallensi die Ahnen das höchste Gericht bilden, die letzte Autorität in Fragen von

Leben und Tod. Jeder gewöhnliche Tod ist ihr Werk. Man sagt, sie hätten den Verstorbenen erschlagen oder zu sich gerufen – und das geschieht immer zur Vergeltung, für ein gebrochenes Versprechen, für eine nicht eingehaltene Pflicht oder für die Vernachlässigung eines rituellen Dienstes, den sie gefordert haben.[16] Ein Sohn ist zu Lebzeiten seines Vaters rechtsunmündig. So hat er keinen Rang in bezug auf die Ahnen, und deshalb sind seine rituellen Pflichten nur mittelbar und untergeordnet. Wenn er also die Ahnen vom Tod seines Vaters informiert, so präsentiert er eigentlich sich selbst als den zukünftigen Nachfolger in den Verantwortlichkeiten, die sein Vater gegen sie hatte. Als Erbe muß er die Strafe akzeptieren, die die Ahnen für das Vergehen verhängt haben, für das sein Vater dem Tod verfallen war; obwohl er aber das Tier bereitstellt, das ihnen angeboten wird, darf er doch das Opfer nicht selbst durchführen. Seines Vaters Status ist noch nicht auf ihn übergegangen. So handelt einer der jüngeren Brüder gleichsam als Stellvertreter des Vaters.

Nun zu den Schweigeriten. In ihnen wird dargestellt, wie der Sohn mit dem toten Vater gemeinsam ißt und trinkt, was ihm bisher verboten war. Er muß dazu befreit werden, es künftig zu tun, damit er seinem Ahnen-Vater opfern kann, denn das erfordert die Einnahme des Opfermahls. Zum Abschluß der Trauerfeiern trägt er bei den Talis nach der Sitte Köcher und Bogen seines Vaters aus dem tabuisierten Kornspeicher in den äußeren *boghar*. Dort übergibt er sie den versammelten Ältesten der Lineage, wo sie zu jenen der Vorfahren gelegt werden, mit denen der Vater nun vereinigt ist. Bei den Namoos wird er in die gewendete Tunika seines Vaters gekleidet, mit Zierbogen und -köcher seines Vaters ausgerüstet, danach wird ihm in feierlichem Ernst das Innere des verbotenen Kornspeichers mit Gesten gezeigt, die symbolisieren, daß die Lineage-Ältesten ihn zwingen, sich zu fügen.[17] In diesem Augenblick hört er auf, Erbe zu sein, und löst seinen Vater im Status ab. Fortan ist er (im Rahmen der Lineage-Verpflichtungen) rechtlich, ökonomisch und vor allem rituell sein eigener Herr, er hat Autorität über seine Angehörigen und sein Familieneigentum und das Recht auf die Darbringung von Opfern für die Ahnenschreine, deren Hüter er jetzt wird. Aber er wird nicht aufhören, daran zu denken, daß er seinen Status nur innehat, weil er seines Vaters Nachfolger ist; denn sein Wohl und Wehe und das seiner Angehörigen sind vom Willen der Ahnen abhängig, und auf sie ist nur in einer Weise Einfluß zu nehmen, nämlich durch die fromme Huldigung und den Ritualdienst, deren Erstattung nicht anders als durch die Vermittlung des toten Vaters möglich ist.

Hierher gehört, daß man dem Verstorbenen im Verlauf der Bestattungsriten mehrfach Tiere und Bier opfert. Dabei wird ein gleichbleibender Refrain vorgebracht. Jedesmal fordert der Offiziant den Verstorbenen bei seinem Namen auf, das Opfer anzunehmen: »Damit du zu deinen Vätern und Vorvätern gelangst und dich mit ihnen vereinigen mögest und Gesundheit, Frieden, Kindersegen, Fruchtbarkeit der Felder und des Viehs jetzt vorherrschen läßt.« So ist es für den ältesten Sohn der Höhepunkt kindlicher Pietät, dafür zu sorgen, daß der Vater ordentlich in die Gemeinschaft der Ahnen befördert wird, wodurch er den Vater sogleich im Status verdrängt. Es ist vielleicht nicht unvernünftig oder unlogisch, daß man Ahnen, die mit der harten Unerbittlichkeit der Natur enteignet und aus der Gesellschaft ausgestoßen sind, eine mystische Existenz und die Bewahrung der obersten Autorität nachsagt, vor allem kraft der Leiden und des Unglücks, die sie ihren Nachkommen von Zeit zu Zeit auferlegen. Kein Wunder also, wenn Tallensi erklären, daß es schwieriger sei, den Ahnen als den Lebenden mit Pietät zu dienen und sie zu ehren. Kein Wunder auch, daß sie Trost in dem Glauben finden müssen, die Ahnen seien immer gerecht.[18]

Die Nachfolge des Sohnes bezieht sich auf den Vater-Status im Bereich des Haushalts. Ich habe nie gesehen, daß ein Erbe darüber Befriedigung zeigte. Bis zu seiner Einsetzung in den Vater-Status ist seine Haltung eher eine der Resignation und der Fügung in das Unvermeidliche. Wer dagegen die Nachfolge im Amt einer Lineage antritt, der darf und wird darauf stolz sein. Spekulationen über Tiefenmotive im Traditionsverhalten, wie ich sie eingangs angedeutet habe, wären übereilt. Ich glaube aber nicht zu weit zu gehen, wenn ich diese Haltungen in Verbindung bringe mit den Meidungsregeln zwischen Vater und Sohn einerseits und der Gleichheit von Lineage-Brüdern andererseits. In einem Lineage-System wie dem der Tallensi verschmilzt der Vater-Status mit der Ältestenschaft in der Lineage, ebenso wie und weil die Beziehungen, die aus der Kindschaft entstehen, in der nächsten und in den folgenden Generationen zu Beziehungen gemeinsamer Abstammung werden. Dies liefert den Rahmen für die Übertragung der Kindespietät von der Ebene des Haushalts auf die der Lineage. Die geradezu direkte Vermittlung dieses Verhältnisses erfolgt durch die Verbannung des Vaters, der zum Ahnen wird, in die Gemeinschaft all jener Vorfahren, die symbolisch in einem Schrein zugänglich sind, der ihnen gemeinsam geweiht ist.

IV.

Ich komme jetzt zu der entscheidenden Frage, die ich bisher umgangen habe: Warum Pietät? Oder mit einem Ausdruck, der heute vielleicht altmodisch anmutet: Welche Funktion hat die Pietät im Kontext der hier beschriebenen Institutionen der Verwandtschaft und Religion?

Piety, Pietät, ist für uns ein zweideutiges Wort und durchaus nicht frei von pejorativen Assoziationen. Dem *Oxford English Dictionary* zufolge bezeichnet es im allgemeinen »gewohnheitsmäßige Verehrung und Gehorsam gegenüber Gott (oder den Göttern)« und »gewissenhafte Erfüllung von Pflichten, die man Eltern, Verwandten u. a. naturgemäß schuldet«; es schwingen in ihm aber auch Untertöne von Heuchelei mit und, um dasselbe Wörterbuch zu zitieren, »Schwindel und Ränke im Interesse der Religion«. Zweifellos ist diese Zweideutigkeit in einer Kultur verständlich, in der es als besonders verdienstvoll gilt, wenn die äußerlichen Umgangsformen inneren Gefühls- und Glaubensmomenten entsprechen. Indes sind Heuchelei und Verdrehung der Wahrheit nicht auf unsere Zivilisation beschränkt. Wohlangesehene Leute sprechen bei den Tallensi verächtlich von solchen Ränken. Zugleich wird die Aufrichtigkeit des Außenverhaltens kaum oder gar nicht in Frage gestellt. Moralität ist das, was im Verhalten und in den Handlungen einer Person sichtbar ist, und dies gilt als Ausdruck echter Gefühle, Überzeugungen und Absichten. In der religiösen und rituellen Tradition der Tallensi wird dies ebenso vorausgesetzt, wie es anscheinend in den Kulturen der Fall war, denen ich mich jetzt zuwende, im alten Rom und im vormodernen China. Um den salbungsvoll-konformistischen Beigeschmack des englischen Wortes *piety* auszuschließen, wage ich hier den Rückgriff auf das lateinische *pietas,* wenn auch nicht ohne Zögern. Hat es nicht für viele von uns den Anstrich jener langen Stunden, in denen wir uns mit den weitschweifigen Begebenheiten des frommen Aeneas herumschlagen mußten? »Wir sind es müde, ständig seiner Pietät erinnert zu werden«, gesteht sogar der große Vergil-Forscher John Conington[19] in einer Zeit, die pietätvoller war als die unsrige. Nicht zufällig fügt er jedoch hinzu, daß dies »zum Teil wohl an einer falschen Auffassung des Epithetons liegt«, denn Aeneas' Pietät »ist nicht nur nominell; sie zeigt sich in seinem ganzen Fühlen und Verhalten zu den Göttern, seinem Vater und seinem Sohn«. Zum Verständnis dieses »zweifelhaften Epithetons«, wie ein anderer Kommentator es nennt[20], trägt die Beobachtung bei, daß es im Vierten Buch, solange Aeneas Didos Geliebter ist, nie auf ihn angewandt, daß es ihm aber wieder verliehen wird, mit den Worten desselben Kommentators, als »*pietas* das Selbst überwunden hat« und er Dido verläßt, um seine Flotte zu inspizieren.[21] Damit wird ausgedrückt, was Warde Fowler[22] als »die Zähmung seines Individualismus« im Interesse des Staates beschrieben hat; denn »*pietas* ist Vergils Wort für Religion und Religion (nicht Wissen, Vernunft oder Freude) ist die Rechtfertigung für das Verhalten des Aeneas«.
Die Tallensi haben zwar keinen Begriff für diesen Komplex aus ehrerbietiger Achtung, moralischen Normen und ritueller und materieller

Verpflichtung in der Beziehung zwischen Eltern und Kindern, besonders zwischen Sohn und Vater, sowohl zu Lebzeiten als auch nach dem Tod der Eltern, doch begreife ich diesen Komplex als Pietas. Die Tallensi würden das römische Ideal, auf das Conington in seiner Verteidigung des Aeneas hinweist, ohne Schwierigkeit verstehen. Ein maßgeblicher Autor hat »Pietas« als auf den Kreis der Familie und Verwandtschaft bezogen mit »fides« konfrontiert, das der außerfamiliären, d. h. politischen Seite des römischen Lebens angehört. Ursprünglich, so erfahren wir, bedeutete es die »gewissenhafte Erfüllung all der Pflichten, welche die *di parentes* der Verwandtschaftsgruppe forderten«. Später bedeutete es sowohl die gehorsame Erledigung der Kultverpflichtungen gegenüber den göttlichen Mitgliedern der Verwandtschaftsgruppe als auch Verehrung und Achtung gegenüber den lebenden menschlichen Mitgliedern.[23] Eine apokryphe Geschichte, die von verschiedenen Schriftstellern der Antike als ein Beispiel höchster Pietät berichtet wird, erzählt uns von der Tochter, die ihren greisen Vater im Gefängnis mit der Milch ihrer Brüste am Leben erhielt.[24] Diese Geschichte würde auf Tallensi einen bizarren, aber nicht phantastischen Eindruck machen. Sie würden dem Lob, das in dem »zweifelhaften Epitheton« für die Sohnesliebe des Aeneas enthalten ist, beifällig zustimmen und die Definition von Pietas als »Pflichtbewußtsein im Umgang mit den Göttern, Eltern, Verwandten, Wohltätern und dem eigenen Land« verstehen.[25] Und sie würden der wichtigen Folgerung beipflichten, daß Pietas dem Bereich der Elternschaft und nicht dem von Ehe und Gesellschaftsleben zukommt. Das braucht nicht zu überraschen. Betrachten wir die Darstellung Fustels und setzen wir uns über die Unterschiede hinweg, die auf die höhere Komplexität der römischen Zivilisation zurückgehen, so erkennen wir, daß das römische System der patrilinearen Abstammung und der patriarchalischen Familie mit enger Bindung an einen Ahnenkult direkte Parallelen zu den Systemen afrikanischer Völker aufweist wie zu dem der Tallensi, der Yoruba, der Thonga und vieler anderer, die ebenfalls segmentäre patrilineare Abstammung und patriarchalische Familienstrukturen untrennbar mit Ahnenkulten verbinden. Denn das Kernelement in all diesen Systemen ist ein und dasselbe Phänomen, die ambivalente Interdependenz von Vater und Sohn im Nexus von oberster Autorität versus Unterordnung, Identifikation durch Abstammung versus Trennung durch Kindschaft, vergänglicher Besitz des Vater-Status versus unvermeidliche und zwingende Verdrängung durch den Sohn als Nachfolger.

Allen Berichten zufolge[26] war die *patria potestas* des römischen Vaters im häuslichen Bereit weitaus absoluter als die eines Vaters bei den Tallensi oder in irgendeiner anderen der patrilinearen Gesellschaften Afrikas. Das Alter spielte dabei keine Rolle, wie das Beispiel des Anchises in der *Aeneis* zeigt. Fowler bemerkt, daß er ein »typischer römischer Vater« sei, der seine Autorität bis zum Ende seines Lebens behauptet, und dem »sogar der erwachsene Sohn, der selbst Vater ist, Ehrerbietung und Gehorsam schuldet«.[27] Ich weiß nicht, ob römische Söhne gezwungen waren, Meidungsregeln in bezug auf ihren Vater zu beachten; wenn aber Ciceros Einstellung in *De Officiis* nicht alleinsteht, dann läßt sie auf beträchtliche Schüchternheit und Förmlichkeit in ihren persönlichen Beziehungen schließen.[28] Es ist kaum wahrscheinlich, daß es nicht ziemlich viel latenten Antagonismus in den Beziehungen zwischen Vätern und Söhnen gab. Die schreckliche Strafe, die die Tradition über den Vatermörder verhängte, und die Geschichten von Vätern, die ihre Söhne für das öffentliche Wohl opferten[29], verleihen dieser Vermutung einige Wahrscheinlichkeit und passen gut zu den rigorosen Rechtssanktionen, die die väterliche Autorität abstützten. Es ist deshalb verständlich, weshalb das Recht des Sohnes auf Nachfolge nicht allein fest verankert war, sondern zum Teil auch als unumgängliche Verpflichtung erzwungen wurde, in bezug auf die *familia* rechtlich und in bezug auf die Ahnengötter rituell. Es fällt auch nicht schwer, sich den rechtlichen Zwang und den moralischen Druck vorzustellen, die notwendig waren, um den Sohn loyal an den Vater zu binden – bis zu der Zeit, zu der, wie Maine sagt, die Macht des Vaters durch den Tod ausgelöscht wird. Denn nicht eher war der Sohn rechtlich erwachsen und autonom, was *ipso facto* auch die Befähigung zur Durchführung religiöser Riten einschloß, wie Aeneas es in *Aeneis V* im Gedenken an den Tod seines Vaters tut. Und es ist bezeichnend, daß dies seine erste bedeutende Religionshandlung sein soll.

In gleicher Weise ähneln die Pietas-Normen der Tallensi denen der konfuzianischen Ethik in China[30], wenn wir die Verfeinerung und Ausarbeitung in der literarischen Überlieferung durch die Vermittlung von Spezialisten und Gelehrten in Anschlag bringen. Die Tallensi würden das konfuzianische Ideal der Pietas akzeptieren: »Seinen Eltern bei Lebzeiten dienen, wie die gute Sitte es will; sie bei ihrem Tode begraben, wie die gute Sitte es will, und ihnen opfern, wie die gute Sitte es will« – nach der Übersetzung von Douglas – oder: »wie das Ritual es will« nach Waleys Version der *Analekten*.[31]

Denn gute Sitte und Ritual sind auch bei den Tallensi Kategorien, die sich überschneiden. Wie wir schon gesehen haben, definieren Namoos die Meidungsregeln der Erstgeborenen als Tabus, wohingegen Talis sagen, daß sie um der guten Sitte willen beachtet werden; und das ist charakteristisch für viele Ideen und Praktiken in der Religion der Tallensi. Die grundsätzlichen Ähnlichkeiten in der patrilinearen Organisation von Abstammungsgruppe und Familie bilden samt ihrer religiösen Projektion zum Ahnenkult wiederum die Basis, die die Tallensi mit den Chinesen teilen. Angesichts der Unterschiede in Variationsbreite und Größenordnung, wie die größere Komplexität einer Zivilisation sie mit sich bringt, die über eine Schrift verfügt, ökonomisch und sozial differenziert, technologisch ausgebildet, kulturell reich und geschichtsbewußt ist, sind diese Ähnlichkeiten bemerkenswert. Klassische Monographien über Ethik und Zeremonien[32] finden ihren Nachhall in den Feldbeobachtungen der Soziologen und Anthropologen von heute. Alle bezeugen die chinesische Verehrung der Pietas *(hsiao)* als der höchsten Tugend in der Beziehung von Kindern zu Eltern, besonders von Söhnen zu Vätern, sowohl im Leben des Vaters als auch nach seinem Aufstieg zur Ahnenschaft. In der modernen chinesischen Gemeinde, die Hsu beschreibt[33], gilt die Kindespietät als »Grundstein« der sozialen Organisation in genau demselben Sinn wie in meinem Zitat aus den Analekten. Noch wichtiger aber ist der Nachdruck, mit dem in neueren Studien – wiederum in Übereinstimmung mit den Klassikern – auf den Kindschaftsnexus im chinesischen Familien- und Abstammungssystem hingewiesen wird. »Die Basis der Verwandtschaft ist Patrilinearität«, stellt Hsu fest, »und die wichtigste Beziehung ist die zwischen Vater und Sohn. Der Vater ist Herr über Leben und Tod seines Sohnes, und der Sohn muß seine Eltern verehren und erhalten. Trauer und rituelle Verehrung nach dem Tode der Eltern sind integrale Bestandteile der Verantwortung des Sohnes.«[34] Tale-Väter haben zwar keine unbeschränkte Macht über Leben und Tod ihrer Kinder, aber mit Einschränkungen wäre diese Formel auch für die Tallensi annehmbar.

Weiterhin zeigt sich, daß auch in China der erstgeborene Sohn einen einzigartigen Platz in der Generationenfolge einnimmt, der allerdings offenbar nicht durch Meidungsregeln akzentuiert ist. So scheint es, daß in älteren Zeiten »der älteste Sohn als der unmittelbare Fortpflanzer der Linie seines Vaters das alleinige Recht hatte, den verstorbenen Eltern zu opfern. Dies war mit außergewöhnlichen Erbrechten in bezug auf Eigentum und Ahnen verbunden.«[35] Wie man den Angaben über Primogenitur in der neueren Literatur entnehmen kann, ist diese Regelung noch gültig.[36] Aus der spannenden Geschichte, die Lin über die Geschicke einer chinesischen Lineage erzählt[37], erfahren wir, daß der Erstgeborene »einen legalen Anspruch auf einen zusätzlichen Anteil am gemeinsamen Besitz als einer besonderen Anerkennung seiner Primogenitur hat« und daß dies von Fall zu Fall zu ernsthaften Konflikten in der Familie führen kann.

Es stellt sich der allgemeine Eindruck ein, daß Väter Söhne in ihrer Kindheit mit Zuneigung und Zärtlichkeit behandeln, im Maße ihres

Heranwachsens aber mehr und mehr mit moralischer Macht und Förmlichkeit. Die Emanzipation zu Rechtsmündigkeit, ökonomischer Unabhängigkeit und Ritualautonomie, die sich in dem Recht darstellt, den Ahnen zu opfern, erfolgt (wie im alten Rom) zu guter Letzt erst nach dem Tod des Vaters, worauf Hsu besonders hinweist.[38] Dies ist identisch mit der Einsetzung des toten Vaters als Ahne; und es ist bemerkenswert, daß die Gedenktafeln für die Ahnen so angeordnet sind, daß die von Vätern und Söhnen jeweils auf einander gegenüberliegenden Seiten der Ahnenhalle angebracht sind, um so die aufeinander folgenden Generationen nach dem Tod zu trennen, wie sie im Leben nach Rang getrennt waren, und um alternierende Generationen zusammenzubringen, in Übereinstimmung mit dem wohl bekannten Prinzip der Verschmelzung alternierender Generationen.[39]

Ich habe mir diese Abschweifung vom afrikanischen Material erlaubt, um kurz – und, wie ich fürchte, zu oberflächlich, um die Spezialisten zufriedenzustellen – die beiden Zivilisationen zu betrachten, die am meisten in dem Ruf stehen, in ihren moralischen und religiösen Wertsystemen der Pietas einen erhabenen Platz einzuräumen. Sie liefern die viel erörterten Modelle.[40] Deren Vorteil liegt darin, daß sie mehr oder weniger ausformulierte Doktrinen bieten, an denen man die Bedeutung des Begriffs der Pietas untersuchen kann. Vergleicht man aber diese Modelle mit den entsprechenden, relativ amorphen Institutionen der Tallensi – und, wie ich glaube, anderer Afrikaner –, so ist es besonders aufschlußreich, wenn man nach dem Grund der Wirksamkeit fragt, die ihnen unabhängig von der Existenz expliziter Doktrinen zweifellos zu eigen ist. Wir müssen nicht noch weiter abschweifen, um einige Hypothesen unterbreiten zu können. Selbst wenn ich vorhätte, das afrikanische Material vollständiger zu untersuchen, es wäre nicht sehr ergiebig. Denn mir ist nur eine einzige moderne Studie über ein afrikanisches Religionssystem bekannt, die der Beachtung oder Mißachtung der Pietas besondere Aufmerksamkeit schenkt, John Middletons eindrucksvolles Werk über die Ahnenverehrung der Lugbara.[41]

Bei den Lugbara wird wie bei den Tallensi, den Römern, den Chinesen und allen anderen Völkern mit Ahnenverehrung ein Mann bei seinem Tod nicht deshalb zum Ahnen, weil er tot ist, sondern weil er einen Sohn hinterläßt oder, genauer, einen legitimen linearen Nachfolger[42], und er bleibt nur so lange Ahne, wie seine legitimen linearen Nachfolger überleben. Dies entspricht der Regel, daß Ahnen nur in Hinsicht auf ihre Nachkommen mystische Macht besitzen, nicht aber etwa in Hinsicht auf kollaterale Verwandte. Andrerseits hat ein Mann, welches auch immer sein Rang in bezug auf Reichtum, Einfluß oder Prestige sein mag, keine Rechtsautorität in Familie und Lineage, wenn er keine Ahnen hat und bevor er nicht den Status erlangt, der ihm das Recht auf ein Amt im Kult seiner Ahnen verleiht. Denn Autorität wird, wie Middleton ausführlich zeigt, nicht von denen delegiert, über die sie ausgeübt wird, sondern von den Ahnen, die sie mitteilen und mutmaßlich übertragen. Und deshalb kann die Rechtsautorität in diesen Systemen nur durch Nachfolge erlangt werden.

Lassen Sie mich die Paradoxien dieser Anforderungen überdenken; ein Mann muß, um Ahne zu werden, Söhne haben; daher die ungewöhnliche Wertschätzung männlicher Nachkommen; Tallensi sagen, daß ein Mann, der ohne Sohn stirbt, sein Leben vergeudet hat, und die Chinesen vergleichen ihn mit einem Baum ohne Wurzeln.[43] Wir könnten wohl fragen, welche tieferen Motive hinter diesem grundlegenden Wunsch nach Söhnen stehen, aber das würde uns zu weit vom Weg abführen. Wir müssen lediglich festhalten: Söhne sind erwünscht und werden gebraucht, damit man die Verklärung zum Ahnen erreicht; das aber kann nur durch Söhne geschehen, die sich so sehr um den Vater sorgen, daß sie ihn schließlich verdrängen. Andererseits kann ein legitimer Status in der Familie, in der Lineage und Gemeinde nur durch einen legitimen Vater erworben werden; zugleich ist Rechtsautonomie als Quelle von Autorität und Macht selbst im häuslichen Bereich nur mit dem Tod des Vaters und der Übernahme seines Mantels – im durchaus wörtlichen Sinn bei den Namoos – erringbar.

Das ist aber noch nicht alles. Rein deskriptiv betrachtet, ist, wie Middleton scharfsinnig bemerkt, der Mann, der als Vater in der Familie und als Ältester in der Lineage die Autorität im Namen seiner Ahnen innehat, durch eben diesen Umstand ihrer Autorität und in letzter Instanz nur dieser Autorität unterworfen. Indes ist dies eine andere Art von Autorität als die, die ein Lebender über seine Angehörigen ausübt. Ihr wird zur Last gelegt, was den Nachkommen zustößt.

So ergibt sich das Paradox: Ein Mann mag danach verlangen, daß man ihm Verantwortung den Ahnen gegenüber zuschreibt für Übel, die ihn und seine Familie befallen; denn damit ist für alle offenkundig, daß er unmittelbar der Autorität der Ahnen unterworfen und unter diesem Signum rechtsautonom und daher also berechtigt ist, weltliche Autorität in den Angelegenheiten von Familie und Lineage auszuüben und im rituellen Dienst an den Ahnen zu amtieren.

V.

Ich muß der Versuchung widerstehen, dieses Moment weiter auszuführen, und zu der Frage zurückkehren: Warum Pietas? Ich beginne mit einer These, die ich hier nur dogmatisch vortragen kann, obwohl es in der angeführten Literatur zahlreiche Belege gibt, die sie rechtfertigen. In der Art von sozialen Systemen, um die es hier geht, gelten Rechtsautonomie und -autorität – zumindest im Rahmen der Verwandtschafts- und Abstammungsgruppen als sehr erstrebenswert, ja sogar als das Erstrebenswerteste, um das sich ein Mann bemühen kann, da er ohne sie nicht im vollen Sinn erwachsen ist. In gewisser Hinsicht sind es rare Güter, da sie an exclusive genealogische Positionen in einer Abstammungsgruppe gebunden sind. Rechtsautorität ist aber auch für die Gesellschaftsorganisation unabdingbar; sie ist sogar das Herz des sozialen Systems. Und dies muß der Grund dafür sein, daß die Autorität niemals stirbt – niemals sterben darf –, obwohl ihre zeitweiligen Inhaber nach den Gesetzen der Natur es müssen. Ich behaupte, daß Rechtsautonomie und -autorität Attribute der Vaterschaft sind. In sozialen Systemen dieser Art ergeben sie sich allein aus dem Vater-Status. Wir sehen das auf allen Ebenen der Sozialstruktur, denn der Status der Lineage-Ältesten setzt den Vater-Status voraus und ist nach diesem Modell geformt. Es ist keine leere Metapher, wenn Tallensi sagen, das Oberhaupt eines Clans oder einer Lineage sei der Vater der ganzen Gruppe. Und der Vater-Status ist in patrilinearen Systemen nicht nur die Hauptstütze der Sozialstruktur; er ist bei den Tallensi durch Erziehung und durch täglichen Umgang mit ihm tief in die Lebenserfahrung eingebettet.

Wenn wir sagen, daß Rechtsautorität niemals stirbt und niemals sterben darf, so können wir dies so interpretieren, daß Vaterschaft niemals stirbt und niemals sterben darf, obwohl leibliche Väter sterben müssen. Wo patrilineare Abstammung das herrschende Prinzip der Sozialstruktur ist, da kann davon, daß Vaterschaft niemals stirbt, natürlich auch in einem unmittelbar realen Sinn die Rede sein. Solange nämlich Nachkommen eines Mannes da sind, werden ihr Platz in der Gesellschaft, ihre sozialen Beziehungen zueinander und zur Gesellschaft im Ganzen durch den Bezug auf seine Vaterschaft bestimmt. *Sie* sind *er selbst*, Repliken durch soziale Designation ebenso wie durch physische Kontinuität. Aber hier geht es um die moralische und religiöse Darstellung dieses Sachverhalts. In dieser Perspektive ist Ahnenschaft Vaterschaft, die trotz der Sterblichkeit realer Väter zur Unsterblichkeit erhoben ist; das heißt, sie ist vor allem väterliche Autorität, der trotz der Vergänglichkeit ihrer Inhaber Unsterblichkeit und Unbezwingbarkeit verliehen ist. Vaterschaft, die Autoritätsbefugnis erteilt, ist aber wertlos ohne ihr Gegenstück, die Sohnschaft; und Sohnschaft ist bedeutungslos ohne das Recht, den begehrten Status der Vaterschaft zu erlangen. So sehen wir Vater und Sohn unausweichlich in gegenseitiger Abhängigkeit – man könnte sogar sagen, in heimlichem Einverständnis – aneinander gebunden, um diesen kostbaren Wert zu erhalten, jedoch auch unvermeidlich als Gegner um seinen augenblicklichen Besitz ringen, wie die Tallensi erkennen. In diesem Verhältnis sind die Söhne im Nachteil; sie unterstehen einer Autorität, die sie stützen müssen, und noch mehr Einschränkungen legt ihnen die Prämisse auf, daß Verwandtschaft Amity impliziert und Streit zwischen Verwandten somit geächtet ist.[44] Wir dürfen auch nicht vergessen, daß Väter ihre Söhne – und im Herzen vor allem ihre Erstgeborenen – lieben und sich um sie sorgen, wie es sich im Schmerz eines Vaters zu erkennen gibt, dessen Sohn ihm im Tod vorausgeht. Sowohl bei den Chinesen als auch bei den Tallensi zeigen sie ihre Zuneigung offen, solange die Söhne heranwachsen, und hinter der Fassade der Meidungsregeln auch noch in späteren Jahren, wenn ihre eigene Lebenslage und die Vorstellungen, die die Tallensi von der menschlichen Natur haben, sie veranlassen, zur Verteidigung zu greifen und die Erstgeborenen abzustoßen. Können Söhne etwas anderes tun, als danach zu streben, die Hingabe ihrer Väter zu erwidern, auch wenn sie – vielleicht unausgesprochen – deren Status begehren?

Das Problem bleibt: Wie kann die moralische Forderung nach Amity zwischen Verwandten mit der Interessenrivalität zwischen den Generationen versöhnt werden? Oder in der Perspektive der Lebenserfahrung und Motivation des Individuums: Wie kann das Vertrauen und die Zuneigung, welche die lebenslange Gegenseitigkeit von elterlicher Sorge und kindlicher Abhängigkeit hervorruft, vor dem Sog des unterschwelligen wechselseitigen Antagonismus bewahrt werden, den eben dieselbe Beziehung hervorbringt? Es geht also um die Auflösung der Ambivalenz, die in unilinear organisierten Abstammungssystemen in die Beziehungen zwischen aufeinander folgenden Generationen eingebaut ist. Vergessen wir nicht, daß es keinen Weg gibt, der Struktur der Familie und Lineage gänzlich auszuweichen, es sei denn durch die vollständige Auflösung aller Bindungen an Verwandtschaft und Gemeinde und folglich die Preisgabe aller Rechte und Ansprüche auf Existenzmittel, Rechtsstatus, rituelle Sicherung und politischen Schutz. Traditionell konnte man in einer Gesellschaft wie der der Tallensi nur dann in einem Gemeinwesen leben, wenn man entweder ein legitimes Mitglied einer Lineage und einer Familie war oder ein verwandtschaftsloser und rechtloser Sklave, der einer Lineage und einer Familie zugeordnet war und nur deshalb überleben konnte, weil ihm ein Quasi-Verwandschaftsstatus gewährt wurde. Es gibt also gute strukturelle Gründe für institutionelle Mechanismen und kulturelle Werte, die zur Regulierung des schismatischen Potentials in aufeinander folgenden Generationen dienen können.

Die Ahnenverehrung stellt das Mittel bereit, durch das dieses Ziel erreicht wird. Sie stellt nicht nur die Verklärung der väterlichen Autorität dar, sie erhebt sie auch zur Unsterblichkeit, indem sie sie in das universale und ewige Reich der Clan- und Lineageahnen einfügt. Auf welch subtile Weise die Glaubensvorstellungen und Ritualpraktiken der Ahnenverehrung zur Schlichtung des Gegensatzes zwischen aufeinander folgenden Generationen beitragen, läßt sich daran abschätzen, wie die Tallensi den Generationenkonflikt im Schicksalsbegriff rationalisieren.[45] So gelingt ihnen in symbolischem Gewand die Veräußerlichung und Anerkennung des latenten Konflikts und zwar unter Wahrung der Beziehung, zu der er gehört. Die Ungleichheit der Verteilung von Macht und Autorität ist damit indes nicht aufgehoben. Zu deren Anerkennung bedarf es mehr als nur der symbolischen Erkenntnis ihres Charakters. Und hier kommt Pietas ins Spiel.

Pietas wurzelt in den Beziehungen zwischen lebenden Eltern und Kindern. Sie bestimmt zu Gehorsam und Ehrerbietung den Eltern gegenüber, zur Unterordnung des persönlichen Willens und der persönlichen Wünsche unter ihre Disziplin, zu Dienstleistungen und zur Ergebung in die eigene Rechtsunmündigkeit. Die greifbare Belohnung für die Einhaltung der Regeln liegt in der Genugtuung der Eltern und Verwandten und in der diffusen Anerkennung der Gesellschaft. Es gibt auch eine moralische Belohnung, insofern Pietas für die Lebenden *eo ipso* Pietas für die Ahnen ist und der Herbeiführung ihres Wohlwollens dienen soll. So könnten wir Pietas als den Verzicht auf das Eigeninteresse betrachten, durch den unabdingbare Sozialbeziehungen erhalten werden. Ich möchte solche Konjekturen jedoch vermeiden und lediglich sagen: die Anpassung an die genannten Normen ist ein Bekenntnis zur Zufriedenheit mit der Autorität und der Macht der Eltern.

Der Endeffekt besteht darin, daß sowohl Söhne, die der Versuchung zur Rebellion erliegen könnten, als auch Väter, deren Geduld erschöpft ist, in Schach gehalten werden. Damit sind die möglichen Anlässe zu Bitterkeit und Zwist zwischen ihnen allerdings nicht gänzlich beseitigt. Die Tallensi würden sagen, daß die menschliche Natur eben so ist. Es gibt Leute, die sich über Autorität empören, sich herkömmlichen Pflichten entziehen oder religiöse Gebote verhöhnen. Sanktionen sind notwendig, eine unfehlbare Wirkung ist von ihnen jedoch nicht zu erwarten. Das gilt sogar für Regeln, die emotional und institutionell so unwiderstehlich sind wie die Meidungsregeln der Erstgeborenen. Gewiß verstehen die Tallensi, wie diese Haltungen die Sphären von Vater und Sohn trennen und sie befähigen, ihre Beziehung unter eine Interpretation zu stellen, welche die Friktion reduziert und offene Rivalität unterdrückt, besonders im Hinblick auf die allseitig bedeutsamen Rechte über Personen und Eigentum. Aber obwohl kein Bruch der Erstgeborenentabus bekannt ist, sagen die Tallensi, daß ihre getreue Erfüllung für sie so etwas wie eine Frage der Schicklichkeit und der Moralität ist, die ich Pietas genannt habe, nicht eine Folge blinder Furcht. Und wo es an Pietas mangelt, kann es zum Hohn der Empfindungsweise und der Religion geschehen, daß Söhne sich gegen ihre Eltern wenden und Väter ihre Söhne zurückweisen. Beispiele dafür habe ich an anderer Stelle angeführt[46], und erwartungsgemäß ist der, der rebelliert und sich losreißt, gewöhnlich der herangewachsene Erstgeborene eines alternden Vaters. Ich habe indes von keinem Fall gehört, in dem die elementare Sanktion der Pietas nicht schließlich die Oberhand gewonnen hätte. Wenn der Vater stirbt, muß der Sohn – und tut es, soweit ich weiß, immer – zur Durchführung der Bestattung zurückkehren und sein Erbe antreten. Kologos tragisches Geschick wird weithin als Exempel zitiert. Er hatte mit seinem Vater gestritten und war davongegangen, um auswärts zu arbeiten. Als er aber die Nachricht vom Tod seines Vaters erhielt, eilte er heim, um die Bestattung zu überwachen. Er hatte noch kaum von seinem Erbteil Besitz ergrifffen, als er krank wurde und starb. Nach allgemeiner Überzeugung war dies die Vergeltung dafür, daß er es versäumt hatte, seinen Streit mit dem Vater zu beenden. Bei seiner Heimkehr hatte er sich den Lineage-Ältesten unterworfen, und diese hatten seine Vaterschwester überredet, den Fluch seines Vaters aufzuheben. Wie sein Tod zeigte, hatte das nicht genügt. Der Wahrsager enthüllte, daß sein Vater, der jetzt unter den Ahnen weilte, über seine Verlassenheit noch gekränkt und zornig war und den Ahnen die Pietätlosigkeit seines Sohnes geklagt hatte, und deshalb hatten sie ihn erschlagen.

Durch Pietas also wird die Autorität unter den Lebenden annehmbar. In rituelle Form transponiert, wird sie zu Pietas in bezug auf die Ahnen, die das Wesen ihrer kultischen Verehrung ausmacht. Dem entspricht die Kontinuität zwischen den Lebenden und den Ahnen, die sich in der Abstammungsgruppe verkörpert. Für diese Umwandlung einer weltlichen Sitte in einen religiösen Kult und Glauben gibt es eine greifbare Basis. Wie bei den Chinesen, aber vielleicht deutlicher und vertrauter noch bei den Tallensi sind die Ahnen keineswegs entfernte Gottheiten, sondern feste Bestandteile des Alltagslebens ihrer Nachkommen. Ihre Schreine zieren die Gehöfte, ihre Gräber sind in der Nähe, in Verhandlungen werden ständig ihre Namen erwähnt. Oft ist es unmöglich zu sagen, ob Tallensi sich auf einen Lebenden oder auf einen Ahnen beziehen, wenn von Vätern und Großvätern die Rede ist. In einer großen, erweiterten Familie vergeht keine Woche ohne ein Opfer oder Trankopfer für die Ahnen. Und die Haltung dessen, der in häuslichen Riten dieser Art amtiert, unterscheidet sich von der, die er in bezug auf lebende Eltern einnimmt, nur durch größere Ehrerbietung.

Oft habe ich an Riten eines Familienoberhauptes teilgenommen, die so informell erschienen, daß der Titel kultischer Verehrung ihnen kaum zukommt. Am Abend vor Beginn der Aussaat z. B. geht jedes Familienoberhaupt um sein Gehöft und seinen Hausgarten und gießt Hirsebrei mit Wasser als Trankopfer der Reihe nach auf jeden seiner Ahnenschreine, um die Ahnen von den anstehenden Aufgaben zu benachrichtigen. Ehrerbietig spricht er sie an und bittet um ihren Schutz gegen Überfälle und um Gesundheit, Fruchtbarkeit und Wohlergehen für alle. Seine sachliche Art und die konventionelle Rede könnten einen Zuschauer leicht irreführen und ihn die religiöse Bedeutung der Handlungen leicht übersehen lassen. Als ich einmal einen meiner Freunde bei der Beaufsichtigung der Aussaat in seinem Hausgarten antraf, erklärte er mir bezeichnenderweise, er habe sich verspätet, weil er erst seinen Vater benachrichtigen mußte. Da sein leiblicher Vater noch lebte, fragte ich, ob er *diesen* habe benachrichtigen müssen. »Ja, natürlich mußte ich es ihm sagen«, erwiderte er, »etwas so Bedeutendes kann man nicht beginnen, ohne es dem Vater zu sagen. Aber ich meine nicht ihn. Ich meine meinen Vater, der mein *Schicksal* geworden ist, meinen Ahnen.« Pietas für die Ahnen besteht vornehmlich aus ritueller Pflege und Diensten in der Form von Trankopfern, aus Opfern und der Befolgung von Regeln, wann immer sie es verlangen. Die Parallele zur Pietas unter den Lebenden zeigt sich bei den Tallensi in der Beschreibung des Opfers als Kost- und Trankgabe an die Ahnen, wobei sie allerdings erklären, daß dies keinen materiellen Sinn hat. Als Gegengabe, sagt man, »unterstützen« *(dol)* die Ahnen ihre Nachkommen.
Das Moment der Ahnenverehrung, auf das ich näher eingehen möchte, liegt indes in ihrem Wert für die Lösung der strukturellen und persönlichen Opposition zwischen aufeinander folgenden Generationen. Nach den Glaubens- und Wertprämissen werden Väter zwar durch den Tod entfernt, aber die Vaterschaft wird dadurch nicht ausgelöscht. Im Gegenteil: Der Tod gewährt die Bedingungen, unter denen die Vaterschaft über weltliche Ansprüche und Bindungen hinaus zu erheben ist. Mehr noch, er liefert der Gesellschaft die Gelegenheit, Söhne dazu zu zwingen, ihren Triumph als moralische Notwendigkeit anzunehmen und ihn zu komplementieren, indem sie sich den rituellen Erfordernissen unterziehen, durch die Väter zu Ahnen transfiguriert werden. Für einen Sohn ist es beruhigend zu wissen, daß allein durch seine fromme Unterwerfung unter das Ritual der Vater für immer unter die Ahnen aufgenommen wird. Er sieht darin die Fortsetzung der Unterwerfung unter die Autorität, mit der der Vater vor seinem Tod ausgestattet war.
Und lassen Sie mich einschalten, daß wir uns täuschen, wenn wir den Grund dafür, daß Bestattungsriten zur Verwandlung eines Toten in ei-

nen Ahnen notwendig sind, in dem suchen, was populär als Aberglaube gilt. Ähnliche Riten werden für Lebende durchgeführt, um ihnen Amt und Status zu übertragen. Ahnenschaft ist ein Status in der Abstammungsstruktur, wie Van Gennep gezeigt hat und wie oft von Gelehrten betont wird, die sich dem Studium afrikanischer Religionen gewidmet haben, wie einer unserer früheren Präsidenten, der verstorbene Edwin Smith.[47] Die rituelle Gründung der Ahnenschaft definiert den Kreis der Ereignisse und Sozialbeziehungen, innerhalb dessen der Glaube Macht und Autorität der Ahnen sich entfalten sieht.

Ich kehre zu meinem Argument zurück. Erinnern wir uns daran, daß der Tod als das Werk der Ahnen legitimiert ist. Sie selbst, der Ursprung der Autorität und die endgültige Sanktion der Pietas, sind es, die lebende Väter wegnehmen und so den Söhnen den Weg zur Nachfolge freigeben. Es ist mit ihrem Status konsistent, daß sie die Väter niederschlagen – und zwar zur gerechten Vergeltung von Handlungen, die sie, wie man glaubt, für pietätlos halten. Gibt es einen wirksameren Weg zur Verteidigung von Macht und Autorität als den der Anrechnung und Bestrafung von Ungehorsam?

In diesen Systemen entkommt man der Autorität, wie wir sehen, niemals. Die Rechtsautorität des lebenden Vaters wird in die mystische Autorität des Ahnen-Vaters transfiguriert, und diese wird von der ganzen Hierarchie der Ahnen gestützt und ist deshalb nur um so furchtbarer. So hängt der Vater-Status von der Gnade der Ahnen ab. Bei allen Belohnungen ist es doch kein leichtes Amt, denn es bringt nicht nur die materielle Verantwortung für die Angehörigen mit sich, sondern auch die drückendere rituelle Verantwortung gegenüber den Ahnen. Die Nachfolge muß nicht als Ersetzung des Vaters interpretiert werden, sondern eher als Übernahme und Fortsetzung des Amtes, das er zeitweise innehatte. Da es um eine Unterwerfung unter die Pflicht geht, wird die Nachfolge der Schuldhaftigkeit entkleidet, und zwar um so eher, als die Opposition zwischen sukzessiven Generationen nicht beendet, sondern lediglich auf eine neue Ebene transponiert wird. Und in mancher Hinsicht handelt es sich um eine Verschärfung, denn Unglück, Krankheit und Tod sind das Los der Menschheit und nicht vorherzusehen. Die Philosophie der Tallensi interpretiert sie als Manifestationen der Unzufriedenheit seitens der Ahnen. Ein Mann, der den Vater-Status innehat, begegnet ständig unvorhergesehenen Ansprüchen der Ahnen. Das Recht auf ein Opferamt gibt ihm in rechtlicher und ökonomischer Hinsicht Macht und Autorität über die lebenden Angehörigen. Aber es legt ihm auch die Last der Verantwortung für Pflege und Dienst an den Ahnen auf. Und man kann nie sicher sein, ob man diese Verpflichtungen zufriedenstellend erfüllt, wie man es gegenüber lebenden Eltern sehr wohl sein kann.[48]

Rettung und Heil ist Pietas. Wenn man sein Leben nach bester Einsicht und im Einklang mit den Geboten der Pietas führt, dann kann man auf die Gerechtigkeit der Ahnen vertrauen. Mehr noch, man kann das, was sie senden, ohne Reue und in einem fraglosen Geist der Unterordnung unter die Autorität annehmen. Hoffnung bleibt; denn Sühne und Versöhnung sind immer möglich. Sie bedeuten nichts anderes als das Eingeständnis, daß man in der Pietas versagt hat, ein sehr menschliches Versagen, und es gibt institutionelle Mittel zur Wiederherstellung. Die Gabe der Ahnen, die ihre Forderungen an Opfer, Dienst und Regelbeachtung erfüllt, ist die Annahme ihrer Disziplin und deshalb die Versöhnung der Pietas.

Ich glaube nicht, die ethnographischen Tatsachen übermäßig ausgeschmückt zu haben. In bezug auf die Tallensi habe ich gesagt, daß sie glauben, der Ahnen-Vater und die Vorväter eines Mannes seien jederzeit in seiner Nähe und ihm in den Schreinen zugänglich, die ihnen gewidmet sind. Dies ist keine abergläubische Einbildung. Ihre ebenso schützende wie disziplinierende Autorität wird im Alltagsleben genau wie die lebender Eltern als immer gegenwärtig innig empfunden. Daran wurde ich anläßlich einer Rede erinnert, die der Tongraana der Ältesten über eine Auseinandersetzung zwischen zwei Clan-Oberhäuptern hielt, zu der man ihn als Sachkundigen um Beweismittel gebeten hatte. Er erklärte, wie er sich verpflichtet gefühlt habe, die Ansprüche der einen Partei zurückzuweisen, obwohl er ihr Verwandter war.

»Er hat gelogen«, sagte der Tongraana, »und Lügen bereiten einem nur Schwierigkeiten. Ich hasse Betrügereien. Um keinen Preis werde ich lügen. Wenn ein Mann von seinem Vater richtig erzogen wurde, dann wird er kein Lügner sein. Als ich ein kleiner Junge war, hat mein Vater mich geschlagen und geschlagen, wenn ich ihn betrogen oder belogen hatte, und deshalb lüge ich nicht. Mein Vater erlaubt es nicht.«

Der »Vater«, auf den er sich bezog, war lange tot, aber seine Redeweise, seine Gestik und der liebevolle Ton, in dem er sprach, erweckten den Eindruck, als sei er dort, an seiner Seite. Diese Erfahrung habe ich mit Tallensi oft gemacht.

Ein weiteres Beispiel. Teezien versuchte geduldig, mir das Wesen der Riten nahezubringen, die am Ende der Trockenzeit für die letzten Erntefrüchte am äußeren *boghar* durchgeführt werden.

»Wir versorgen sie (die Ahnen)«, sagte er, »und bitten um die Ernte. Wir geben ihm (d. h. dem als Kollektivität aller Ahnen personifizierten *boghar*) Kost, so daß er essen und uns seinerseits etwas gewähren mag. Wenn wir es ihm versagen, wird er nicht für uns vorsorgen, wird uns nichts geben, weder Frau noch Kind. Er ist es, der über uns herrscht, so daß wir leben können. Wenn du dein Land bestellst und deine Ernte verdirbt, wirst du dann

nicht sagen, daß es dein Vater ist, der dies geschehen läßt? Wenn du Vieh züchtest, und es stirbt, wirst du dann nicht sagen, daß dein Vater es zugelassen hat? Wenn du ihm nichts gibst, wird er dann dir etwas geben? Er ist Herr aller Dinge. Wir brauen Bier für ihn und opfern Hühner, damit er sich sattessen kann, und dann wird er für uns Guineakörner und Hirse sichern.«
(Ich wandte ein: Ahnen sind tot; wie können sie essen und so materielle Dinge verrichten, wie das Getreide gedeihen lassen?) »Es verhält sich geradeso wie mit den Lebenden«, antwortete er gelassen, »wenn du einen Sohn hast und ziehst ihn auf, und er weigert sich zu arbeiten, tadelst du ihn. Du sagst, mit Mühsal hast du ihn väterlich betreut, und jetzt kommt er und weigert sich zu arbeiten, was sollst du denn essen? Wird er jemals Frau und Kinder bekommen, wenn er das Feld nicht bestellt? Wenn dir nun jemand einen Gefallen tut, würdest du ihm dann nicht danken? Und wenn du jemandem einen Gefallen tust, und er dankt dir, und sei es auch nur mit einem kleinen Zeichen, würdest du ihm dann nicht wieder einen Gefallen tun?«

Diese Reflexionen über Väter und Ahnen habe ich hier genauso wiedergegeben, wie ich sie damals von zwei der geachtetsten, klügsten und informiertesten Clan-Oberhäupter erhielt, mit denen ich die Ehre hatte, in Taleland zu sprechen. Ich sollte hinzufügen, daß Tallensi zur Not die Ahnen anrufen und ihnen Opfer darbringen, ganz gleich, wo sie sich gerade befinden, obwohl die Schreine der heimatlichen Siedlung idealiter der richtige Platz dazu sind. Man geht an eine Wegkreuzung und hockt sich in Richtung seiner Siedlung nieder, um den Ahnen zu opfern, wenn man von zuhause weggegangen ist. Denn die eigenen Ahnen sind einem immer zugänglich.
Wie wir sehen, bleiben Väter im Angedenken gegenwärtig, als wären sie nie gestorben. Und das Bild, in das sie gefaßt werden, akzentuiert die Autorität und Disziplin, die sie ausgeübt haben. Man erinnert sich an sie mit frommer Dankbarkeit – für die moralischen Skrupel, die sie eingeimpft, und für den Gehorsam, den sie erzwungen haben –, aber auch mit Zuneigung für das Wohlwollen, das sie loyalen Söhnen erwiesen haben. Das ist besonders aufschlußreich, da Tale-Väter in Wirklichkeit sehr selten zur körperlichen Züchtigung greifen und gewöhnlich, wie ich schon angemerkt habe, leichte und großzügige Beziehungen zu ihren heranwachsenden Söhnen haben.
So dient der Begriff der Ahnenschaft und die religiösen Institutionen, in denen sie sich rituell und sozial verkörpert, als das Mittel, durch welches das Individuum seine Beziehung zum Vater auch nach dessen Tod erhalten kann, als wäre er ein Teil seiner selbst. Der Vater, der zu seinen Lebzeiten die Taten des Sohns kontrolliert, verwandelt sich in einen inneren Zensor seiner Taten, wenn er zum Ahnen wird. Und das ist wirksam, weil er zugleich äußerlich zugänglich bleibt, und zwar sowohl für die Anklage der absoluten Macht und Autorität als auch für Akte der

Beschwichtigung. Damit ist der anscheinend rationale und objektive Grund für Rituale der Sorge gelegt, mit deren Hilfe ein Mann hoffen mag, das wechselnde Glück des Lebens zu beherrschen oder doch wenigstens zu beeinflussen, gewiß aber darüber zu verhandeln. Pietas ist die Brücke zwischen der inneren Gegenwärtigkeit und der äußeren Heiligkeit der väterlichen Autorität und Macht.

VI.

Um der unumgänglichen und berechtigten Kritik vorzugreifen, möchte ich sagen, daß ich für mein Thema absichtlich eine enge Perspektive gewählt habe. Ich habe versucht, mich auf den harten Kern der Ahnenverehrung in einem Gesellschaftssystem bestimmter Art zu konzentrieren und spezifischer noch auf einen einzigen Fall. Ich habe die Verzweigungen und Substitutionen ignoriert, mit deren Hilfe das Grundprinzip der Ahnenverehrung bei einem Volk wie den Tallensi auf das gesamte Religionssystem ausgedehnt wird. Ich habe z. B. die äußerst bedeutende Rolle der mütterlichen Ahnen in patrilinearen Ahnenkulten außer acht gelassen. Und Vergleichsmaterial habe ich nur in dem beschränkten Umfang herangezogen, der für meine Argumentation unabdingbar war. Ich wünschte, es wäre möglich gewesen, matrilineare Abstammungssysteme mit Ahnenkulten in die Untersuchung einzubeziehen. Ich kann hier nur darauf verweisen, daß u. a. die Studien von Colson und Gough meine Hauptthese zu bestätigen scheinen.[49] Auch die moralischen und religiösen Bräuche und Überzeugungen der Polynesier – und besonders der Tikopia, über die jetzt ein so glänzendes und reichhaltiges Material vorliegt – werfen ein helles Licht auf die Natur der väterlichen Autorität und ihre Verklärung. Trotz der unterschiedlichen religiösen Werte und Überzeugungen gibt es in dieser Hinsicht grundsätzlich ein gemeinsames Muster, das die Tikopia mit den Tallensi teilen. Die Beziehungen zwischen Vätern und Söhnen sind in Tikopia beispielhaft patrilinear und denen der Tallensi überraschend ähnlich.[50]
Jedenfalls habe ich mich für die gewählte Vorgehensweise in dem Glauben entschieden, daß man am ehesten zu klaren Hypothesen kommt, wenn man analytisch isoliert, was allgemein als die Kerninstitution der Ahnenverehrung gilt. Die Ahnenverehrung ist primär der religiöse Kult der verstorbenen Eltern; aber nicht nur das. Denn sie setzt die Anerkennung von Ahnschaft und Abstammung für rechtliche, wirtschaftliche und andere gesellschaftliche Belange voraus. Sie wurzelt in der Antithese zwischen den unlösbaren Banden der Abhängigkeit der Söhne von den Vätern – Ernährung, Schutz vor Gefahr und Tod, Status und per-

sönliche Entwicklung – und dem spezifischen Gegensatz zwischen benachbarten Generationen. Die Ambivalenz, die dieser Antithese entspringt, verdankt sich der Tatsache, daß der Sohn keine Rechtsautonomie erlangen kann, bis der Vater stirbt und er seine Nachfolge antritt. Der Ahnenkult erlaubt die Auflösung dieser Ambivalenz und ermöglicht eine Art der Nachfolge, bei der die Autorität selbst – als eine Norm und als ein Prinzip der Gesellschaftsordnung – niemals umgestoßen wird. Schwierig, wenn nicht unerträglich wäre es aber, während des ganzen Lebens den Zwang der Autorität zu akzeptieren – zuerst als Rechtsunmündiger und dann durch die rituelle und moralische Unterwerfung, ohne dabei die Ehrerbietung, die Zuneigung und das Vertrauen in die Personen und Institutionen zu verlieren, die die Autorität um der Gesellschaftsordnung willen innehaben müssen. Das ist die Stelle, an der Pietas als mildernde Verfügung und als Verhaltensregulativ auftritt.
Weitgefaßte Vergleiche habe ich wie gesagt absichtlich vermieden. Ich kann es aber nicht unterlassen, zur Unterstützung meines Arguments ein schlagendes Negativbeispiel anzuführen, obgleich mir wohl bewußt ist, daß es sich eher um Indizien als um einen überzeugenden Beweis handelt. Stennings glänzende Analyse des Entwicklungszyklus der Familie bei den Wodaabe Fulani zeichnet ein Bild von Rechts- und Wirtschaftsbeziehungen zwischen aufeinander folgenden Vater- und Kindgenerationen, die den von mir beschriebenen radikal entgegengesetzt sind.[51] Die Väter übergeben die Kontrolle über die Herden und die Autorität über Personen Schritt für Schritt ihren Söhnen, im Maße ihres Heranwachsens und ihrer sozialen Entwicklung. Der Prozeß beginnt mit der Geburt des ersten Sohnes und kulminiert bei der Heirat des letzten, wenn der Rest der Herde und der Rest der väterlichen Autorität den Söhnen übergeben wird. Der Vater zieht sich dann physisch, ökonomisch und rechtlich zurück, er wird von seinen Söhnen abhängig und ist fortan, wie Stenning sagt, in jeder Hinsicht sozial tot. Ein paralleler Prozeß findet bei den Frauen statt. Damit verbindet sich für die Jungen ein stetiges Anwachsen ihrer Geschicklichkeit und Verantwortung für die Viehhaltung, Verlobung beider Geschlechter in der frühen Kindheit und paralleles Heranwachsen zur Ehe sowie ein Muster komplementärer Kooperation zwischen den Geschlechtern und Altersgruppen, durch das die zwingende elterliche Autorität ausgeschlossen wird. Schließlich haben die Abstammungsgruppen der Wodaabe eine genealogische Tiefe von nicht mehr als drei oder fünf Generationen.
Im Kontext dieser Sozialstruktur, in dem es nicht nötig ist, jemanden zu begraben, um Rechtsautonomie und ökonomische Selbständigkeit zu erlangen, scheint die Entwicklung von Spannungen zwischen angrenzenden Generationen, durch die die von mir behandelten patrilinearen

Systeme charakterisiert sind, auszubleiben. Ist damit das Fehlen eines Ahnenkults bei den Wodaabe erklärt? Oder liegt es daran, daß sie den Islam angenommen haben? Stenning führt es nicht auf den Islam zurück[52], und ich neige natürlich auch zu diesem Schluß, da er die Hauptthese meiner Vorlesung unterstützt.
Eine letzte Frage. Ist Pietas ausschließlich an Ahnenverehrung gebunden, oder reflektiert sie ein allgemeines Moment der Beziehungen zwischen angrenzenden Generationen, das im Ahnenkult lediglich in besonderer Form und in besonderem Ausmaß mobilisiert wird? Haben z. B. die Wodaabe Fulani diesen Begriff oder nicht? Die Beantwortung dieser Frage kann ich hier nicht in Angriff nehmen.[53] Ich erinnere aber an eine der köstlichsten Beschreibungen der Kindespietät, die mir bekannt sind.
Sie steht in jenem Meisterwerk der *Ethno-Fiction*-Literatur seiner Zeit, in Anthony Trollopes *Barchester Towers*. Sie werden sich vielleicht an die Szene erinnern: Der alte Bischof (»der sein Amt viele Jahre lang mit sanfter Autorität auegübt hatte«) liegt im Sterben. Sein Sohn, der Archidiakonus Grantly, ist an seinem Bett, und die Frage, die jedermann bewegt, beunruhigt auch ihn. Würde sein Vater sterben, bevor die jetzige Regierung zurücktritt? Wenn ja, dann würde das Bistum zweifellos auf den Archidiakonus zurückkommen. Wenn nicht, würde ebenso sicher ein anderer gewählt werden. Mitleidig und klar wie jemand, dem solche Konstellationen und Empfindungen selbst nicht fremd sind, beschreibt Trollope die letzte Stunde des alten Mannes und die Gedanken und Gefühle des Sohns. »Er versuchte, an dieses Problem nicht zu denken, aber er konnte es nicht lassen«, vermerkt der Chronist. »Das Rennen war so dicht an dicht und der Einsatz war so hoch.« Er verweilt einige Minuten am Bett und fährt dann fort:

»Aber die Gefühle dessen, der dort saß und wachte, waren keineswegs leicht. Er wußte, daß es jetzt oder nie geschehen müsse. Er war bereits über fünfzig, und es gab wenig Aussicht, daß seine Freunde, die ihr Amt verließen, es so bald wieder antreten würden. Keiner der möglichen britischen Premierminister außer jenem, der es jetzt war und der bald würde gehen müssen, würde daran denken, Dr. Grantly zum Bischof zu machen. So dachte er lange und traurig und in tiefem Schweigen, und dann starrte er auf das noch lebende Gesicht, und dann endlich wagte er sich zu fragen, ob er seines Vaters Tod wirklich herbeiwünschte.

Diese Anstrengung war heilsam, und im selben Augenblick war die Frage beantwortet. Jener stolze, begierige und weltliche Mann sank neben dem Bett auf die Knie, ergriff des Bischofs Hand und betete eifrig um die Vergebung seiner Sünden.«

Das Zitat genügt, um zu zeigen, daß die Trollopianer zutiefst von den Empfindungen und vom Habitus der Pietas erfüllt waren. Es kann kaum ein Zufall sein, daß ein so scharfsichtiger Beobachter wie der Erzähler dieser Geschichte die Gefühle des Archidiakonus in eben dieser Konstellation beschreibt, in der ein schon alternder Sohn Reue über seine halbverborgene Ambition empfindet, dem Vater im Amt nachzufolgen. Und es ist auch kein Zufall, daß gezeigt wird, wie der Archidiakonus um die Vergebung seiner Sünden betet, nicht etwa um die – und sei es auch noch so unwahrscheinliche – Genesung seines Vaters.

Auch in unserer Gegenwart mit ihrer beispiellosen technologischen Kühnheit ist Pietas nicht unbekannt. Der *Times* war (am 14. April 1961) zu entnehmen, wie der erste Kosmonaut sich auf sein spektakuläres Wagnis vorbereitete. Wir erfahren, daß »Major Gagarin unmittelbar vor dem Start nach Moskau gebracht wurde und an Lenins Grab auf dem Roten Platz ging, ›um neue Kraft für die Erfüllung seiner ungewöhnlichen Aufgabe zu sammeln‹.« Und sind nicht auch bei uns die Feiern, die wir in Institutionen wie in meinem College in Cambridge zu Stiftergedenktagen abhalten, ein Akt der Pietas und in ihrem Geist nicht allzuweit von den Riten und Einstellungen entfernt, die ich hier erörtert habe?

Anmerkungen

[1] Vgl. E. R. Leach, »Magical Hair«, *Jr. of the Royal Anthr. Inst.*, 88, 1958
[2] Fustel de Coulange, *La Cité Antique*, Paris 1864, II 5: »Le principe de la parenté n'était pas l'acte matériel de la naissance, c'était le culte.«
[3] Vgl. Stanley A. Cook, »Introduction and Additional Notes« zu Robertson Smith, *The Religion of the Semites*, 3. Aufl., 1927
[4] J. C. Flugels bahnbrechendes Buch *The Psychoanalytic Study of the Family*, 1921, muß hier dankbar erwähnt werden, denn es trug dazu bei, in Verwandtschaftsuntersuchungen psychoanalytische Theorie und ethnologische Forschung zu vermitteln.
[5] In diesem Band, S. 83.
[6] Malinowski, *The Father in Primitive Psychology*, London 1927; vgl. dazu M. Fortes, »Malinowski and the Study of Kinship«, in: *Man and Culture*, hg. v. R. Firth, London 1957. In diesem Band, S. 31.
[7] M. Fortes, *The Dynamics of Clanship among the Tallensi*, Oxford 1945; ders., *The Web of Kinship among the Tallensi*, London, 1949; ders., *Oedipus and Job in West African Religion*, Cambridge 1959 (dt. Übers. Frankfurt/M. 1966)
[8] G. M. Carstairs, *The Twice-Born*, London 1957
[9] Fortes, *Web of Kinship*, a.a.O.
[10] Fortes, *Web of Kinship*, a.a.O.; ders.: *Oedipus*, a.a.O.
[11] M. Wilson, »Nyakyusa Age Villages«, *Jr. of the Royal Anthr. Inst.*, 81, 1951
[12] H. Junod, *The Life of a South African Tribe*, London 1927, S. 441 ff.
[13] H. S. Maine, *Ancient Law*, London 1861, Kap. VII
[14] J. La Fontaine, »Homicide and Suicide among the Gisu«, in: *African Homicide and Suicide*, hg. v. P. Bohannan, Princeton 1960
[15] Fortes, *Web of Kinship*, a.a.O., Kap. VI
[16] Fortes, *Oedipus*, a.a.O.

[17] Fortes, *Web of Kinship*, a.a.O., Kap. VIII. Ich weise darauf hin, daß der verwendete »Köcher und Bogen« eine kleine Nachbildung für die Trauerfeier und also bloßes Verbrauchsmaterial ist.
[18] Fortes, *Oedipus*, a.a.O.
[19] J. Conington, *Virgil: a Commentary*, London 1872, S. 11
[20] A. L. Irvine (Hg.), *The Forth Book of Virgils Aeneid*, Oxford 1924, S. 103 Anm.
[21] Aeneis IV, 393ff.
»At pius Aeneas, quamquam lenire dolentem
solando cupit et dictis avertere curas,
multa gemens magnoque animum labefactus amore
iussa tamen divum exsequitur classemque revisit.«
»Aber Aeneas, der fromme, wie gern den Kummer der Dido
Lindern er möchte durch Trost und die Leiden mildern durch Zuspruch,
Seufzt wieder auf und wankt im Geist von unendlicher Liebe;
Dennoch folgt er dem Göttergebot und geht zu der Flotte.«
(Übersetzung von L. Neuffers)
[22] W. W. Fowler, *The Religious Experience of the Roman People*, London 1911, Lect. XVII
[23] A. F. v. Pauly, *Real-Enzyclopädie der Klassischen Altertumswissenschaft*, Stuttgart 1950, s. v. *Pietas*
[24] W. H. Roscher, *Lexikon der Griechischen und Römischen Mythologie*, Leipzig 1902–29, s. v. *Pietas*
[25] Ch. T. Lewis u. Ch. Short, *Latin-English Dictionary*, Oxford 1945
[26] Das geht sowohl aus Maines Analyse der patriarchalischen Macht hervor als auch aus Fustels Erörterung der Familienautorität. Auf diese beiden Autoren stützt sich meine Interpretation, sie wird aber auch durch neuere Studien über Römisches Recht gestützt. (S. z. B. C. W. Westrup, *Introduction to Early Roman Law*, 5 Bde., Cambridge 1939–44)
[27] Fowler, *Religious Experience*..., a.a.O., S. 414. Westrup, *Introduction*..., a.a.O., Bd. II, Tl. IV, S. 255 weist darauf hin, daß die Söhne nicht imstande waren, »ihre eigenen *Sacra* zu gründen oder die Totenopfer aus eigener Kraft durchzuführen«, solange der Vater am Leben war.
[28] Z. B. *De Officiis* I, xxxv, 129. »Bei uns ist es Sitte, daß weder erwachsene Söhne mit ihren Vätern noch Schwiegersöhne mit ihren Schwiegervätern gemeinsam baden.«
[29] Den folgenden Hinweis verdanke ich L. P. Wilkinson, King's College, Cambridge: »Die Strafe für Vatermord war im Alten Rom, mit einem Hahn, einem Affen und einem Hund zusammen in einen Sack eingenäht und in den Tiber geworfen zu werden. Es ist bemerkenswert, daß Pompeius 55 v. Chr. ein Gesetz einbrachte, nach dem Vatermord in einigen Fällen mit dem Exil bestraft werden konnte (aber ›Vatermord‹ konnte den Mord an irgendeinem Verwandten bedeuten).« Herr Wilkinson erinnert mich auch an die Geschichte des Brutus, der seine Söhne zum Tod bestimmte, weil sie sich zur Wiedereinsetzung der von ihm vertriebenen Tarquinier verschworen hatten. Vergil mahnt an die Geschichte in *Aeneis* VI, 815ff., wo es von Brutus heißt: *infelix, utcumque ferent ea facta minores* – »Glücklos du – und mögen auch Spätere rühmen die Taten! / Liebe zur Heimat, sie siegte...«
[30] In der folgenden Analyse wird man den Einfluß von Webers Untersuchung der Religion in China nicht übersehen; dort wird die Kindespietät mit der Scharfsinnigkeit und Gelehrsamkeit erörtert, die Weber eigentümlich waren. Es schien mir aber angemessener, die Quellen und Beobachtungen im Original heranzuziehen, als Weber im einzelnen zu zitieren.
[31] R. K. Douglas, *Confucianism and Taoism*, London 1911, S. 119; A. Waley, *The Analects of Confucius*, London 1938, S. 89

[32] Douglas, a.a.O.,; Waley, a.a.O.; W. Grube, *Religion und Kultus der Chinesen*, Berlin 1910; J. J. M. De Groot, *The Religion of the Chinese*, New York 1910. Nicht ohne eine gewisse Zurückhaltung wage ich hinzuzufügen, daß eine auch noch so kursorische Lektüre etwas des *I. Li* oder des *Li Ki* in Legges Übersetzungen (in den *Sacred Books of the East*) ausreicht, um erkennen zu lassen, wie die Idee der Pietas das chinesische Denken und Leben schon sehr früh durchdrungen hat. – Vgl. dazu Waley, a.a.O.
[33] F. L. K. Hsu, *Under the Ancestors' Shadow*, London 1949, S. 207; s. a. M. Freedman, *Lineage Organisation in Southeastern China*, London 1958
[34] Hsu, a.a.O., S. 58
[35] Sing Ging Su, *The Chinese Family System*, Phil. Diss., Columbia University, New York 1922, S. 37
[36] Freedman, a.a.O., S. 82
[37] Yueh-hwa Lin, *The Golden Wing: A Sociological Study of Chinese Familism*, London 1948, Kap. XII
[38] Hsu, a.a.O., S. 209
[39] M. Granet, *La Religion des Chinois*, Paris 1951
[40] Vgl. dazu den hervorragenden Beitrag in *Hasting's Encyclopaedia of Religion and Ethics*, s. v. *Piety*
[41] J. Middleton, *Lugbara Religion*, London 1960
[42] Diese algemeine Formulierung schließt auch Schwestersöhne in matrilinearen Systemen ein, in denen Ahnen nur so lange Ahnen bleiben, wie ihre *matrilinearen* Nachkommen überleben. Diese Systeme sind indes nicht Gegenstand der vorliegenden Analyse.
[43] F. L. K. Hsu, a.a.O., S. 77
[44] Fortes, *Web of Kinship*, a.a.O.
[45] Fortes, *Oedipus*, a.a.O.
[46] Fortes, *Web of Kinship*, a.a.O.
[47] A. Van Gennep, *Les Rites de Passage*, Paris 1909; E. W. Smith, »African Symbolism«, *Jr. of the Royal Anthr. Inst.*, 82, 1952, S. 13–37
[48] Fortes, *Oedipus*, a.a.O.
[49] E. Colson, »Ancestral Spirits and Social Structure among the Plateau Tonga«, *Int. Arch. of Ethnogr.*, 47 (1), 1954, S. 21; E. K. Gough, »Cults of the Dead among the Nayar«, *Jr. of Am. Folklore*, 71, 1958, S. 281
[50] R. Firth, *We, the Tikopia*, London 1936
[51] D. J. Stenning, »Household Viability among the Pastoral Fulani, *Cambridge Papers in Social Anthropology*, 1, hg. v. J. Goody, Cambridge 1958
[52] Private Mitteilung von Dr. Stenning. In seinem Buch geht er auf diese Frage nicht ein.
[53] In dieser Perspektive wäre eine Untersuchung der religiösen Praktiken und Werte der Japaner besonders ergiebig, da sie keinen Ahnenkult zu haben scheinen, aber Praktiken, die der Ahnenverehrung ähneln.

Drucknachweise

B. Malinowski: Der Vater in der Psychologie der Primitiven. Original: *The Father in Primitive Psychology,* New York: W. W. Norton & Comp. Inc., 1927, 95 S. Aus dem Englischen übersetzt von Fritz Kramer.

R. H. Lowie: Verwandtschaftsbezeichnungen. Original: »Terms of Relationship«. Aus: R. H. Lowie, *Culture and Ethnology* (1. Aufl. 1917), New York und London: Basic Books Inc., 1966, S. 98–105, 107–110, 119–125, 131–144, 160–164, 170, 174–176. Aus dem Amerikanischen übersetzt von Susanne Mies.

A. R. Radcliffe-Brown: Der Mutterbruder in Südafrika. Original: »The Mother's Brother in South Africa« (1924). Aus: A. R. Radcliffe-Brown, *Structure and Function in Primitive Society,* London: Routledge & Kegan Paul Ltd., 1952, S. 15–31. Aus dem Englischen übersetzt von Rolf Bindemann.

Texte zur Hexerei und Zauberei:
a) D. Westermann, *Afrikaner erzählen ihr Leben,* Berlin: Evangelische Verlagsanstalt, o. J., S. 15–16.
b) B. Gutmann, *Die Stammeslehren der Dschagga,* München: C. H. Beck'sche Verlagsbuchhandlung, 1938, Bd. III, S. 85, 86–87.
c) D. Westermann, *Die Kpelle,* Göttingen und Leipzig: Vandenhoeck & Ruprecht, 1921, S. 307, 308–309.
d) L. Schultze-Jena, *Indiana,* Jena: Gustav Fischer, 1933, Bd. I, S. 189, 191.

V. W. Turner: Ritualsymbolik, Moralität und Sozialstruktur bei den Ndembu. Original: »Ritual Symbolism, Morality and Social Structure among the Ndembu«. Aus: *African Systems of Thought,* London: International African Institute. Aus dem Englischen übersetzt von Gertraud Marx.

M. Fortes: Verwandtschaft und das Axiom der Amity. Original: »Kinship and the Axiom of Amity«. Aus: M. Fortes, *Kinship and the Social Order,* Chicago: Aldine Publishing Comp., 1969, S. 219–249. Aus dem Englischen übersetzt von Irene Leverenz.

G. Lienhardt: Die Gottheit Fleisch. Aus: G. Lienhardt, *Divinity and Experience,* London: Oxford University Press, 1961, S. 135–146, 301–303. Aus dem Englischen übersetzt von Fritz Kramer.

E. E. Evans-Pritchard: Geist und Gesellschaftsordnung. Original: »Spirit and the Social Order.« Aus: E. E. Evans-Pritchard, *Nuer Religion,* London: Oxford University Press, 1956, S. 106–122. Aus dem Englischen übersetzt von Christoph Hamm.

M. Fortes: Pietas bei der Verehrung der Ahnen. Original: »Pietas in Ancester Worship«, aus: *Journal of the Royal Anthropological Institute of Great Britain and Ireland* 91 (2), 1961, S. 166–191. Aus dem Englischen übersetzt von Fritz Kramer und Hans Wilderotter.

Wir danken den Autoren und Verlagen für die freundliche Genehmigung zur Übersetzung und Publikation der genannten Texte.

Gesellschaften ohne Staat
Band 1: Gleichheit und Gegenseitigkeit
Herausgegeben von Fritz Kramer und Christian Sigrist

282 Seiten. Großformat. Kartoniert

Fritz Kramer und Christian Sigrist präsentieren in einem Sammelband, dessen erster Teil hier vorgelegt wird, die wichtigsten Problemstellungen einer äußerst produktiven, in Deutschland bisher nicht genügend beachteten Richtung der angelsächsischen Ethnologie: der *social anthropology*. Mit ihr verbinden sich Namen wie Malinowski, Radcliffe-Brown, Firth, Fortes und Evans-Pritchard. Leitfaden für eine aktuelle Lektüre dieser Ansätze ist die Frage, wie die Ethnographie zwischen »wissenschaftlichen«, am Struktur- oder Systembegriff orientierten, und »literarischen«, auch das besondere Detail erfassenden Darstellungsweisen zu einer adäquaten, von ethnozentrischen Vorurteilen unbelasteten Erfahrung fremder Kulturen gelangen kann. Der erste Band enthält Arbeiten über »Tausch und Wert« sowie über die »regulierte Anarchie« der politischen Systeme in Stammesgesellschaften.

Aus dem Inhalt: Fritz Kramer: Die *social anthropology* und das Problem der Darstellung anderer Gesellschaften, Christian Sigrist: Gesellschaften ohne Staat und die Entdeckungen der *social anthropology,* C. Daryll Forde: Zum Verhältnis von Umwelt, Wirtschaft und Gesellschaft, Bronislaw Malinowski: Der Ringtausch von Wertgegenständen auf den Inselgruppen Ost-Neuguineas, Paul Bohannan: Über Tausch und Investition bei den Tiv, Franz Steiner: Notiz zur vergleichenden Ökonomie, Raymond Firth: Der soziale Rahmen der ökonomischen Organisation, Bronislaw Malinowski: Gegenseitigkeit und Recht, Meyer Fortes und Edward E. Evans-Pritchard: Afrikanische politische Systeme – Einleitung, Edward E. Evans-Pritchard: Die Nuer im südlichen Sudan, Laura Bohannan: Politische Aspekte der sozialen Organisation der Tiv, Edmund Leach: Über politische Systeme im Hochland von Burma, Max Gluckman: Rituale der Rebellion in Südost-Afrika

Ethnologie im Syndikat

Fritz Kramer: Verkehrte Welten. Zur imaginären Ethonographie des 19. Jahrhunderts
136 Seiten. Großformat. Kartoniert

Das europäische 19. Jahrhundert »entdeckte« fremde Völker und ihre Kulturen als Verkehrung der eigenen – ebenso vertrauten wie schon entfremdeten – bürgerlichen Welt. Das geschah zunächst am Schreibtisch (etwa bei Herder und Hegel, bei Winckelmann und Creuzer), dann auf hektischen Forschungsreisen wie bei Bastian oder in geduldiger Feldarbeit wie bei Malinowski, und schließlich mit Stift und Pinsel bei Gauguin, Pechstein, Nolde u. a. Fritz Kramer interpretiert diesen Prozeß der »Aneignung durch Negation« als *imaginäre Ethnographie,* die ihr Gegenstück hat in den von den kolonialisierten Völkern gezeichneten Bildern der Europäer, die nicht der Aneignung, sondern der Abwehr dienten.

Claude Meillassoux: Die wilden Früchte der Frau. Über häusliche Produktion und kapitalistische Wirtschaft
208 Seiten. Großformat. Kartoniert

Meillassoux entwickelt eine anthropologisch-ökonomische Theorie der häuslichen Produktion, die nicht nur der auf die Verwandtschaftsbeziehungen fixierten klassischen und strukturalistischen Anthropologie die Stirn bietet, sondern auch der auf das Lohnverhältnis fixierten marxistischen Ökonomie entgegentritt, indem sie die »organische Grundlage« der kapitalistischen Produktion, die Reproduktionsarbeit der Frau, in ihrer gesellschaftlichen Bedeutung herausarbeitet.

Michel Leiris: Die eigene und die fremde Kultur. Ethnologische Schriften I
253 Seiten. Großformat. Kartoniert

Aus dem Inhalt: Ethnologie und Kolonialismus (1950), Rasse und Zivilisation (1951), Kulturelle Aspekte der Revolution (1968), Graffiti abyssins (1934), Die Besessenheit und ihre theatralischen Aspekte bei den Äthiopiern von Gondar (1958), Das Heilige im Alltagsleben (1938), *Anhang:* Programm des Collège de Sociologie, Brief an Georges Bataille, Bibliographie zum Werk von Michel Leiris

Michel Leiris: Das Auge des Ethnographen. Ethnologische Schriften II
ca. 250 Seiten. Großformat. Kartoniert

Aus dem Inhalt: Das Auge des Ethnographen (1930), Die Nereide des Roten Meeres (1936), Das abenteuerliche Leben des Jean-Arthur Rimbaud (1926), Durch die »Traurigen Tropen«. Zu Claude Levi-Strauss (1956), Für Alfred Métraux (1963), Von dem unmöglichen Bataille zu den unmöglichen *Documents* (1963), George Batailles Don Juanismus (1958), Wer ist Aimé Césaire? (1965), Martinique, Guadeloupe, Haiti (1950), Ein Stieropfer bei dem Vaudou-Priester Jo Pierre-Gilles (1951), Zum Gebrauch der katholischen Andachtsbilder im haitianischen Vaudou (1953), Der Stier für Sayfu Čangar (1933), Beschneidungsriten bei den Namchi (1934), Der Begriff der Arbeit in einer sudanesischen Sprache der Eingeweihten (1952), Die Neger Afrikas und die plastischen Künste (1953), Das »Museum der Hexer« (1929), Das »caput mortuum« oder die Frau des Alchemisten (1931), »Die hieroglyphische Monade« von John Dee (1927), Anmerkung zu zwei mikrokosmischen Figuren des 14. und 15. Jahrhunderts (1929), *Anhang:* 1. Interview mit Michel Leiris (von Madelaine Gobeil), 2. Leiris, der »Freund des großen Jahres« 1967/68 (von Jean-Pierre Faye)